管理有一套

曾宪一 等 著

中国书籍出版社
China Book Press

图书在版编目（CIP）数据

管理有一套/曾宪一等著.--北京：中国书籍出版社，2023.6
ISBN978-7-5068-9425-8

Ⅰ.①管… Ⅱ.①曾… Ⅲ.①中学—学校管理—经验—徐汇区 Ⅳ.①G637

中国国家版本馆 CIP 数据核字（2023）第 097072 号

管理有一套

曾宪一等 著

责任编辑	王 淼
责任印制	孙马飞 马 芝
封面设计	中联华文
出版发行	中国书籍出版社
地 址	北京市丰台区三路居路 97 号（邮编：100073）
电 话	（010）52257143（总编室） （010）52257140（发行部）
电子邮箱	eo@chinabp.com.cn
经 销	全国新华书店
印 刷	三河市华东印刷有限公司
开 本	710 毫米×1000 毫米 1/16
字 数	287 千字
印 张	17
版 次	2023 年 6 月第 1 版
印 次	2023 年 6 月第 1 次印刷
书 号	ISBN978-7-5068-9425-8
定 价	78.00 元

版权所有 翻印必究

序言

在流程管理上做文章

今年全体行政教师共同撰写的书稿是《管理有一套》，有一套什么呢？就是一套管理流程。这是五六年前我们启动撰写汇学管理丛书的智慧硕果之一，约定的书名是《管是为了不管》（曾宪一著，2018年已由上海交通大学出版社出版）、《能管善理》（2019年已由光明日报出版社出版）、《管理有名堂》（2020年由上海教育出版社出版）、2023年撰写《管理有一套》、2024年撰写《管理上台阶》、2025年撰写《管理有境界》，及时总结管理经验和智慧，让这套书成为内训教程，助力每个管理者都逐渐成为管理的内行人。

对于初级管理者，学习好流程，参与制定好流程、执行好流程是必须做到位的；对于中级管理者，遵循流程基础上还要思考怎样使流程与时俱进，做到简捷、高效；高级管理者关键是抓住流程的核心步骤，不为流程所困，甚至超越流程、创新制定新流程。

制定流程就是规定好必不可少的实施步骤，避免实施过程中改弦易辙、出现差错。如进校园的防疫流程：在校门外，门卫对外来人员先测温、看绿码和行程码，进门后先脚底消毒，然后洗手，再次测温，未发现体温异常才可以进入校园。发现发烧则启动隔离措施，执行另一套流程。

我们也不断优化流程，如上课流程由以往的凯洛夫教学法五步修改为：课前收集学生提的问题，教师根据梳理的问题链设计学习流程，应先让学生之间交流合作学习，学生请老师指导再讲解，学生再产生新的问题。这样才是以学习为中心的学堂学习模式，大大提高了学生参与学习的积极性和解决问题的能力。板书也可以由学生设计，作业至少有三个层次供学生选择，而不是统一作业，鼓励学生自选作业、自讲作业、自命作业。课堂上应有必要的指导学生学习的策略方法，坚决反对告诉式的一讲到底。

理想的学堂必须改变学习方式，尝试探究性自学。我校人工智能数字化场景有：高铁调度与驾驶、波音787模拟驾驶、火星救援、机器人火星车、人工

1

智能自动驾驶、水下机器人、机器人救生、3D打印、5G+MR课堂、无人机等，学校16门人工智能课程的教学模式都是探究式自学。我们倡导：学生自己干，老师身边站。比如高铁驾驶课程，我们任课老师先告诉孩子负面清单——哪几个按钮不能随便乱动。然后五六个孩子一组，学习"驾驶说明书"，互相交流研讨、操作，有问题可以请教老师；没有问题，两周以后进行操作考试。考试的第一环节就是驾驶的操作，有相关考核软件满分100分，100分合格；第二个环节就是请学生设计一个操作流程图；第三个环节请学生当老师教新来学习这门课程的孩子。

能把管理流程由文字画出图，变成流程图，提炼出思维高层次智慧，就可以做管理培训师。如咱校管理机构流程图：

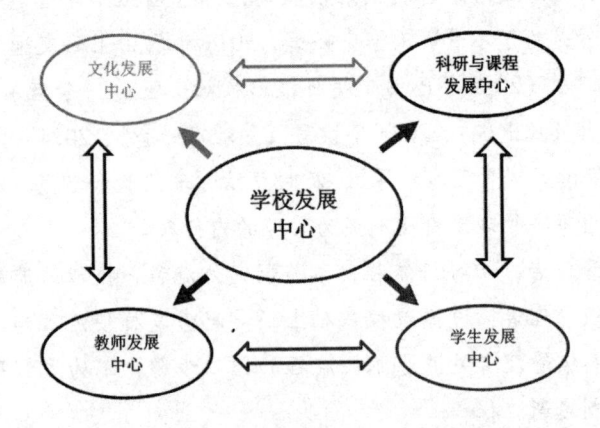

感谢姜琳老师帮忙组织人员把我们《从明师到名师》这本书绘制出流程图：

有效管理需要正确的流程。流程也要与时俱进，更新乃至重做。流程贵在

必要。有人说，制度是旧管理的产物，也有其道理。制度是死的，人是活的，不可随意改动，但也不能过于教条。比如，招聘教师以往是：先考试做试卷、上课试讲、最后校长面试，现在改为先讲题，直接面试，好的直接录用，感觉管理能力弱的再试讲，试讲重点看控班能力。短、平、快解决了教师招聘的效率。其实，教师最核心能力就是讲题能力，考试即使满分的，如果讲不明白的也白搭。当然，对特别优秀的，我们还增加了命题环节，真正优秀的教师必须能自主命题。

流程是一种逻辑智慧，也是一种管理智慧，愿汇学每位管理干部都成为"智慧地管""管出智慧"的汇学型管理人才！

上海市特级校长、特级教师、正高级教师：曾宪一
2023年5月

目 录 CONTENTS

学校管理

变革流程：开解决问题的会 ………………………………… 曾宪一 / 3
学校管理工作的"四个一" ………………………………… 罗山河 / 6
校园文化发展工作之文化外显简述 ………………………… 郑　斌 / 9

课程管理

汇学课程管理中的创新 ……………………………………… 史莉莉 / 15
新高考背景下情商教育校本课程的开发与研究 …………… 曹令先　谢　静 / 25
以课立校　以课成人　以课促新 …………………………… 卜时波 / 43

教学管理

"双新"背景下的高中教学管理优化策略 ………………… 吉　姿 / 49
中高考改革背景下教务工作的精细化管理 ………………… 陈蔚菁 / 53
新中考背景下初中教学管理优化策略 ……………………… 陶　琦 / 59
聚焦核心素养，设计初中学科实践活动 …………………… 丁　艳 / 65

教师管理

教师招聘流程项目化管理的思考 …………………………… 顾锦华 / 73
程序细化促管理 ……………………………………………… 龚　亮 / 78
致力于培养做学问的师生 …………………………………… 史莉莉　马云豪 / 82

1

学生管理

汇心守护，润心成长 ……………………………………… 陈　美 / 91
新时代家校沟通的问题与解决方法 …………………… 顾卫君 / 96
学校指导亲子沟通的有效策略 ………………………… 郑静洁 / 101
高中体育社团建设及管理机制研究 …………………… 邓玉琴 / 105

后勤管理

基层学校工会财务管理探讨 …………………………… 王燕虹 / 115
学校后勤服务社会化的实践探索 ……………………… 盛　军 / 118

教研管理

线上"生本学堂"实践探索 ………………… 温海光　王　敏　张玉玲 / 123
整合资源、策略指导，追求良好学习效果 ……………… 胥文斐 / 127
利用云端改进教学的智慧 …………………… 刘　燃　金嘉敏 / 129
初中数学在线课堂交互的有效性研究 ……… 王晓鹰　王传英　刘　颖 / 133
线上教学的智慧 ………………………………………… 于筱睿 / 143
运用信息化技术开展初中英语个性化教学与辅导
…………………………………………… 丁　艳　徐　昕　叶柳影 / 146
提高线上教学的互动效率 ……………………………… 赵　丹 / 150
搭建教学支架，提升线上教学有效性 ………… 徐岩峰　黄　健 / 154
智慧赋能，助化学线上教学 …………………… 顾春丽　陈蔚菁 / 159
初中化学线上教学教研的实践 ………………………… 薛　良 / 162
多元统整，助力线上有效教学 ………………… 陆敏泓　高　倩 / 165
群策群力共备课，师生携手云奋进 …………… 郝　好　杨红宇 / 169
在云端中学"地"悟"理" ……………………………… 曹骏骅 / 173
高中政治线上教学的实践与思考 ……………………… 王小良 / 177
教有"道"、学有"法"的线上教学 …………………… 吴艳萍 / 180
因材施教，构建线上生本学堂 ………… 胡闵爱　李　俊　王肖莲 / 182
信息技术为艺术插上翅膀，展现数字音乐的魅力
…………………………………………… 史莉莉　曲效弘　孙樱露 / 187
生兴趣　成习惯　获健康 ……………………………… 夏喆倩 / 193
数字化转型背景下美术线上教学的实践探索 ………… 陈春燕 / 197

线上劳动的居家生活 ………………………………… 林 芳 / 202

曾宪一校长设计的流程图

1. 课堂教学系列流程图 ……………………………………… / 207
2. 教学科研系列流程图 ……………………………………… / 211
3. 命题研判系列流程图 ……………………………………… / 215
4. 课程开发系列流程图 ……………………………………… / 219
5. 班级管理系列流程图 ……………………………………… / 221

徐汇中学管理流程图

1. 上海市徐汇中学管理部门流程图 ………………………… / 224
2. 上海市徐汇中学招聘录用流程简图 ……………………… / 225
3. 上海市居住证积分申请流程图 …………………………… / 226
4. 非上海生源应届毕业生落户申请流程图 ………………… / 227
5. 上海市徐汇中学职称申报线下流程 ……………………… / 228
6. 上海市徐汇中学高级职称申报线上流程图 ……………… / 229
7. 上海市徐汇中学课题项目申报流程图 …………………… / 230
8. 上海市徐汇中学课题管理流程图 ………………………… / 231
9. 上海市徐汇中学科研项目管理流程图 …………………… / 232
10. 上海市徐汇中学教师优秀论文评审流程 ………………… / 233
11. 上海市徐汇中学学生课题申报流程图 …………………… / 234
12. 上海市徐汇中学校本课程申报管理流程图 ……………… / 235
13. 上海市徐汇中学选课流程图 ……………………………… / 236
14. 上海市徐汇中学中学生创业项目流程图 ………………… / 237
15. 上海市徐汇中学监考流程图 ……………………………… / 238
16. 上海市徐汇中学考试流程图 ……………………………… / 239
17. 上海市徐汇中学特殊教育学生工作机制及流程 ………… / 240
18. 上海市徐汇中学少先队代表大会流程图 ………………… / 242
19. 上海市徐汇中学大队委员选举流程 ……………………… / 243
20. 上海市徐汇中学学生评优工作流程图 …………………… / 244
21. 上海市徐汇中学学生资助流程图 ………………………… / 245
22. 学生伤害事故处理的流程与环节构成图 ………………… / 246
23. 手机管理流程图 …………………………………………… / 247

24. VR/MR 眼镜借用流程 ………………………………… / 248
25. 学籍变更流程图 ………………………………………… / 249
26. 上海市徐汇中学教工请假流程 ………………………… / 250
27. 上海市徐汇中学教工子女幼儿托费报销流程图 ……… / 251
28. 基层工会预算审批流程图 ……………………………… / 252
29. 教代会代表选举流程图 ………………………………… / 253
30. 教工采购报销流程图 …………………………………… / 254
31. 二上预算申报流程图 …………………………………… / 255
32. 校门口交通安全管理流程图 …………………………… / 256
33. 参观接待流程图 ………………………………………… / 257

学校管理

变革流程：开解决问题的会

曾宪一*

有的学校开行政会，会前没有议题，每次开会时间较长，经常影响工作，20多人几乎每个人都可以插话发言，导致议论后不能决定，参会人员多有腹诽。会议管理的目标指向是解决问题，应该减少人力物力和时间成本。

一、变革行政会

开问题单行政会议。要求每个部门每周必须在行政会之前召开本部门会议，部门会议由部门主任主持，也请分管校长参加，总结本部门本星期工作、研究下星期工作，共同研究本部门准备上校行政会的问题单。问题单的主要栏目有：问题名称；问题现象描述；问题追因分析和责任人认定；问题改进措施和方法；问题解决反馈等。

样例

徐汇中学行政会问题提议单

部门：教师发展中心　　　　提议人：龚亮　　　　时间：2019年5月24日

问题名称	高校招生宣讲咨询活动反思
问题现象描述	此次高校进校园活动的宣讲环节分两个分会场，分别在小礼堂和重德楼110举行。学生与家长的总体反馈比较好，但在某些细节上可以改进。 1. 重德楼110听讲座的学生的比例比我们预期的要高。 2. 部分同学提出有些想听的内容高校没有作为重点内容讲。
问题追因分析	事先和学生与高校的沟通没有全部到位。

---

* 曾宪一，上海市徐汇中学校长、特级校长、特级教师、正高级教师

续表

问题名称	高校招生宣讲咨询活动反思
问题处理责任职能部门	教师发展中心
问题改进措施和方法	1. 前期通过班主任的排摸，对有希望冲击综评线的学生尽量动员他们去小礼堂听讲座，这些学生对原二本中个别感兴趣的可以在勤体馆个别咨询。 2. 针对同学们特别感兴趣的，如高校里开设的课程、毕业后就业情况、食堂、住宿等可以建议高校多讲一些。 3. 这次有部分家长也参与了活动，以后可以多动员一下，对后续的志愿填报工作有很大的益处。
问题解决反馈	可以事先了解一下，同学们最想从高校获得的信息是哪些，然后与高校进行沟通，这样可以让高校提前做足功课

为了提醒主持者和与会者，会议室中放了牌子，上面写着：少开会，开短会，开解决问题的会。几年实践下来，多协调，少开会。坚持流程和严格控制会议时间，计时会议更有效，绝不开马拉松会议。开会就是为了解决问题。

行政会议过程中以部门主任发言为主，不再进行讨论，但要接受校长质讯。校长拍板后，需要其他协调配合的，校长布置任务，其他部门明确任务和完成任务的时间节点，开解决问题的高效率会。其实，每次会议对与会者都是一次解决问题的培训会。

二、变革校务会

开一事一议校务会。会前校办排好档期和时间，按顺序研讨商议，各部门主任在会上介绍情况、汇报事项，财务主管审查相关内容。随着"三大一重"项目越来越多，校务会也要讲求高效。不开无准备的会，材料准备不充分的不开。校务会发言程序是校长最后表态。秘书做好录音，整理会议记录，与会人员最后要形成会签。

三、变革教工大会

开主题月教工大会。每月工作都有主题，如九月份科研与课程（特色办学）月、十月份文化月、十一月份教学月、十二月份德育月等，制定主题月行动系列方案，教工大会由部门主任主持，所属教师员工成为各版块教工大会主讲人，有分管校长进行点评，让教工成为教工大会的主人，让教工多亮相、多展示、多演讲。培养教工主人翁意识：每个员工都有生命在场意识、主人翁意识，学校是我的，是我们自己的。管理的前提是信任，管理的最高境界是自觉。让教工愿意开会、喜欢开教工大会，绝不是校长、书记一言堂。

会议质量决定着一个单位的工作效率，要杜绝：流程不清，逻辑不明。不会开会肯定管理不好。管理者的管理目标是把下面的人也培养成管理者。有人说：成败在于过程，有细节才动人；成败在于行动，有事件才感人。我说：成败在于智慧——管理不只是看守，管理不只是看管，还是引领、带头解决难题。开会亦如此。

学校管理工作的"四个一"

罗山河[*]

学校工作事关学生成长，国家未来，责任重大。身处管理岗位，既要眼观六路、耳听八方，又要注重方法，做好沟通。当然，最重要的是怀着敬畏和责任之心，这是做好学校工作的前提和基础。

一双眼

一双眼，既要有高远的眼界，也要有发现细节的敏锐，关注校园中的人、境、物。

首先要眼界开阔。及时了解教育发展的趋势，关注教育发展的未来，不做井底之蛙，才能在教育教学和学校管理工作中，方向更明确，工作更出色，成效更突出。

其次要目中有人。了解学生的成长和发展规律，了解教育教学根本原则是为了人的更好发展，这里当然也包括教师的发展。

同时要眼观六路。一要关注校园安全。生命无价，安全第一。及时发现和消除校园安全隐患，保障师生顺利工作学习。二要关注环境卫生。环境是育人的要素之一。干净整洁有序的校园环境，有利于师生形成良好的工作学习习惯，有利于师生形成良好的卫生习惯。使人和环境形成和谐美好的良性循环。当然，干净整洁有序的校园环境，还需要完善的班级和校园卫生管理制度来保障；三要关注食堂管理，提高餐饮质量，为师生提供可口饭菜。吃得好，吃得开心，也能让师生工作学习精力更有保障。四要关注校园文化氛围的营造。汇学文化既是学校最重要的软实力，也是我们最重要的育人资源之一。通过墙报、宣传

---

[*] 罗山河，上海市徐汇中学南校学校发展中心副主任，高级教师

栏、校园网、公众号、餐厅电视等展示汇学文化理念，弘扬汇学正能量。潜移默化，文化育人。五要关注师生精神面貌。校园要有严肃认真氛围，更要有师生的无忧笑颜。关注师生的精神面貌，了解师生的情绪，才能及时为他们纾忧解困。六要关注校园设施设备的使用情况，及时更新维修陈旧破损设备，避免形成"破窗效应"。

一双耳

一双耳，要耳听八方，获取多方面信息。一要及时了解国家的教育政策。中高考改革、五项管理、双减工作，不仅是教育的变革，也是国家发展重大战略调整的具体内容。及时了解这些信息有助于我们更好开展学校工作。二要听清领导的要求，任务内容、工作形式、完成标准、时间节点等，这样才能及时完成领导交办的各项任务。三要倾听了解其他部门的需求，加强沟通和协作。四要倾听教师心声，了解大家对学校管理的建议，完善各项管理和服务措施。五要主动了解学生对教育教学的意见和想法，换位思考，解决学生学习中的困难。六要加强家校沟通，倾听家长对学校的期待，建立真诚的信任关系，获得他们的理解、支持和帮助，形成教育合力。七要倾听后勤人员的反馈，了解他们的工作状态，提高后勤保障质量。八要倾听社区居委及周边居民对我们学校办学情况的反馈和评价，了解学校的社会声誉和影响力。

一张嘴

一张嘴，就是要善于沟通，注意方式，讲求方法。

不管是学校管理还是在教育教学工作中。少用反问句，多用陈述句，就会少一份指责，多一份平等；少用"你"开头，多用"我"看到，就会少一份命令，多一份客观。

良言一句三春暖，恶语相加六月寒。校园中，同事、师生间很少有人会故意恶语相向。但有时一些话就是会让人听着不舒服。我觉得不管是同事也好，师生也罢，最基本的沟通原则就是"己所不欲，勿施于人"，换位思考，而不是一味让别人包容自己的"刀子嘴豆腐心"；就"事"论"事"，但也不能目中无"人"。

一颗心

一颗心，这颗心要包含感恩、敬畏和责任。

摆正位置，把对教育的使命感和价值感放在心中。心怀感恩，感恩学校和师生信任，珍惜教育教学管理岗位。带着热爱和使命面对工作，面对学生。勇担重任，遇事不推诿，不回避，认真履职，自觉踏实做好各项工作。把制度和规则放在心中，依规办事，按章操作。怀着敬畏之心做好各项工作。

教育是个复杂而庞大的社会工程，学校工作千头万绪。有了这"四个一"，让我们为学校的发展和学生的成长贡献更多的力量。

校园文化发展工作之文化外显简述

郑 斌[*]

近年来，我们一直秉承着汇学文化理念，积极实践"办学就是办文化；学校是文化圣地、学生是来学校学文化的、学校是培养文化人的地方、学校是文化积淀的场所"，努力完成校园文化景观建设实践研究，传承汇学文化，引领学校跨越式发展。

学校逐步形成了"徐以成己，汇则达人；徐以兴学，汇则兴邦"的"成己达人，兴学兴邦"的汇学文化。

我们通过外显文化的展示，提升师生的文化认同，内化为做汇学文化人的自我行为提升，彰显展示学校文化，激发教职员工、学生、家长和校友在这样的一所学校中成长油然而生的自豪感，努力实现汇学人"今日我以徐汇为荣，他日徐汇以我为荣"爱我徐汇的文化发展情感目标。

案例1

坐落于徐汇中学崇思楼一楼的是汇学博物馆，忠实地记录了百年名校的辉煌历史。例如汇学足迹馆以文字档案、图片资料和实物展示的方式，生动地再现了"汇学"171年间的点滴足迹；实物展示如张伯达老校长的办公桌、上下课时敲的铜钟、装订书本的压纸机……汇学博物馆之所以能够收藏如此多的珍贵文物，其中一个很大的原因便是自徐汇中学建校以来，校址从未变动过，一直在徐家汇这片沃土上续写新的历史篇章。

汇学博物馆是徐家汇源4A景区的一部分，也是历届家长、校友、社会各界经常参观的一个网红点。每年接待许多教育界学术界及各行业专家学者，包括多个省市校长领航班成员，复旦大学、华东师范大学培训学员等。我们及时更新博物馆展示资料，向社会各界展示学校文化发展工作。

---

[*] 郑斌，上海市徐汇中学文化发展中心副主任，高级教师

案例 2

五年来，学校每年评选汇学校长奖以表彰优秀学生。我们及时展示获奖学生事迹，通过墙面文化之展板文化的方式，制作包含学生照片、获奖事迹、获奖感言、主要荣誉等在校园显要位置进行展示。既展示了优秀学生风采，又表彰了学生身边的榜样，在学校形成了向身边先进人物学习的氛围。

案例 3

校门口伫立着的汇学四重门，采用了彩色玻璃为主基调的展示方式，蕴含学校始终坚持的"多彩发展"办学理念，并与学校具有历史价值的汇学书库原有的珐琅玻璃相呼应；四重门寓意四重境界。

曾宪一校长在研究了170年来校史文化发展的基础上确立了以"荟萃精华、广学博识的荟学；参悟规律、善于学习的会学；智慧养成、学以致用的慧学；古今传承、中西汇通的汇学"的"汇学"作为学校汇学文化基调及学校校训。分别代表着"荟学"之融、"会学"之能、"慧学"之智、"汇学"之风，引领师生共同前行。

马相伯广场、汇学院士广场、"成己达人石"、汇学公园，安静又优美的校园环境既有现代化气息，又充满着浓厚的文化氛围。汇学长廊立体展示了我校从1850年建校以来走过的风雨历程。"汇学泉"层层圆盘，像是在接纳，又像是在奉献，激流不止又泰然伫息。两岸徐汇中学交流开启之纪念石书"潮平两岸阔，风正一帆悬"寄寓渴望海峡两岸早日统一的心愿。

近年来学校文化发展中心在特级校长、语文正高级、特级教师曾宪一校长的领导下，积极创设学校文化外显工程：通过丰富多彩的展板文化、景观文化、墙面文化、汇学文创品等形式向师生及社会各界展示汇学文化。

展板文化：高端教师、骨干教师、特色课程展示、特色活动（德育月活动专题展示、教学月活动专题展示、课程与科研展示月等）、优秀学生（校长奖、科技之星、艺术之星、科艺双星、汇学工程院院士、汇学科学院院士等）、校园十大新闻、校园网红打卡地。

景观文化：文化景观（汇学文化长廊、南校区沿街汇学文化长廊、汇学博物馆更新对社会开放展示，汇学四重门（汇学校训）、院士墙、院士广场、院士长廊、汇学树汇学广场、马相伯广场、成己达人石）、校园整体绿化、汇学泉、汇学公园；科技景观（日晷、科技楼外墙、太阳能发电、创新实验室开放，钢琴、中阮、吉他等）、共享雨伞、艺术窨井盖、汇学文化道旗等。

墙面文化：特色教师、各班级成员照片墙、学生书画摄影作品展示、荣誉墙、标准发型示意图、家长须知等。

汇学文创品：学生奖品、奖章、奖状设计文化、校徽、校服、吉祥物、书签、汇学专用笔、笔袋、便笺纸、汇学帆布包、汇学练习本、信纸信封、爱徐汇口罩等。

工会积极推进办公室文化发展、凝聚力文化发展；最早开设美术教育的美术工作室推出的师生书画摄影展走出校园、汇学公众号展示校园风采……

汇学注册商标、专用LOGO、校庆LOGO、年鉴、校庆画册、席卡、科技徐汇、校园文化宣传片、书画作品展示、《西学东渐第一校》校史书、编撰出版管理类系列书籍（《管是为了不管》《能管善理》《管理有名堂》《管理有一套》《汇学人会研究》《夸夸我的好学校》《夸夸我的好老师》《科创兴校》）等。

我们在汇学文化的外显工程中汇聚人才、共同努力，创建了多个有文化底蕴的项目，在汇学文化的内涵发展中更有历史性的创新发展。

我们将继续做好学校文化发展工作，我们要把最老的学校办成最有文化的学校。让学校成为文化积淀的场所，让每一位汇学学子成为真正的文化人。

徐汇出人才，成才在徐汇！徐汇徐汇，人才荟萃！

课程管理

汇学课程管理中的创新

史莉莉[*]

课程建设是学校的重中之重，学校建设看课程多少。管理有一套，管理的目的，最重要的发挥师生的潜能，鼓励创新，所以管理不是把人管死，而是搭建平台，更好地服务老师，帮助老师成长、创新、做研究做学问。

一、课程建设挖掘教师潜能

依据学校的十四五规划，坚定正确的育人方向和改革导向，贯彻党的教育方针，落实立德树人根本任务，以课程实施为抓手发展素质教育，培养创新人才，促进学生全面而有个性的发展，促进学校特色与质量并举。

秉承"汇学"之校训，培养有"科学素养、艺术修养、人文涵养、文化教养""科学精神、创新能力、中西汇通、家国情怀的现代社会建设者"。围绕科创特色以五大要素为抓手，培养具有创新精神和社会责任感的汇学型人才。

科学知识基础	操作设计能力	技术应用意识	人文审美旨趣	造福社会的情怀
基础学科+生命科学、工程科学、新科学新技术、其他创新科技等。	动手操作能力、信息收集分析处理能力、项目完成能力、沟通能力等。	设计能力、解决问题能力、终身学习能力、写作能力、创新能力等。	人文素养、艺术素养、体育素养等。	服务意识、安全意识、环境意识、健康意识、责任担当、爱国情怀等。

学校基于从知识教育层面的"荟学"，能力培养层面的"会学"，以及智慧养成层面的"慧学"等三个层面构建"汇学型"学生人才培养与教育模式。建设研究型科创学校，践行了"中学是课程设计的主导"，本校教师是课程实施的

---

[*] 史莉莉，上海市徐汇中学科研与课程发展中心主任，正高级教师、特级教师

主体，本校中学生是研究的主人。因为特色与质量并举，成为全市科创特色办学的排头兵。

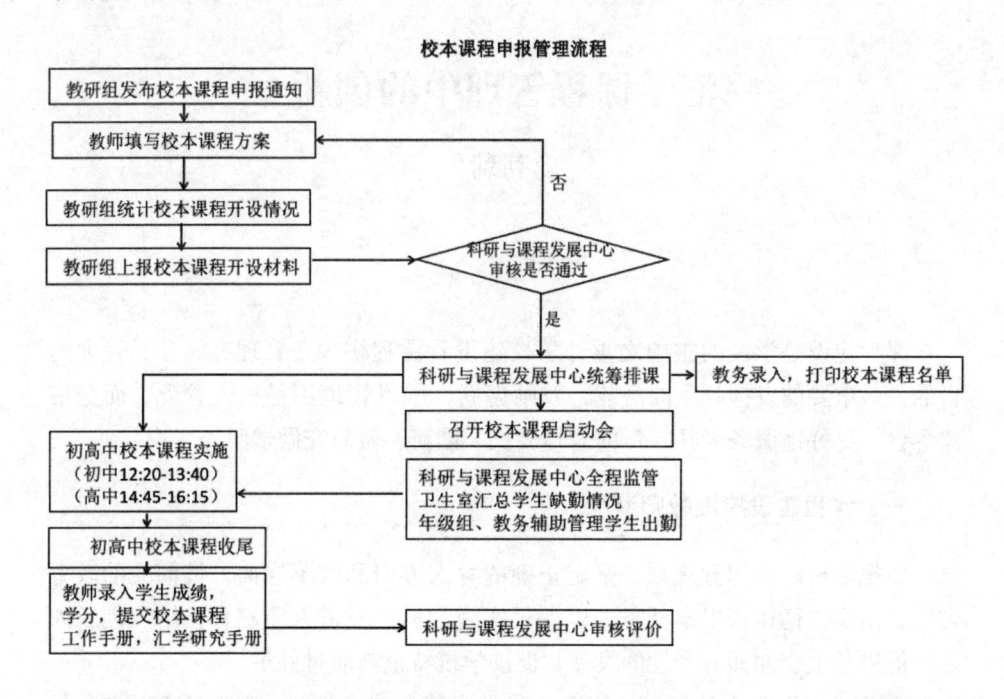

校本课程申报管理流程

```
教研组发布校本课程申报通知
        ↓
教师填写校本课程方案 ←──────┐
        ↓                    │ 否
教研组统计校本课程开设情况    │
        ↓                    │
教研组上报校本课程开设材料    │
        ↓                    │
   科研与课程发展中心 ──────┘
   审核是否通过
        ↓ 是
科研与课程发展中心统筹排课 → 教务录入，打印校本课程名单
        ↓
召开校本课程启动会
        ↓
初高中校本课程实施      科研与课程发展中心全程监管
（初中12:20-13:40）    卫生室汇总学生缺勤情况
（高中14:45-16:15）    年级组、教务辅助管理学生出勤
        ↓
初高中校本课程收尾
        ↓
教师录入学生成绩，
学分，提交校本课程  →  科研与课程发展中心审核评价
工作手册，汇学研究手册
```

课程建设采取各教研组申报和大学、社会资源共建方式。开放办学，把专家和社会资源都请进来，通过先进课程匹配社会同步发展资源，为学生尝试创新教育搭建课程平台。在创建科创特色高中的过程中，青年教师们勇于学习，不怕困难，目前已开设跨学科创新课程90门，有22个实验室，33门科技课程、24门艺术课程、20门体育课程，还开设了科艺体卫人文融合课程，尝试德智体美劳五育融合。汇学的老师真会做研究，正如曾校长所说：徐汇徐汇慢慢都会，徐汇徐汇什么都会。徐汇的老师真牛！学校给教师搭建了平台，老师们就能开出无数"美丽的花"，只要敢想，没有做不到，学不会。通过跨学科的建设，语文和数学老师开飞机、物理老师开高铁、英文老师开水下机器人、体育老师开无人机、政治老师变魔术……最大限度挖掘教师潜能，打通文理科分科思维的"脑袋"，实现实践动手研究能力的培养。33门科技课程见下表：

工程	课程名称
生物工程	微生物生物工程发酵系统
	现代生物信息生物大分子比对和设计的计算机系统
	生物化学与分子生物学基因操作实验系统
	蔬菜与副食品的农药、兽药残留检测系统
	城市污水污染指标的生物监测系统
	尼古丁的生物降解
	利用SYBYL设计和模拟药物
	转基因水稻和玉米的快速检测
	微生物艺术绘画
	外周血肿瘤细胞捕获模拟实验
	基因疗法治疗遗传罕见病模拟实验
交通工程	波音787飞机模拟驾驶
	轨道交通调度
	高铁模拟驾驶
	智能自动驾驶
航天工程	卫星制作与研究
	火星车应用与研究
	火星车"火星救援"
信息工程	数据科学与大数据（"双新"课程）
	程序控制（"双新"课程）
	走进地理信息技术（"双新"课程）
环境工程	污水处理模拟装置系统
	简易空气净化器制作及性能评价（"双新"课程）
材料工程	多彩的功能膜（"双新"课程）
	3D打印的技术与创意（"双新"课程）
能源工程	太阳能光伏发电系统设计与应用（"双新"课程）
	氢能——未来最理想的能源

续表

工程	课程名称
影像工程	无人机航拍
	影像制作
	5G+MR 科创课程
机器人工程	水下机器人
天文工程	宇宙探秘
工程设计	参数化建模

深化建设以"生物工程和交通工程"为主的"2+X"科创特色课程群。"2"指的是生物工程和交通工程:"生物工程"是上海交通大学一流院校的一流学科,该专业属于世界领先的前沿学科;同济大学交通运输管理学院的"高铁"领先世界,是新中国四大发明之一。"X"指的是以上海市中小学新科学新技术创新教育课程平台的7门课程为主,还有其他科创课程。科创特色课程群共33门课程,让学生有更大的选择。其中5G+MR是全球首个中学科创教育实验室。近五年全校共计开设校本课程139门,开设初高中衔接科创特色课程25门。

二、智能选课促进志趣培养

校本课程从课程申报流程、学生选课、上课人数统计、课程评价等环节都实行信息化管理,中国银行帮助建设的校园一卡通系统,师生可以使用专属卡进出实验室,大大提高了实验室利用率。

满足了同学们的不同的发展需求,激发了学生健康有益的爱好兴趣,提高了学习积极性,使学生德、智、体、美、劳全方面发展。我校的校课程特色139门。采取学生网上自主选课的形式,提高学生的学习兴趣,学生能够通过学习培养兴趣,形成情趣,转化成志趣,有助于未来的职业生涯发展。让学生提出有价值的问题,提高动手实践能力,拥有跨学科的创新思维。

分梯度安排课程的"普及与提高":将"2+X"课程群设置为A、B、C三个梯度。A层为普及型必修课程;B层为兴趣拓展特长提高型课程;C层为课题研究型创新课程。分类分层设计确保课程惠及全体学生,给予学生情趣和志趣发展空间,满足不同层次需求。注重初高中同一课程学习程度的"有序衔接"。围绕我校科技特色办学,坚持"生本学堂、多彩发展、主动创新"的课程理念,逐步开发丰富多彩的特色校本课程体系。

选课流程

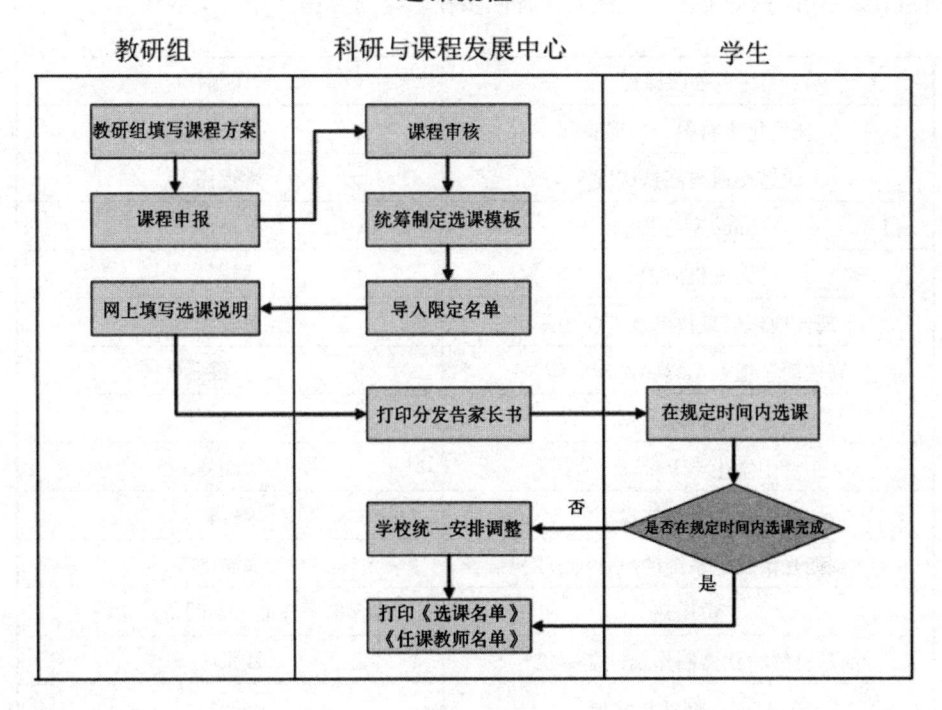

教研组	科研与课程发展中心	学生
教研组填写课程方案 → 课程审核		
↓	↓	
课程申报	统筹制定选课模板	
	↓	
网上填写选课说明 ← 导入限定名单		
	↓	
	打印分发告家长书 → 在规定时间内选课	
	↑ 否 ↓	
	学校统一安排调整 ← 是否在规定时间内选课完成	
	↑ 是	
	打印《选课名单》《任课教师名单》	

规划开设 2+X 涉及 12 个工程领域 33 门特色课程。分普及型、提高型及课题研究三个层次设计。在此基础上继续做好课程的升级和新课程的研发和实施。偏理的学科课程大都应在实验室和工厂中学，偏文的学科课程大都应在图书馆和行万里路的"研学"过程中学。特色课程的教学大多逐渐由讲授式向探究式自学转型，在主题活动中学、在项目实施中学、在课题研究中学。倡导特色学堂：学生自己干，老师身边站！学校还通过举办创意设计大赛、创新成果论坛、创业项目发布会等活动，促进学生的深度学习。其中 2020 年校级创业项目 157 个，124 件创意设计作品获奖。

以研究场建设高效学习平台创建校园"研究场"提升师生研究品质。高端前沿的"2+X"科创课程群成为校本课程的创生源、培养研究型师生的平台。科创实验室成为学生的实验学习场、课题研究的主攻方向、科技创新的孵化器。科创特色课程群本身是工程学实验平台，也是跨学科教育实验平台，更是创新教育实验平台，提升了师生研究能力，促进了创新教育。

上海市高中名校慕课平台是由上海市教育委员会主管、上海市电化教育馆承建的上海市名牌中学的优质初、高中特色课程的展示平台。我校作为上海市科技特色高中已制作完成19门特色慕课，全市第一。我校19门上海市名校慕课在线课程见下表，标注*课程同步在"学习强国"平台上线。

特色慕课课程	慕课制作
新型化学材料：功能膜*	张德贵
轨道交通与高铁调度*	姚智伟
Arduino程序控制*	王肖莲
无人机航拍*	张军
现代地理信息技术及其应用*	曹骏骅
高铁动车组列车驾驶操作实验*	吕健
水下机器人*	袁策
中学生学Python*	胡闵爱
生物信息学初探*	高倩
太阳能光伏发电系统的设计与应用*	郑学艳
宇宙探秘*	唐含梅、汪萌、刘明奇、朱婉莹
简易空气净化器制作及性能评价*	钱张敏
3D打印：创意与实现*	汪洋
力量健身运动	张军
从零起步快速学中阮	孙樱露
快速上手钢琴即兴伴奏	姚勇磊
海派服装设计	匡窈瑶
卫星制作与应用	游琼玉
从零起步快速学二胡	王喆

三、依托课程深入课题研究

通过跨学科课程建设，改变了老师们的教学形态，不但教师自己主动学习做研究，最关键带动学生自己真研究。在必修型课程中渗透科创特色，在选修和选择性必修课程中突出科创特色，在载体建设中弘扬科创特色。"主动研究"培养一批跨学科、肯研究、愿开课、有创新精神的特色教师队伍。特色教师团队由科研与课程中心管理，下设两类课程教研组（已被评为2019年徐汇区先进教研组）、科技创新备课组。科研兴校，科研兴师。每个部门和教研组遴选科研能力强的硕士生担任部门或学科的科研员，共23人，他们既是教研组长的秘书，又是本学科科研的生力军。

科技创新备课组以"体验创新过程，树立创新意识，发展创新能力"为理念，开设与大学对接的种子课程，努力在中学阶段培养学生科创能力，走在了中学科技创新教育的前列。通过科技类学生高端课题研究能力的培养，目前已经实现高一阶段100%覆盖高端课题研究经历。学校还组织科学家为学生提供学术指导，正式答辩前还组织了市专家进行学生课题模拟答辩活动。高度重视、踏实研究和开拓创新使我校高端学生课题数年年攀升，继2017年18名、2018年40名、2019年81名、2020年102名之后，2021年度我校再次实现了高端学生研究课题数量的再突破！经学生学习经历社会化评价（2021）评委会评定，建议授予"优秀证书"的学生全市共212位，其中我校110位，已经连续第五年保持评定优秀课题人数全市第一！学生课题申报流程见下图：

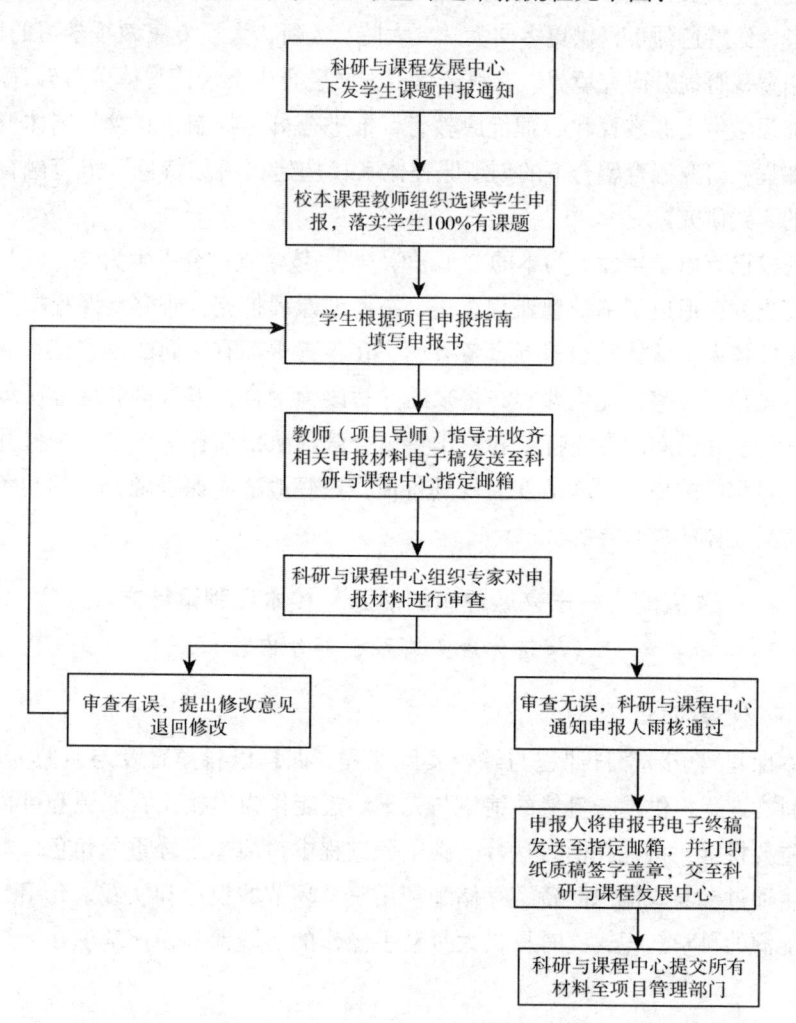

```
┌─────────────────────────┐
│ 科研与课程发展中心      │
│ 下发学生课题申报通知    │
└───────────┬─────────────┘
            ↓
┌─────────────────────────┐
│ 校本课程教师组织选课学生申│
│ 报，落实学生100%有课题  │
└───────────┬─────────────┘
            ↓
┌─────────────────────────┐
│ 学生根据项目申报指南    │
│ 填写申报书              │
└───────────┬─────────────┘
            ↓
┌─────────────────────────┐
│ 教师（项目导师）指导并收齐│
│ 相关申报材料电子稿发送至科│
│ 研与课程中心指定邮箱    │
└───────────┬─────────────┘
            ↓
┌─────────────────────────┐
│ 科研与课程中心组织专家对申│
│ 报材料进行审查          │
└─────┬─────────────┬─────┘
      ↓             ↓
┌──────────────┐  ┌──────────────────┐
│审查有误，提出│  │审查无误，科研与课程│
│修改意见退回修│  │中心通知申报人雨核通│
│改            │  │过                  │
└──────────────┘  └─────────┬────────┘
                            ↓
                  ┌──────────────────┐
                  │申请人将申报书电子终│
                  │稿发送至指定邮箱，并│
                  │打印纸质稿签字盖章，│
                  │交至科研与课程发展中│
                  │心                  │
                  └─────────┬────────┘
                            ↓
                  ┌──────────────────┐
                  │科研与课程中心提交所│
                  │有材料至项目管理部门│
                  └──────────────────┘
```

鼓励中学生做学问，将研究的结果转化为创业项目，目前有中学生创业项目157项，并已在全校范围内进行了两次学生创业项目发布会。此项工作今后将逐步推广，促进学生开展项目化学习，并转化为创业项目成果。中学生课题研究贵在科研过程，引导课题与生活的结合不仅能够激发学生兴趣，活学活用知识，也着实降低了研究难度。学校的确为学生预留了空间和自由，而这正是自由意志和自主创新的开始。我校已有非常好的创意设计和创业项目基础，也将继续鼓励更多的孩子发挥想象力与创造力去做这些研究项目。

四、五育融合推进创新发展

探索科创特色育人模式，深化科技创新教育。整合特色课程群，创新跨学科特色教师多元培育机制。加强跨学科主题教研，使特色教师在交流互动中实现岗位专业成长，让特色教师成为课程的开发者、实施者、研究者、评价者、指导者，给特色师生提供更多向大学、大院、大所、大厂专家教授学习的机会，不断拓宽视野提升研究境界。在科艺体卫人文融合中实现德智体美劳五育融合。继续加强学生生涯教育和心理健康教育，推进全员导师制，开发科艺体卫人文融合课程，研究五育融合下的创新课程体系《构建"科创特色"五育融合课程体系的实践研究》。

我校已有以学生发展为本的"汇学学堂"，该学堂讲究以生为本，从学生认知角度出发，形成了基础型课程渗透，拓展型课程扩充，研究型课程探索的一体化实践体系。该体系涵盖五育各方面，在各育中都有成熟的学习课程。在五育融合视角下，整合优化课程，将来的并举改为融合，丰富科创课程所承载的五育内涵。在已有的专业特色和跨学科整合教师队伍前提下，进一步提升教师在育人过程中的地位，多角度展现其价值，更好地适应课程融合后的角色，成为学生更立体的成长导师。

《氢能——未来最理想的能源》校本课程设计方案
（节选体现五育融合部分内容）

一、课程简介

本课程属于跨学科课程与综合实践课程，课程以科学普及与启蒙为目的，为学科类课程提供趣味盎然的铺垫与先导。氢能作为连接化石能源和可再生能源的重要桥梁，将在我国碳达峰、碳中和进程中扮演举足轻重的角色。本课程中学生通过参与氢能源制备、存储和利用三个环节的设计和实践，介绍关于氢气与能源的科学知识，同时提供大量动手操作的实践课程，让学生在分组实验中锻炼动手能力与合作精神，在化学实验中感受科学与艺术的激烈碰撞。

二、设计方案

课程背景	氢资源丰富、容易获取，具有可持续发展性。氢是宇宙中含量最多的元素，在地球所有元素储量中排第三，如此充足的资源使其具有能源供给的充足性。早在1970年就首次提出"氢经济"的概念，其核心就是利用氢的化学性质实现循环利用，并创造实际社会价值和经济价值。作为最清洁的能源之一，氢能是连接化石能源和可再生能源的重要桥梁，潜力巨大、未来可期，将在我国碳达峰、碳中和进程中扮演起举足轻重的重要角色。 　　中学生在日常生活中会接触到形形色色的各式能源，氢能源等新兴能源的学习和体验将有助于学生认识能源对社会发展的必要性，针对氢能源与燃料电池的多学科交叉、多种新技术应用特点将课程教学从传统知识传授向学习能力的培养、实践能力的提高转变。通过小组协作及真实场景实践等教学方式以提高学生自主学习与创新能力。
五育融合	氢能源与燃料电池发展课程参与构建五育融合课程体系，主动地促进德育、智育、体育、美育、劳动教育等融合共生，帮助学生核心素养的全面提升。 　　德育：能源的合理开发和高效使用与我国碳达峰、碳中和的政策相一致，彰显教育育人、关爱社会发展的德育要求； 　　智育：燃料电池原理的理解、应用，氢能制取与利用装置的设计、组装，对学生是极高的智力训练； 　　体育：通过操场放飞氢气球、奥运火炬燃料选择等弘扬体育精神； 　　美育：实验装置的图示与设计体现审美情趣和艺术追求； 　　劳动教育：实验也是一种手工操作，在小组实验的过程中可以培养学生团结合作、不跑吃苦的劳动观。
内容框架	氢能-未来最理想的能源 宏观概念：氢气与氢能源、氢燃料电池 知识模块：氢气与氢能特点、氢气的制备、氢气的存储、氢能的利用 合作实践：氢能与其他能源的对比；实验：化学制氢、电解制氢、光解水制氢；实验：合金氢气瓶；实验：燃料电池拆解与拼装；实验：氢气泡的点燃；实验：燃料电池车与运行

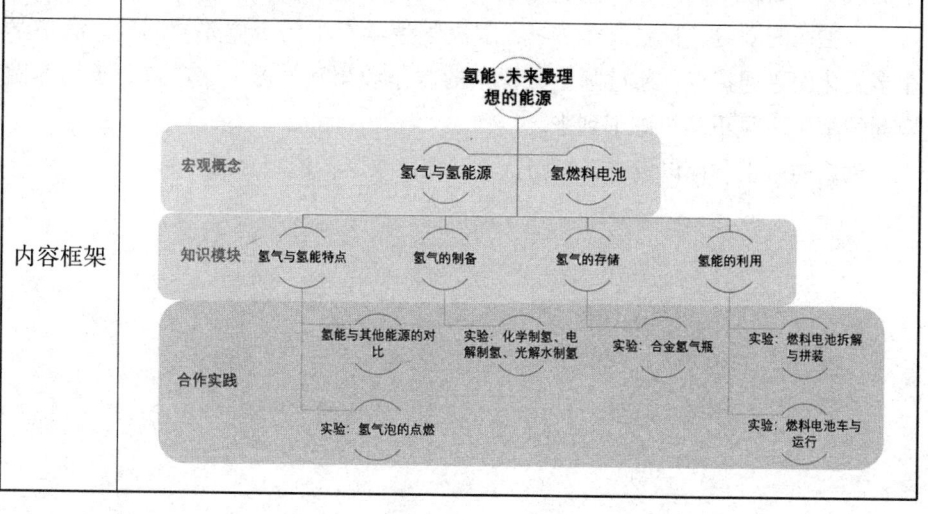

续表

		具体章节： 第一节：起始课——氢气与氢能 第二节：氢气的获取与存储 第三节：氢燃料电池——原理与历史 第四节：动手组装一个氢燃料电池！ 第五节：动手组装一个燃料电池车！ 第六节：让燃料电池车跑起来 第七节：描绘我心中的氢能蓝图 第八节：总结语——氢能的前景与未来
课程评价	评价内容	借助于 STEM 评价量表，进行以下几个维度的评价： 1. 学习态度；2. 工作质量；3. 问题解决；4. 小组贡献；5. 任务专注度
	评价方法	学生自评+小组互评+教师评价

五、面向未来的自适应游戏化学习

去年我校成立了 MR 科创团队，研究价值在于将人工智能教育+混合现实技术素养的形成和发展可视化，将学、练、教、测等教学活动通过手势识别模拟最自然的操作方式，从根本上改变课堂的物理空间，彻底打破了教学的空间限制。师生得以无障碍地观看现实世界中的物体，在有效的空间内实现了无限的想象，使得多个师生之间互动时能够无障碍地进行面对面交流，极大地提升了学习效率。面向未来，深入"自适应游戏化学习"研究：不限时空、能反复学习、自主匹配学习、自主选择学习，解决学生学习中的个体差异问题，满足学生多元化的兴趣特点。通过师生微视频的制作和相互学习——"致力于培养做学问的师生"见下篇再细细到来。

创新向未来。徐以成己，汇则达人；徐以兴学，汇则兴邦！

新高考背景下情商教育校本课程的开发与研究

曹令先[*]　谢　静[**]

一、研究缘起

（一）国内外研究现状评述

情商也称为情绪智力，学术界对该概念的界定有着不同的理解，在这背后存在着不同的理论模型。Salovey 和 Mayer 把情绪智力看作是处理与情绪有关信息的一种非认知能力，Petrides 和 Furnham 将情绪智力纳入人格特质的范畴，而 Bar-On、Goleman 则把情绪智力看做是能力与人格、社会与情绪的统一体（陈猛等，2012）。这些不同的声音大致可以分为科学研究取向和实践驱动取向两大阵营。科学研究取向注重理论发展的细节与假设检验的精确，实践驱动取向注重对人员选拔、员工培训、工作绩效提高、人际关系协调等现实问题的解决（麻彦坤，2011）。

基于学校的育人目标，基于学生身心发展规律，基于新高考改革的背景，我们更倾向于实践驱动取向的观点。情绪智力是影响人应付环境需要和压力的一系列情绪的、人格的和人际能力的总和（巴昂，2000）。由个体内部成分，人际成分，适应性成分，压力管理成分，一般心境成分五个维度组成。我校的情商教育是在以上对情绪智力概念的理解基础上通过课程的方式展开的。

国外学者的研究表明，情绪智力可以通过学习获得和提升（Bar-On，1997；Cobb&Mayer，2000；Salovey&Sluyter，1997）。Ehyakonandeh 和 Chang（2015）将 60 名伊朗大学生分到实验组和控制组，对实验组进行 8 次情绪智力训练，结果显示两个组在个人——社会能力得分上差异显著。DiFabio 和 Kenny（2011）在实证研究中发现，情绪智力训练可以提升意大利高中生的情绪智力水平。

---

[*] 曹令先，上海市徐汇中学学生发展中心主任，高级教师
[**] 谢静，上海市徐汇中学心理教师

目前能够提供比较系统的情商课程的国际性机构为 Collaborative forAcademic, Social, and Emotional Learning, 简称 CASEL。CASEL 成立于 1994 年，为研究学校层面的社会性情感学习项目的研究者、教育者、政治家提供指引。CASEL 通过项目实施的方式开展情商教育，例如 ELMS 项目，该项目的课程面向学生，围绕情绪知觉、理解、运用、管理展开。

近年来，国内学者和一线教育工作者越来越关注学生情绪智力的发展，对情绪智力领域的相关研究保持着持续的热情。学术方面，以 2009—2019 年为时间限度，以"情绪智力"和"中学生"为关键词，在中国知网上进行检索，我们查找到 119 篇文献，其中期刊文献 55 篇，硕博士论文 64 篇。以此为样本，对国内近 10 年在中学生情绪智力方面的研究进行内容分析，我们发现，大部分对中学生情绪智力的研究（48%）集中在情绪智力与行为表现、人格因素关系的研究上，仅有 14 篇文献对中学生情绪智力培养进行了探索，而高中生的情绪智力培养方面的文献较少（6 篇）。即使从校本课程开发的角度搜索文献，系统开展情商培养的相关文献也十分有限。

实践领域，作为教育高地的上海市较早将情商教育引进中小学校园引进课堂。2009 年，静安区开始进行"社会性与情绪能力养成"课程的研发和实践，针对静安区学生的特点，在幼儿园以及小学阶段开展试点，收获了很多精彩的情商课程，也为其他区以及各学校深入开展情商教育提供了更多的思路和视角。然而，总体而言，能够走近高中课堂的情绪智力培养方面的实证研究较为有限，结合心理学和教育学视角探索情绪智力教育的研究更是少之又少。

（二）研究意义

1. 关注新高考改革要求，关注高中学生发展核心素养的培养

新高考改革的核心要义是增加学生选择权，坚持自主选择，为每个学生提供更多的选择机会，促进学生发展学科兴趣与个性特长。核心要义的关键词是"自主选择"，新高考改革鼓励学生自主选择学科或专业，展望未来职业，是为学生成长成才的长远发展考虑，是教育发展到一定历史阶段对学生发展个性化需求的回应。要解决当前高考所提出的落实学生选择权的问题，需要推动现代高中教育的发展，这不仅仅指开展生涯规划教育，还应以更广阔的视野推动高中心理健康教育课程的发展。

结合中国学生发展核心素养的内涵，增进学生自主选择是对学生的自主发展素养和社会参与素养提出要求。其中，自主发展素养包括自我认识、自我发展、行动力、时间管理、积极心态、自信自爱、情绪管理，社会参与素养包括

团队意识，合作沟通能力等。通过对中国学生发展两大核心素养的梳理，我们可以看到，很多都与情绪智力的内涵相契合。关注学生情绪智力发展，符合新高考改革要义，有助于培养高中生发展核心素养。

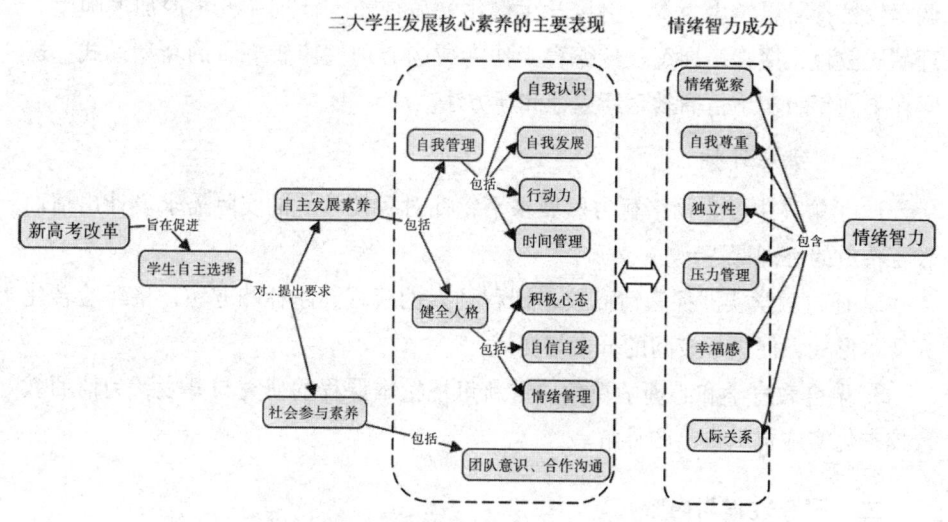

图1 学生核心素养与情绪智力关系的梳理

2. 以学生为本，探索情商教育途径，推动情商教育课程校本化

随着教育改革的不断深入，上海市的中小学争相根据本校特色探索课程校本化，这日益成为基础教育课程改革的一个热点。课程校本化，是指学校在保证国家和地方课程的基本质量的前提下，通过对本校学生的需求进行科学评估，充分利用当地社区和学校的课程资源而开发的多样性的、可供学生选择的课程（崔允，夏雪梅，2004），是国家课程开发的重要补充。相比较小学、初中阶段，高中一直是课程改革的难点，社会对3+3科目的关注远胜于非传统考试科目，何况心理课没有统一的课程标准也无须考试，心理方面的校本课程开发往往处于课程开发的边缘地带。

然而事实是，相比初中小学，高中生的社会接触面更广，社会交往更频繁，学习任务更复杂，升学和就业的压力也更大。通过问卷调查我们了解到，一方面，高中生对情商方面的学习有较强的主动性，对这门校本课程充满期待，另一方面，高中生在压力管理、人际沟通、情绪调节等方面存在诸多困惑和苦恼，往往无处排解，也很少有机会拿出来探讨和思考。如果学校能够开展情商教育，及时进行引导，那么学生就多了探讨和思考情商问题的机会，这不仅对大部分学生的发展有益，而且也能够为一些长期处于迷茫状态甚至迷失自我状态的学生提供支持。

作为一所百年老校,我校重视学生身心健康的发展,重视学生的个性潜能发掘,将培养高情商的现代徐汇人作为育人目标。我校德育"十三五"规划强调学校德育需以学生为本,引导学生健康快乐成长,计划在五年内加大师生心理品质教育,探索培训每一位德育工作者成为心理健康管理者的新型模式,探索在不同年级实施情商教育新途径和新方法。

(三)研究目标

1. 了解高中学生情绪智力发展水平,针对我校学生的实际需求设计出情商教育特色的心理课程。

2. 通过教学实践探索情商校本课程开发的流程、路径和方法,将经验转化为文本形式,促进学校间的分享与交流。

3. 融合教育学和心理学视角,重新审视校本课程的研究与开发,为情商教育校本化实施贡献自己的见解。

二、研究过程与内容

(一)确立情商校本课程的目标体系

1. 根据学生需求确定情商校本课程开发主线

校本课程的开发应明确的是要始终围绕学生有所获得进行,凸显学生的主体地位,以学生兴趣为出发点,以学生的发展为依归,关注学生学习利益的实现,这应该是校本课程开发的根本目的,其他目的都应建立在这个根本目的实现的基础上[1]。在实施针对目前普通高中心理健康教育课程的现况,在深刻领悟新高考改革的大方向的基础上,我们确立了情商校本课程开发的主线——根据学生需求确定开发主线。

项目组采用自编情商课程学生调查问卷,为减少实验者效应可能带来的干扰,问卷以心理健康课程开发学生调查问卷的形式发放。项目组对2018届高三学生进行正式问卷调查,发放问卷数212份,剔除无效问卷,共回收197份有效问卷(回收率93%)。

统计结果如下:

①请问你是否认为心理健康课程加重了你的学业负担?

认为负担很重的占7%,还可以占31%,没负担占62%。

---

[1] 李臣之. 校本课程开发的三个基本问题 [J]. 课程·教材·教法, 2012 (5): 10.

②请问你认为有必要开设心理健康课程吗？（单选）

认为没必要占2%，无所谓占37%，有必要占61%。

③请问你认为开设心理健康课程的意义是？

释放学业压力，放松身心舒缓情绪的占87%，促进自我反思，通过交流、学习，能更深层地进入自己的内心世界占62%，开阔视野，丰富心理健康方面的知识占61%，扩展思维，学习新的思考问题的方式占58%。

④你对心理健康课程是否感兴趣？

不感兴趣占2%，一般的占58%，非常感兴趣占40%。

⑤在该课程中，教师经常会开展小组合作活动，对于这些合作式活动，你的态度是？

不喜欢与别人合作占5%，必须与他人合作时才合作占26%，很愿意与他人合作占69%。

⑥在该课程中，经常有一些讨论活动，你通常是？

不参与讨论，接受讨论最终结果占11%，重在参与，无所谓自己的观点是否被他人接受占60%，非常积极，希望自己的观点被他人接受占29%。

⑦你希望教师可以采用什么方式进行校本课的教学？

讲座形式占20%，讲授与体验相结合占49%，活动课形式中31%。

⑧若让你选择，你希望课上涵盖哪些内容？（多选）

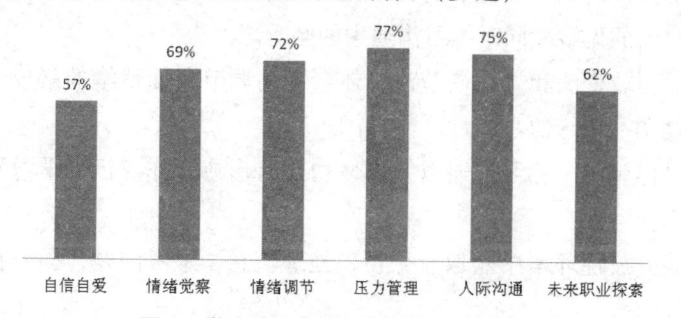

图2 学生感兴趣的心理健康教育主题

自信自爱 57%；情绪觉察 69%；情绪调节 72%；压力管理 77%；人际沟通 75%；未来职业探索 62%

通过对①—③项目的分析可以看出，大多数高三学生认为，心理课的开设不会增加学业上的负担，认同有必要开设心理健康课，心理课可以帮助自己丰富心理健康方面的知识，拓展思维，释放学业压力，调节情绪，促进个人成长。通过对④—⑦项目的分析可以看出，虽然高三学业繁重，但仅2%的高三学生对心理课毫无兴趣，而非常感兴趣的占了40%；大部分高三学生乐于参与心理课上的讨论活动、小组合作活动，希望老师采用讲授与体验相结合、活动课的形式进行，他们感兴趣的主题依次为压力管理、人际沟通、情绪调节、情绪觉察、未来职业探索、自信自爱。

通过此次调查，我们看到情商校本课程得到了学生们的认同，这为项目组开展接下来的工作提供了动力和支撑。

2. 拟定课程目标

课程目标是一门课程的方向和灵魂，课程目标的清晰和具体，影响到课程内容的组织、实施及评价。确定课程目标的方法包括筛选法、参照法、调查问卷法、逐步完善法四种。本研究使用的是调查问卷法以及逐步完善法。情商校本课程目标设计如下：

（1）知识与技能

通过对实例的讨论和思考，理解情绪智力的五个维度。

通过学习情绪的相关知识，进一步提高情绪的觉察和识别能力，并将其运用到生活中。

能够归纳出基本的情绪调节方法，掌握情绪调节的底线。

了解青春期的情绪特点，认识自己的应对方式，学习适应性的情绪调节方法。

学会用沟通基本技能分析和解决生活中相关的实际问题。

（2）过程与方法

通过对具体问题的讨论，有意识地运用语言描述情绪、表现、事件以及想法，形成自己的见解，同时练习沟通中的倾听能力。

通过练习放松法和认知调节法，体会主动调节负面情绪的必要性，逐步建立积极主动调节情绪的习惯。

在活动体验中，练习沟通以及团队协作，形成合作意识，学习平衡团体与个体的关系。

尝试在开放性环境中获取、分析、处理信息，思考问题，提升自主学习的能力。

（3）情感态度价值观

通过讨论和活动体会每种情绪存在的意义，接纳不同情绪，进行自我整合。

能用积极的态度面对青春期疾风骤雨般的情绪，尝试对自身情绪进行管理。

在创造中体会团队合作的乐趣。

体会沟通技能对于良性沟通的重要意义，积极发展人际关系。

（二）选择与组织情商校本课程内容

1. 课程组织注重科学性

课程组织要观照学科自身逻辑，也要考虑学习者认知特征、兴趣需要以及环境中课程资源的可能性。根据巴昂对情绪智力维度的划分，情绪智力由个体内部，人际成分，适应性，压力管理和一般心境五个维度构成。考虑到课时的有限性，教学内容不可能对这五个维度面面俱到。根据学生调查问卷结果，高中学生希望课程涵盖压力管理、人际沟通、情绪调节、情绪觉察、未来职业探索、自信自爱。经过第四轮的修改后，大主题聚焦在自我探索，职业探索，压力管理，以及人际沟通四个维度，每个大主题包含四个小主题，垂直组织上仍然是层级关系，不过深度有所扩展。在水平组织上，以学习者的经验兴趣过滤学科内容，在统整内容上强调学习者的实际需要，从福格蒂的"显微镜"视角将相关要素连接起来。

表1　第四轮设计的课程内容结构

自我探索	职业探索	压力管理	人际沟通
1.1 情绪气象站	2.1 时空穿梭机	3.1 压力观测站	4.1 沟通密码
1.2 做情绪的主人	2.2 心中的象牙塔	3.2 考试镇静剂	4.2 人际碰碰车
1.3 扬起自信的风帆	2.3 快乐冒险岛	3.3 那一颗棉花糖	4.3 健康的友谊
1.4 性格万花筒	2.4 与机器人共舞	3.4 点"时"成金	一网情深

2. 课程名称不容忽视

俗话说"秧好一半谷，题好一半文"，一个形象生动的课程名称不仅可以起到画龙点睛的作用，突出主题，激发学生的好奇心，还能发人深省，引发相关的思维活动。根据非灌输式、指导式，以及趣味性、探索性原则，我们设计了与专题内容对应的课程名称，具体见表2。

表2　我校情商教育读本的专题内容和对应的课程名称

专题内容	课程名称
情绪觉察	情绪气象站
情绪调节	做情绪的主人
自信心	扬起自信的风帆
性格探索	性格万花筒

续表

专题内容	课程名称
沟通技巧	沟通密码
人际冲突	人际碰碰车
维持友谊	健康的友谊
网络交友	一往情深
正视压力	压力观测站
考试压力管理	考试镇静剂
自制力	那一颗棉花糖
时间管理	点"时"成金
生涯信息搜集	时空穿梭机
走进大学	心中的象牙塔
职业兴趣体验	快乐冒险岛
正确看待人工智能时代的到来	与机器人共舞

3. 读本内容彰显我校德育特色，融入工程素养理念

作为一所拥有172年历史的百年学校，我校历史积淀深厚，多年的探索实践和积淀，形成了独特的汇学文化和学校特色德育工作。随着新时代的发展，以及新高考教育变革的深入进行，我校依托汇学文化，深化多彩教育，构建德智融合、学科协作、强化实践育人，全员、全程、全方位育人新格局。情绪智力课程属于我校德育系统课程体系，同时也是传统的德育类课程之间打破壁垒、高度融合之后孕育的产物。以各类德育课程的不足之处为生长点，通过情商教育课程实现突破，凸显学校德育的成效和作用。

我校十分重视培养学生的严谨、求实、细致、认真、负责的工程素养和科学精神，近年来争创工程素养培育特色高中。作为人文类学科，我们常常思考如何在心育课程中融入工程素养教育理念。例如，在职业探索部分，我们十分重视启发学生思维，授人以鱼不如授人以渔，培养学生思考问题的能力可以促进自主学习，为独立思考和创新能力奠定基础。在读本内容的选择上，以伦理思辨能力的培养为目标，我们加入了《与机器人共舞》，引导学生关注社会热点话题"人工智能"的同时，思考人工智能时代的到来对未来职业选择的影响，鼓励学生好好学习科学知识，提升工程素养，以在未来的职业舞台上大展宏图。

（三）情商教学实施

教学实施过程是将编制好的情商校本课程计划付诸实施，并在实施过程中不断调整、修改和补充课程方案的动态化过程。这个过程中，需要实现课程理念向课程现实的转化，以及课程目标向教师教育教学行为的转化，教学实施过程是一次检验，是对课程计划的完善、丰富、发现和再创造[①]。

1. 教学原则

（1）尊重学生主体性

学生是课堂教学的主体，情商课堂遵循心育理念，教学过程中鼓励学生积极主动参与，尊重并引导学生在课堂活动中发挥自主性、能动性和创造性。

（2）注重课堂生成性

课堂中生成性的部分最能体现课堂教学的复杂性、开放性和创造性，也最能呈现一节课的亮点。在课程设计和备课中，我们不断提醒自己，不拘泥于预设教学方案，挖掘鲜活的教学资源，建构师生平等的对话和合作。

（3）关注学习体验性

体验是心理健康教育课的重要核心要素，秉承心理课堂的教学理念，情商课堂鼓励学生在活动中充分体验，在体验中深刻感悟，在感悟中逐步成长。

2. 教学方法

教学是校本课程实施的重要环节，教学方法是实施校本课程的主要手段，情商教学采用的教学方法包括：

（1）当教学目标主要涉及知识获取时，采用的教学方法包括讲座、撰写报告等

以《生涯信息获取》为例，这节课主要帮助学生掌握生涯关键词以及具体获取途径，所以教学上安排了一节讲座，帮助学生在有限的时间里获取大容量的信息，讲座结束后鼓励学生结合自身兴趣，撰写生涯信息探索报告。

（2）当教学目标关注技能训练时，采用的教学方法包括角色扮演、情景模拟等

以《人际碰碰车》为例，这节课主要鼓励学生在与人发生矛盾时，能够使用课上所学技能有效解决人际冲突，所以课上设置了多个人际冲突情境，邀请学生进行角色扮演，在扮演过程中体会如何运用。

（3）当教学目标指向社会活动参与时，采用的教学方法包括综合实践、小组调查等

[①] 叶澜. 什么样的课算一堂好课［J］. 福建论坛（社科教育版），2005（11）：4-6.

以《快乐冒险岛》为例，这节课里鼓励学生结合真实职业情境，积极探索自身职业发展，所以安排了半天的职业兴趣体验课程，学生自主选择职业体验点，以小组为单位由带队教师带领前往体验点，体验过程中要眼观、耳听、手记、脑思，体验结束后完成个人体验报告和小组体验报告。

（4）当教学目标关注情感体验和反思觉察时，采用的教学方法包括情景模拟、讨论交流、课堂展示等

以《情绪气象站》为例，为练习学生情绪识别的能力，这节课的课堂活动围绕"情绪拼图"活动展开，每小组需要上台展示作品，汇总某一情绪的外部表现，以及回答其他组的问题。通过课堂展示和讨论交流，学生对于情绪识别的认识不仅仅局限在对于捕捉他人微表情的好奇上，而且能够从进化心理学的角度理解情绪的外部表现，重视情绪以及情绪表达。

3. 课例分析

以《情绪气象站》一课进行分析，呈现我校情商课程的教学实施过程。

【学生分析】

高二学生大部分都是十七八岁，这是一个脆弱且敏感的年纪，处在青春期后期的他们，生理和心理都经历着巨大的成长变化。他们的抽象思维能力不断增强，自我意识、独立意识也明显增强，对权威的认同不再是无条件的，他们对自我以及自我与他人、社会的关系的探索也越来越复杂和深刻。这就使他们处于既依赖又独立、既认同又批判的心理冲突中。再加上高二处于一个承上启下的阶段，在学习上，他们既没有高一时的热情，也没有面临高考的紧迫感，是一个容易出现动荡和茫然的时期；在人际关系上，高二是高中阶段恋爱发生率最高的时期，早恋带来的烦恼和压力也相应增多。相比青少年时期，高二学生的情绪体验变得更加深刻和持久，同时也多了一些隐晦和含蓄。但是，他们对于情绪的认识仍然是不完善的，而对于情绪的理解与调节都要以认识情绪为基础。因此，能够正确认识、觉察自己以及他人的情绪就变得十分重要。

【教材分析】

本课是本校校本教材《情商与发展》的第一单元的第一课内容——《情绪气象站》，由知识之窗、课堂活动、实践体验和课外推荐四部分组成。知识之窗的内容主要是围绕"什么是情绪"而展开，包括情绪的识别线索、分类和产生机制；课堂活动主要围绕"情绪拼图"活动展开，是为了练习学生的识别情绪能力；实践体验和课外推荐是为了增加学生对情绪的认识和觉察而设置的课后自主学习内容。

【教学目标】

根据学生和教材的分析，本次课设立了四个目标：①能够说出六种基本情绪的名称；②能够说出情绪识别的三种途径；③通过表情拼图活动，练习识别他人情绪；④对情绪识别产生兴趣，有意识地在与人相处中关注他人情绪，提升移情能力。

【教学策略和方法】

本节课的教学以学生为中心，以活动为载体，使课堂教学过程成为注重学生的参与和体验的过程。本课堂通过视频播放引入，能够很好地激发学生的学习兴趣；接着通过教师的讲解，为之后活动的展开进行了铺垫；在小组讨论与活动过程中，教师适时介入、引导、启发、组织、帮助和促进学生的活动进程。通过随堂进行小组指导，为学生答疑解惑；小组活动的成果进行随堂分享与展示，增加了课堂的互动体验，活跃了课堂气氛。

《情绪气象站》教案

教学目标

1. 能够说出六种基本情绪的名称。
2. 能够说出情绪识别的三种途径。
3. 通过表情拼图活动，练习识别他人情绪。
4. 对情绪识别产生兴趣，有意识地在与人相处关注他人情绪，提升移情能力。

教学准备

透明胶，剪刀，笔，PPT，情绪图

教学对象

高二学生

教学方案

1. 看一看（2分钟）

通过播放视频《爱情公寓》片段，激发学生兴趣，导入本节课主题。

2. 想一想（8分钟）

请学生思考，从视频中，看到哪些情绪？如何看出？

根据学生分享，教师介绍六种基本情绪，以及情绪识别的途径。

3. 练一练（15分钟）

小组合作完成情绪拼图；教师巡视，答疑解惑。

4. 议一议（15分钟）

每组派代表做班级分享，包括：

①请其他同学猜拼图表达的情绪。

②如果猜不出，小组代表要表现该种情绪。

③回答同学的问题。

④教师根据学生分享，讲解不同情绪对应的表情特征以及肢体语言。

【课后反思】

本次课教学设计所采用的教学方法和进行的步骤体现了以教师为主导，学生为主体，活动为载体的原则。围绕着"情绪识别"这个主题展开，通过虚拟情境的情绪唤起"热身活动"和视频播放导入，能较好地激发学生的学习兴趣；通过教师清晰地讲解识别情绪的线索，为情绪拼图活动的开展奠定了知识基础；学生的展示与分享，体现了这堂课目标的达成。

有句话说："情绪不是用来控制的，是用来觉察的。"虽然一些不良的情绪确实会给人造成消极影响，因此人们也渴望能够掌控情绪。但是掌控情绪也应该以足够认识和觉察情绪为基础，因此，本堂课以情绪识别为主题，旨在呼吁学生关注情绪、觉察情绪。同时，不仅是要关注自己的情绪，还要学会"察言观色"，识别他人的情绪也有利于人际关系的和谐。

（四）情商校本课程评价

校本课程评价是通过系统的调查，对校本课程的开发、实施以及实施效果的程度做出判断的过程，是对校本课程进行的价值判断。校本课程评价具有诊断、导向、调控、激励、管理五项功能，是校本课程开发的重要组成部分。

情商校本课程的评价体系包括对校本课程实施过程的评价和对校本课程实施效果的评价，对校本课程实施过程的评价项目具体包括教师教的过程和学生学的过程，对校本课程实施效果的评价项目具体包括课程满意度，教师专业成长，以及学生学业成长。各评价项目对应的评价方法见表3。

表3 情商校本课程评价体系整体框架

评价内容	评价项目	评价方法
校本课程实施过程	教师教的过程	课堂观察
	学生学的过程	课堂观察、访谈
校本课程实施效果	课程满意度	问卷调查
	教师专业成长	教学研讨、反思
	学生学业水平	问卷调查、访谈

1. 对教师教的过程的评价

为完善课堂观察，本课题采用自编的教师教学维度的观察量表和教学评议表（表4），以便对教师的教学过程进行评估与报告。

表4　教学评议表

维度	评价项目	观察要素	评价结果（打√）			
			A	B	C	D
教师教学	目标内容	1. 教学目标设计、教学内容安排符合课程标准要求，符合学生学习实际和智能、情感发展规律。				
		2. 教材处理符合科学性和合理化要求，突出重点、突破难点，容量适当，注重教学资源拓展，体现学科育人价值，关注学科核心素养培养。				
	过程方法	3. 激发学生学习兴趣和探究意识。遵循学生认知规律，合理设置教学情境，有效组织活动与互动，接受性学习、自主性学习、探究性学习交融相长。				
		4. 教学环节有序、紧凑，过渡自然。教学方式合理、有效。多媒体和教学具使用恰当。师生关系民主、和谐、融洽。				
		5. 关注全体学生，注重分层施教，渗透学习方法指导。教与学的过程与学生练习构成有机整体，作业设计科学，布置适量。				
	教师素养	6. 学科专业知识扎实，能正确把握知识、思想和方法。教学作风民主，语言规范生动、有感染力。板书设计合理，书写工整。应变能力强。				
		7. 有个性特点、创新意识和独特的思考。				

续表

维度	评价项目	观察要素	评价结果（打√）			
			A	B	C	D
学生学习	学习状态	8. 课堂秩序良好，绝大多数学生注意力集中、积极思维，保持浓厚的学习与探究愿望。				
		9. 学生主动参与学习面广、程度深入，提问、质疑、表达个人见解能力强。				
	学习效果	10. 教学目标达成度较高，不同层次的学生学有所得。学生课堂答问、书面检测正确率高。				
		总体评价等第				

2. 对学生学的过程的评价

对于学生的学习过程，我们采用教师视角的课堂观察（表5）以及学生视角的访谈两种方法进行评价。

表5 课堂观察量表（学生学习维度）

视角	观察点	具体情况
准备	学生课前准备了什么？是怎样准备的？	将无关书籍、物品收放书桌；搬移课桌形成小组。
	有多少学生做了准备？准备得怎么样？	全部。
倾听	有多少学生能倾听老师的讲课？	全部。
	有多少学生能倾听同学的发言？	五分之四。
	倾听时，学生有哪些辅助行为？	笔记和回应。

续表

视角	观察点	具体情况
互动	有哪些互动行为？学生的互动能为目标达成提供帮助吗？	师生间的问答互动；课堂活动时小组内部的交流与互动；课堂活动时教师的巡视和答疑互动；学生分享时生间的互动。互动有效地活跃了课堂氛围，并且推动了课堂目标的达成。
	参与提问、回答的情况？	在教师授课环节，有8位同学回答问题；在学生分享环节，有5位同学就疑惑之处进行了互动。
	参与课堂活动的情况？	小组成员都有参与到课堂的分组活动中，对于小组任务，每个人有各自的分工，讨论也十分热烈。
	学生的互动习惯怎么样？	互动有序。
自主	学生的自主学习情况如何？	本次课堂主要以学生课堂活动为主，自主学习是课后的内容——即通过情绪日记来练习情绪的觉察，以及根据视频学习增加对情绪识别的了解。
达成	学生清楚这节课的学习目标？	清楚。
	预设的目标达成有什么证据吗？有多少人达成？	课堂小组活动——情绪拼图的完成，即根据组内任务，将表情集里面属于某一类情绪的表情全剪出来，贴成情绪拼图。每个小组均完成了。
	这堂课生成了什么目标？效果如何？	①能够说出六种基本情绪的名称；②能够说出情绪识别的三种途径；③通过表情拼图活动，练习识别他人情绪；④对情绪识别产生兴趣，有意识地在与人相处中关注他人情绪，提升移情能力。效果良好。

表6 教学组和对照组的前后测均值和标准差

组别	人数	前测 M	前测 SD	后测 M	后测 SD
教学组	226	62.80	10.50	64.94	10.27

39

续表

组别	人数	前测 M	前测 SD	后测 M	后测 SD
对照组	135	61.99	10.51	61.72	10.68

使用 SPSS 进行描述性数据分析，教学组和对照组前后测的均值和标准分值具体见表6。进一步分析，教学组和对照组的前测分数无显著差异（$t=0.70$，$p>0.05$）；对照组的前后测分数无显著差异（$t=1.88$，$p>0.05$）；经过教学干预后，教学组的后测分数显著高于其前测分数（$t=6.76$，$p<0.05$），并且教学组的后测分数显著高于对照组的后测分数（$t=2.82$，$p<0.05$）。这说明教学组的干预有效，有力地支持了情商教育的有效性。

此外，项目组还采取了访谈的方式了解学生的学习效果。当询问学生用三个词描述对心理课的感受时，很多学生用了"轻松""有趣""实用""放松""意犹未尽"；在请学生结合例子，谈谈上面提到的每个感受时，学生能够回忆起课上活动或知识的具体内容；学生也会讲到如何将课上所学运用到自己的调节情绪、专业选择和人际关系改善上。

表7 情商课题学生访谈提纲

学号	访谈提纲
1	请用三个词描述你对心理课的感受。
2	请结合具体的例子，谈谈上面你提到的每个感受。
3	心理课上，令你印象最深刻的部分是什么？
4	心理课上学习的情绪调节方法有哪些？
5	你常用什么方法调节自己的情绪？
6	心理课上所学的方法对你调节自己的情绪有帮助吗？请结合具体例子谈谈。
7	通过心理课的学习，你能够具体谈谈对哪些方面的发展有所帮助。

三、讨论与反思

自2016年我校开始尝试开发情商课程，到2017年正式申报区级课题，时至落笔当下，我校高中情商课程已初成体系，具有学校特色的《情商与发展》教育读本也已印刷成书。这几年来情商课程颇受高中生欢迎，我校高中生对情绪的觉察、调节意识有所增强，情绪管理能力不断得以发展，并且还开始关注情绪领域的研究，如 2018 年度我校一位高中生的《关于文本挖掘的高中生日常行为与情感特征初探》获得区级青少年科技创新成果二等奖。

在课程开发上，本研究尝试将心理学视角与教育学视角相结合，在遵循课程开发的主线（设定目标—选择内容—实施内容—评价反馈）的同时，将心理学的研究思路和方法有机地融合进来，比如前期文献梳理时关注情绪智力领域的心理学研究成果，问卷调查中运用专业情商量表，课程评价中运用心理学实验的前后测以量化学生学业水平等。这对于丰富情商教育教学的研究，丰富校本课程开发的方法论有一定的支持作用。

科研引领教学，项目组成员边做边学，不断学习的同时也在不断反思。我们认为，校本课程不仅仅是一种成果，它更是一个不断优化的过程，包括读本内容的补充调整，教学材料的持续更新，评价体系的不断完善等。此外，课程实施过程中还面临诸多变化，包括学生的发展、教师的成长、理念的更新、科技的进步，我们不能故步自封，而是要跟从时代的脚步，对校本课程的完善持开放的态度，继续完善和发展。

参考文献

[1] 曹坚红. 静安区区域课程"社会性和情绪能力养成"的实践探索［J］. 现代教学，2015，(11)：4-6.

[2] 陈国鹏. 铸就高情商之路［M］. 上海：华东师范大学出版社，2016：182.

[3] 崔允漷. 论课堂观察 LICC 范式：一种专业的听评课［J］. 教育研究，2012，(5)：79-83.

[4] 刘静. 高考改革背景下高中生涯规划教育的重新审视［J］. 教育发展研究，2015，35（10）：32-38.

[5] 李臣之. 校本课程开发的三个基本问题［J］. 课程·教材·教法，2012，(5)：10.

[6] 李玮舜，刘剑玲. 核心素养理念下的高中校本课程开发模式探究［J］. 教育探索，2017，(01)：22-25.

[7] 林崇德. 构建中国化的学生发展核心素养［J］. 北京师范大学学报：社会科学版 2017，(1)，66-73.

[8] 麻彦坤. 情绪智力研究的两种取向［J］. 华中师范大学学报（社会科学版），2011，50（06）：150-154.

[9] 叶澜. 什么样的课算一堂好课［J］. 福建论坛（社科教育版），2005，

(11): 4-6.

[10] Di Fabio, A. , & Kenny, M. E. . (2011). Promoting emotional intelligence and career decision making among italian high school students. *Journal of Career Assessment*, 19 (1), 21-34.

[11] Ehyakonandeh, M, &ChangM. F.. (2015). The impact of teaching the emotional intelligence on the individual-social compatibility of male and female students of university. *International Business Management*, 11 (7): 1419-1428.

以课立校 以课成人 以课促新
——徐汇南校"立课"之路

卜时波[*]

2018年徐汇中学南校区开办，作为分管南校教学的教导，我意识到在如今这个教育新时代，提升学校的课程品质是办好一个新校的有效"立校"路径。我自觉研判总校科创特色与南校课程建构的关系、育人目标和课程架构的关系、人力资源与课程实施的关系。厘清这些关系后，我开始着手探索南校的"立课"之路。

一、以点带面，以课立校

2020年徐汇中学被评为上海市科创特色高中，学校还是首批科技部中小学人工智能教育项目实验校，首批上海市工程学项目实验校、上海市"双新种子课程"实施的领头学校。南校先借总校之力开设了科技类课程，进一步突出科创特色办学，南校的科技特色课程有：3D打印、水下机器人、无人机、人工智能、编程全员普及课等。学生们凭借这些高端课程，在创新大赛中获奖人数逐年增多，以"创新·体验·成长"为主题的第35届上海市青少年科技创新大赛中，南校获得"青少年科技创新成果"板块一等奖2项、三等奖1项，"青少年科技创意"板块二等奖1项。

南校以"科创"为切入点带动整个南校诸多特色课程地"崛起"。除了科创特色课程，还借助总校是长三角中小学江南丝竹联盟盟主校，提出"让每一个孩子都会一门乐器"的号召，在创办伊始，就开设了陶笛、铜管乐、江南丝竹、舞蹈等音乐课程。让学生欣赏美、理解美、传递美、创造美。

同时，南校不断尝试打破学习时空场域的限制，与毗邻的位育体校联手开发了属于南校的体育特色课程。近四年来，为学生开设了体育专项课有：冰壶、

---

[*] 卜时波，南校教师发展中心副主任，高级教师

棒球、射击、足球、游泳、飞镖、啦啦操等多样化体育特色课程。这些课程，是以体育育人为拓展，赋能五育并举的育人新格局。

南校建校四年来，在立课之路上，找准了"科创"这一重要的切入点，带动南校整体层面的迅速"立"校。

二、突破潜能，以课成人

如果说，教学与教研是教师站稳起步的一双脚；那么，课程与科研是教师发展起飞的一对翅膀。

随着科创、艺术、体育特色课程的纷呈迭出，如何让一门课程内化为南校自己的精品校本课程？如何让"跨学科"与"教师专业成长"之间产生相互作用力？是我思考的重心。在"抓课"，还是"抓人"的思考中，我最终选择了在"成事中成人"——努力培养"一专多能""一岗多能"的复合型教师。

老师们在精进于本专业教学以外，开始涉足跨学科专业教学。体育老师教无人机，数学老师教飞镖，语文老师教射击……在大胆尝试与不断试错中，教师们收获了更多的知识储备，提升了解决问题和灵活变通的能力，也变得更加有"闯劲"，更有创新意识。老师们不再仅仅依附于教材与大纲，而是懂得转换"学"与"教"的视角，最大程度地给予学生支持，从一名"教书匠"，成了学生们学习道路上亲密无间的"同行者"。

同时，老师们在跨学科教学中挖掘出了自己的潜能，发现了更好的自己。学精学细，善管善教，正在逐步完成汇学教师多彩发展、多育并举的蜕变。

三、迭代发展，以课促新

通过四年的立课之路，我充分注重实证与意义之间的联系。让已有的课程得到更好的完善并衍生开发新的创新课程。老师们也开始抱着开放的视角看待其他学科，在这个过程中变革育人的方式悄然发生了转变。

路一直在脚下，如今我对课程的迭代更新有了新的思考：除了科技、艺术、体育，想要立足于真实而复杂的问题中，寻找更多课程衍生的可能性。例如：是否能开创出"五育"中的劳动教育课程？从目标维度来看：是要培养学生的劳动习惯、劳动能力和劳动精神。那么，这个维度能否与德育目标同生共促？从时空维度可以分为：校内劳动、家庭劳动、横跨校内外的社会劳动。从合作维度可以分为：合作劳动（集体劳动）和独立劳动。那么，这两个维度能否和学校的"项目化学习"相融合？从时代维度来看：有传统劳动和现代劳动。那么现代化劳动有没有可能和科创课程融合？这些都是摆在我面前新的思考与探索。

徐汇南校四年的"立课"之路也是为每一个孩子埋下创新种子的路。接下来，要引导学生关注生活中真实的现象和问题，培养学生用获得可迁移的知识去解决生活中的真问题。

徐汇南校开办至今，借助了百年徐汇深厚的文化底蕴和今日徐汇科技创新的课程实力，开设了诸多科艺卫人文融合的高端课程，把徐汇中学高水准的教育带到了华泾镇的沃土上。南校的立课之路在守成中有创新，在创新中求突破。已然站在南校发展的下一个制高点上。

教学管理

"双新"背景下的高中教学管理优化策略

吉 姿[*]

上海市作为国家教育综合改革试验区,采用"全面启动、分步实施"的方式实施普通高中新课程新教材(以下简称"双新")。2019年秋季高一年级开始实施统编三科(语文、政治、历史),2020年秋季持续推进,增加了高一年级数学、英语。2021年秋季学期高一年级全面实施"双新"。为适应高中育人方式改革以及"双新"实施,《上海市普通高中学业水平考试实施办法》修订版应运而生。

"双新"的实施,带来了新的课程形态、教学方式、学习时空以及新的评价方式,考试形式和招录机制也发生了极大的变化,在这样新形势发展的要求下,高中教学管理急需优化。

一、转变育人理念

教学管理是需要用运用科学合理的手段和方法,协同学校的各项管理工作,对教学进行全过程的管理,目的在于保障教学质量达成育人目标。高中课程标准的更新以及招录机制的变革,倒逼教育理念的更新。普通高中教育的任务是促进学生全面而有个性的发展,为学生适应社会生活、高等教育和职业发展做准备,为学生的终身发展奠定基础。

在"双新"实施的背景下,要强化的是学校在教学管理中的主体职能,科学制定课程方案,严格执行教学计划,超课标教学、抢进度都只会加重学生课业负担。学校要探索出一条符合本校学生实际的教育教学模式,注重信息技术助力教学管理,鼓励和指导教师利用信息技术创建适切的学习内容,提升精准诊断和分析学生学习需要和学习结果的能力,帮助学生认识自我,从品德发展与公民素养、修业课程与学业成绩、身心健康与艺术素养、创新精神与实践能

---

[*] 吉姿,上海市徐汇中学副校长,高级教师。

力多维度评价学生发展，为学生身心健康发展以及理想目标的实现提供全面支持。

二、优化教学组织形式

高中育人方式的变革以及招录机制的变化需要一个更加灵活和适切的教学组织形式，以满足学生多样化需要。"选科走班"虽然说是舶来品，现如今已经不是什么新名词了，徐汇中学也经历了从最初单科走班试点到今天的全员走班的过程。

徐汇中学在新高考改革之前就积累了丰富的网上选课以及走班制的经验。新高招政策颁布后，学校积极思考、主动应对。徐汇中学是一所普通完中，高中学生个体差异比较大。一方面为了应对新的选考制度的要求，另一方面为了满足学生个性化的需求，2014年开始学校全面推进选课走班制。到目前为止，高中选课走班经历了两个阶段：第一阶段是2017届，也就是新高考第一届，由于等级考试时间的设置，高二年级只有一门地理考试，因此学校以地理为选考核心科目进行了行政班的重新编排，兼顾其他两门选项。高二年级物理和化学分层走班。高三年级实施理化生史政走班。第二阶段，也就是2018—2023届。高一实施数学分层分班教学，关注基础关注全体，兼顾培优。高二实施物理和化学全课时分层走班，政治历史实施部分课时分层走班，兼顾培优。根据学生选考需求，地理和生物实施选课走班教学。高三年级实施大走班教学。

学校充分挖掘硬件和软件资源，努力满足学生的所有选择。在选课制的模式下，每一个高中生都会有自己所属行政班，同时也会进入选课分层产生的不同的教学班学习。他们会和不同的学生组成不同的学习共同体，能够广泛吸收不同学生的学习经验，以此提升自身的学习能力。学生走班学习，处在一个相对流动的空间。这就要求学生有一定的自主学习以及自主管理能力，每个行政班和每一学科教学班都在探索和实践培养学生的自主学习和自我管理能力。

行政班采用传统的班主任制，教学班采取的是备课组长、学科导师、班主任和学生自主管理委员会相结合的管理模式。在安排走班教学时，地理物理化学等选课人数比较多的学科，按照学生行政班来源，相对集中。每门学科备课组长是第一责任人，负责本学科教学质量和学生学习以及所有本学科的教育教学协调工作。这一教学班管理模式打破了传统的"班主任+任课教师"的学科管理模式。

在"双新"实施的背景下，只有把选课走班和传统的行政班级有效融合，建立多元化的班级管理、探索新型的班主任制才能发挥选课走班的最大效应。

三、提升信息环境下的教务管理

在徐汇中学这样的大型完中，初高中三个校区。学校已经实现了教务管理的信息化，已经实现了学籍管理、智能排课、考场开设、成绩系统、教学辅助管理等应用。例如：学校实验室已经装了智能门禁系统，可以有效记录学生的实验室学习情况。学校信息技术已经完成了它第一阶段的使命，实现了人脑所不能完成的工作，对教学起到了保障作用。

在"双新"实施的背景下，应对选课制、走班制、以及导师制，学校要进一步提升教务信息化管理，突出以人为本的管理理念。学校的教务管理必须优化，让学习者就好像身处万物互联的智慧校园内。校园智慧系统如实有效地记录学习者的成长轨迹。从学校层面来说，下一阶段的任务是要把教学的辅助系统的数据与学习系统数据打通，实现真正的智慧校园系统，真正助力教与学。从区域层面来说，如果学校和区域数据以及市级层面的数据对接，学生将会获得更多的超越学校范围的职业生涯和学涯指导。

四、建设在线校本教学资源

现有教学资源不能满足教师的教学需求是制约教学信息化深入开展的瓶颈问题，主要原因是长期以来，校本资源建设受到很多因素的制约。例如：硬件条件不具备、软件应用不足、学校人手不够等等。其实最大的制约因素还是教学观念陈旧以及缺乏合理的规划。随着"十四五"时期信息化2.0工程提出的要求以及教学改革的深入开展，建设符合学校实际的校本资源已经成为教学信息化的当务之急。根据区域部署，学校将基于教改、创建融于信息技术的新型教与学模式，通过教与学的内涵发展助推信息化标杆校建设。

教与学的方式的真正转变是高中"双新"的有效实施的关键所在。建设学校信息化的自适应学习平台是教与学的方式转变达成的有效手段。其核心内容是各学科根据新课标，建立课程学习校本资源，包括：课件、题库、作业等。学生根据自身的个体情况选用资源进行学习和测评，学生也可以自己建设资源。

"十四五"时期市区两级教师培训的重要内容之一信息化能力提升工程2.0能够为线上校本资源建设提供技术培训保障。这次教师培训旨在帮助教师利用信息技术进行学情分析、教学设计、学法指导以及学业评价等，尤其是在混合学习环境中，实现技术支持的测验与练习、探究型的学习活动设计、微课程制作等等。

校本教学资源建设应该是立足于本校的教学实际，以提升教学效率满足学生学习为目的，因此在建设过程中必须遵循以下原则：第一，要严格按照课程目标建设资源，保证资源的科学性，避免内容出错。第二，校本资源建设的目标是在于应用。因此，在内容甄选上要符合教与学的实际，入库资源要有严格的审核制度。第三，校本资源要遵循开放性原则，调动学生和教师的力量共同建设资源，最大限度地实现数字资源的优化升级。

五、优化评价模式，落实学生评价主体地位

新一轮课程改革提出了很多新的教育理念，但是在每一轮改革的过程中，评价改革都是难啃的硬骨头。新高考改革已经在一定程度上改变了"千军万马过独木桥"的状况，高中应试教育也已经得到了一定程度的缓解。在新高考改革的背景下，学生的科目学习选择权得到了满足，过去"一刀切"的评价以及只靠分数的评价在新高招中已经被革除了。对学生的评价模式从单一的分数评价已经改革到多维度综合素质评价，包括学生的品德发展、学业成绩、创新精神与实践能力、身心健康与艺术素养等。

在新一轮课程改革的背景下，学校的教学评价也应该做相应改革。评价的目的是要促进学生的全面发展，评价的主体应该包括教的主体与学的主体。学校在教师评价方面积累了丰富的经验，也要转变观念勇于探索学生评价。学生成为评价的主体有利于激发他们的学习情感、有利于发挥学生的自主性、能动性、创造性。学生评价的机制要创新，教师要落实学生自评与同学互评。以高中英语新教材为例，每一个单元学习结束，有一个 self-assessment 环节，还提供了几个促进学生反思的问题，评价的主体包括学生自己、教师和同学，教师要做的工作就是去落实这个评价，学生记录、反思并分享所学所思所得，比简单做上几套单元练习卷效果强多了。评价这个环节教师要坚守评价伦理，促进学生和谐发展。教师要在授课班级营造和谐的评价氛围，充分尊重学生，保护学生的隐私，不偏袒部分学生。

结束语

每一轮课程改革都给教学管理带来了挑战，教师育人理念的转变是教学改革的关键。教学组织形式要根据新要求不断优化。在走班制的教学组织模式之下，教学管理与评价急需做相应改变，真正发挥学生的评价主体地位才能促进教与学的有效性。信息化 2.0 时代，学习随时随地可以发生。建设学生自适应学习平台，建设符合学生实际的校本学习资源将是一个长期任务。

中高考改革背景下教务工作的精细化管理

陈蔚菁[*]

教务管理工作贯穿在整个教学管理工作中，对教学秩序、教师教学和学生学习有着直接的影响。教务管理关系到学校的教学效能，不但需要遵循管理工作规律，还要遵循教育教学规律。在新中考、新高考形势下，中学教务管理工作发生了很大变化，如何适应不断变化的形势，提高教务管理的效能，实现其可持续发展，是教务管理工作人员应该认真思考的问题。

一、教务管理的特点和新中考、新高考形势下中学教务管理内容的更新

中学教务管理工作具有明显的特点：时效性、准确性、循环性。这些特点自始至终贯穿在教务管理工作的整个过程。例如，在学籍管理工作中新生入学报到、毕业后颁发学生毕业证书、教材订购等工作都需要较强的时效性；在填写学籍资料和中高考报名中，对学生信息必须核对准确，在限定时间内完成且不能出现差错；安排考试计划、课程安排、配备监考人员等工作，必须在固定的时间范围内准确无误完成。以上类似工作每学期根据不同环境定期循环或者不定期循环进行。要想保证中学教务管理工作更加科学有效，这些特点必须掌握和了解，只有把握教务管理工作的特点和规律，才能有效提高教务管理工作的效能。

2014 年起上海市实行的新高考从形式单一的考试变成"两依据一参考"，依据高考成绩、学业水平考试等级考成绩，参考学生综合素质评价。而 2019 年上海教育部颁发的《上海市进一步推进高中阶段学校考试招生制度改革实施意见》中包含了中考科目和分值的改革，计分科目总分由 630 分调整为 750 分。在普通高中招生分配上调整为自主招生、名额分配综合评价录取和统一招生录取三类。要求完善和建立初中学生的综合素质考察，作为初中学生毕业的依据

---

[*] 陈蔚菁，上海市徐汇中学教师发展中心副主任，高级教师

和自主招生、名额分配综合评价录取的主要考查内容。显然无论是高考还是中考改革，都倾向于增加过程性评价的重要性。而这些改变都建立在教务部门对学生完善的学习经历的记录。在新中考、新高考形势下，高中选课管理的难度几何级增长。等级考的走班教学又给成绩管理带来新课题。作为完全中学，初中增加的标准化理化实验操作考试、英语听说考试、高中的十场学业水平考试合格性考试、三场等级性考试、语数外春考和语数外秋考、两次外语听说考试，人均近20场的国家级考试对考务工作进行了前所未有的考验。而初高中学生的综合素质评价平台的各项数据的收集、整理、录入都更加高要求地体现了教务管理工作的时效性、准确性和循环性。

二、实施精细化管理提升中学教务管理品质

1. 推动教务管理工作的规范化、流程化，努力实现各项工作的零差错

天下大事必作于细，世界上每一件事都是从一个个小细节开始的，最难的事就是要求每个环节都做得精准。在中学教务管理中可以充分借鉴精细化管理理念，对教务常规工作加以细化，对每个工作环节提出精确的要求，实现教务管理工作的规范化、流程化和精细化。这对提高教务工作的效率和质量，具有十分重要的意义。

精细化管理包含精细化的操作：是指每一项工作都有一定的规范和要求。实施该项工作的人员应遵守这种规范，为相似工作的拓展提供可推广性、可复制性。还包含精细化的控制：是指具体工作的运作要有一个流程，要有计划、执行和审核的过程。控制好了这个过程，就可以大大减少工作失误，杜绝管理漏洞，增强流程参与人员的责任感。

拿学校的考试管理来说，可以从命题、审题、组织考试、阅卷、试卷分析来设计细节，也可以从监考流程来规范细节。学籍管理等常规教务工作都可以设计细节，责任人落实细节。

如以下流程图的设计不仅阐述了具体工作的实施步骤，也落实了每个环节的责任人。

徐汇中学考试流程图

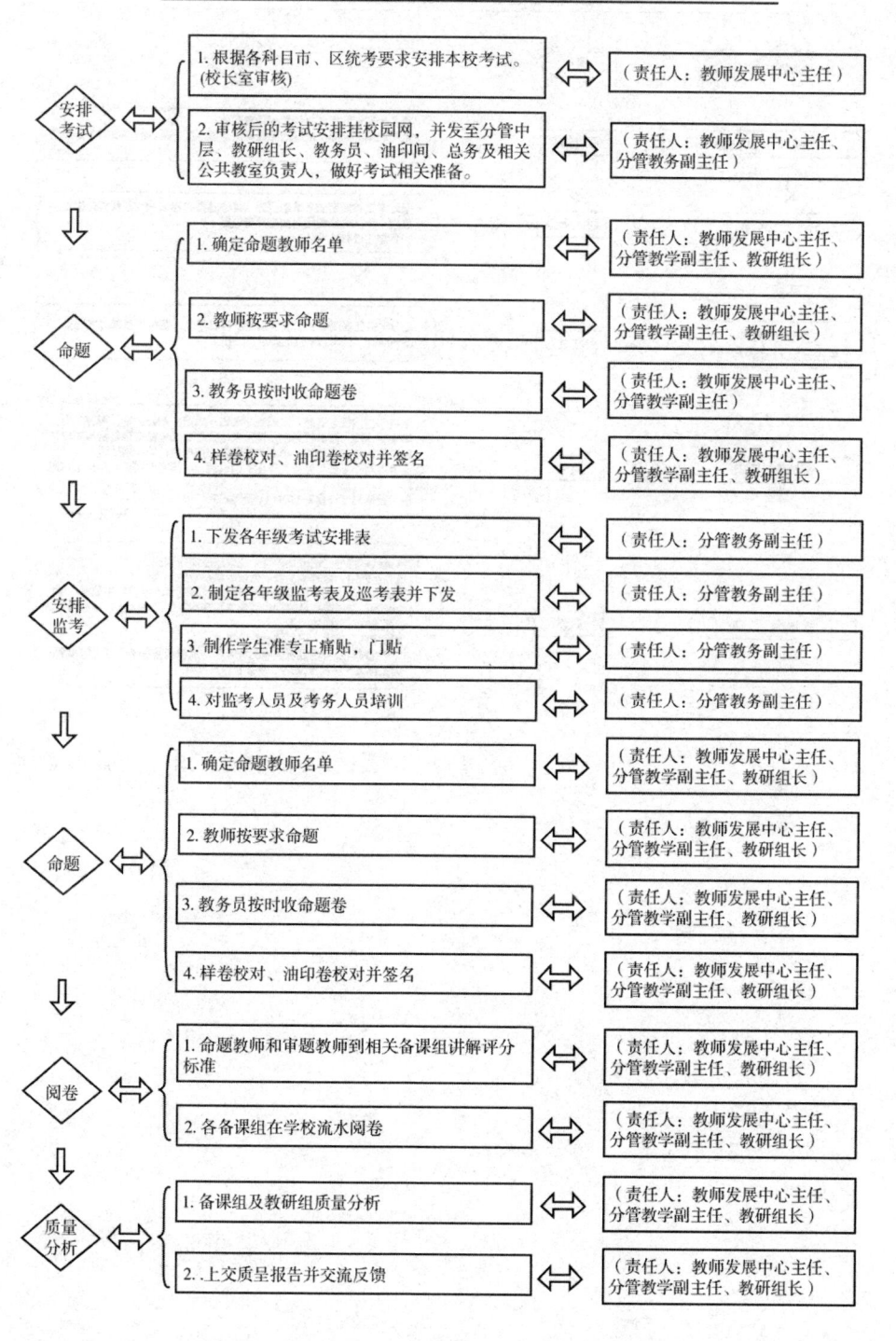

安排考试 ⇔
- 1. 根据各科目市、区统考要求安排本校考试。(校长室审核) ⇔ (责任人：教师发展中心主任)
- 2. 审核后的考试安排挂校园网，并发至分管中层、教研组长、教务员、油印间、总务及相关公共教室负责人，做好考试相关准备。 ⇔ (责任人：教师发展中心主任、分管教务副主任)

⇩

命题 ⇔
- 1. 确定命题教师名单 ⇔ (责任人：教师发展中心主任、分管教学副主任、教研组长)
- 2. 教师按要求命题 ⇔ (责任人：教师发展中心主任、分管教学副主任、教研组长)
- 3. 教务员按时收命题卷 ⇔ (责任人：教师发展中心主任、分管教学副主任)
- 4. 样卷校对、油印卷校对并签名 ⇔ (责任人：教师发展中心主任、分管教学副主任、教研组长)

⇩

安排监考 ⇔
- 1. 下发各年级考试安排表 ⇔ (责任人：分管教务副主任)
- 2. 制定各年级监考表及巡考表并下发 ⇔ (责任人：分管教务副主任)
- 3. 制作学生准考证桌贴、门贴 ⇔ (责任人：分管教务副主任)
- 4. 对监考人员及考务人员培训 ⇔ (责任人：分管教务副主任)

⇩

命题 ⇔
- 1. 确定命题教师名单 ⇔ (责任人：教师发展中心主任、分管教学副主任、教研组长)
- 2. 教师按要求命题 ⇔ (责任人：教师发展中心主任、分管教学副主任、教研组长)
- 3. 教务员按时收命题卷 ⇔ (责任人：教师发展中心主任、分管教学副主任、教研组长)
- 4. 样卷校对、油印卷校对并签名 ⇔ (责任人：教师发展中心主任、分管教学副主任、教研组长)

⇩

阅卷 ⇔
- 1. 命题教师和审题教师到相关备课组讲解评分标准 ⇔ (责任人：教师发展中心主任、分管教学副主任、教研组长)
- 2. 各备课组在学校流水阅卷 ⇔ (责任人：教师发展中心主任、分管教学副主任、教研组长)

⇩

质量分析 ⇔
- 1. 备课组及教研组质量分析 ⇔ (责任人：教师发展中心主任、分管教学副主任、教研组长)
- 2. 上交质量报告并交流反馈 ⇔ (责任人：教师发展中心主任、分管教学副主任、教研组长)

徐汇中学监考实施流程图

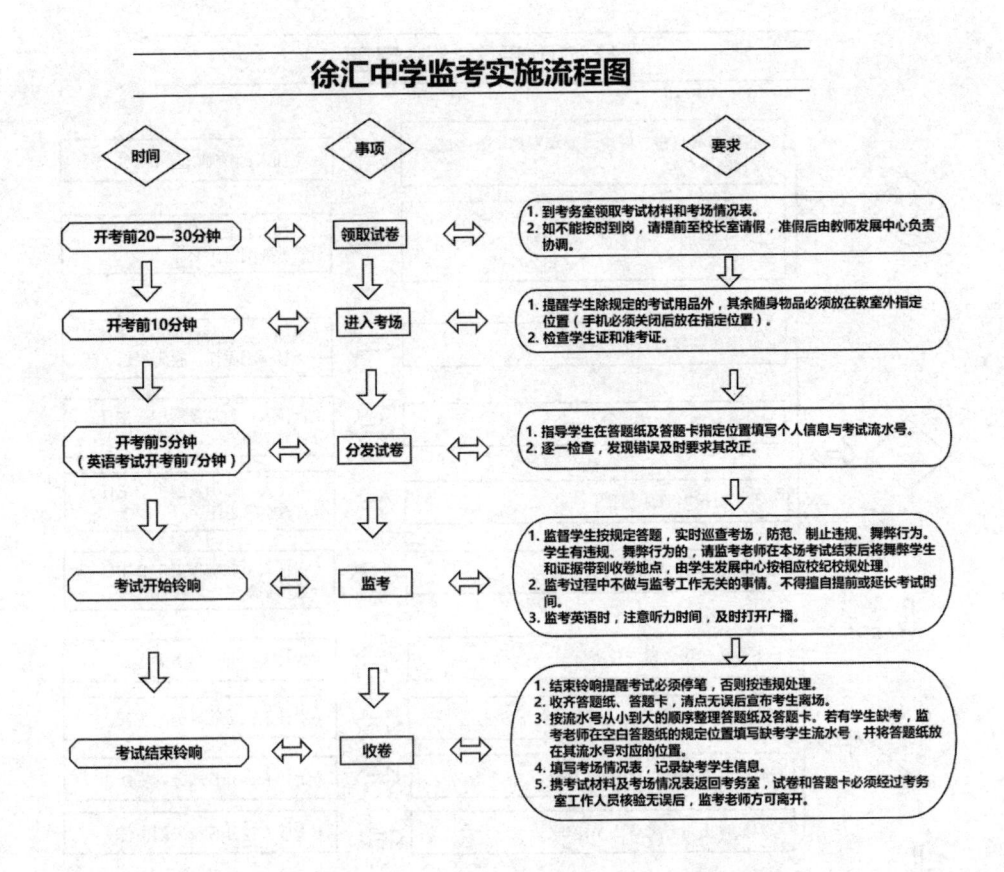

时间	事项	要求
开考前20—30分钟	领取试卷	1. 到考务室领取考试材料和考场情况表。 2. 如不能按时到岗，请提前至校长室请假，准假后由教师发展中心负责协调。
开考前10分钟	进入考场	1. 提醒学生除规定的考试用品外，其余随身物品必须放在教室外指定位置（手机必须关闭后放在指定位置）。 2. 检查学生证和准考证。
开考前5分钟（英语考试开考前7分钟）	分发试卷	1. 指导学生在答题纸及答题卡指定位置填写个人信息与考试流水号。 2. 逐一检查，发现错误及时要求其改正。
考试开始铃响	监考	1. 监督学生按规定答题，实时巡查考场，防范、制止违规、舞弊行为。学生有违规、舞弊行为的，请监考老师在本场考试结束后将舞弊学生和证据带到收卷地点，由学生发展中心按相应校纪校规处理。 2. 监考过程中不做与监考工作无关的事情。不得擅自提前或延长考试时间。 3. 监考英语时，注意听力时间，及时打开广播。
考试结束铃响	收卷	1. 结束铃响提醒考试必须停笔，否则按违规处理。 2. 收齐答题纸、答题卡，清点无误后宣布考生离场。 3. 按流水号从小到大的顺序整理答题纸及答题卡。若有学生缺考，监考老师在空白答题纸的规定位置填写缺考学生流水号，并将答题纸放在其流水号对应的位置。 4. 填写考场情况表，记录缺考学生信息。 5. 携考试材料及考场情况表返回考务室，试卷和答题卡必须经过考务室工作人员核验无误后，监考老师方可离开。

责任人：教师发展中心、监考老师

>>> 教学管理

徐汇中学学籍变更流程表

家长申请 → 由家长向班主任和教导处提出申请

- **休学**：有效期内签证复印件、户口本复印件、国外学校录取通知书复印件（出国休学）；三甲医院建议休学的证明（因病休学）
- **退学**：有效期内签证复印件、户口本复印件、国外学校录取通知书复印件（出国退学）；三甲医院备注可申请退学证明（因病退学）
- **复学**：需提供三甲医院备注病愈复学证明
- **转出**：打印转学信息表盖章，由家长交给转入学校，由转入学校平台发起

材料准备

- **转入（材料交招办审核）**：
  ① 本区户籍
  本区户口薄，房产证原件审核，复印件留存
  转出学校转学信息表
  学生成长记录册或学生手册
  ② 本市户籍
  户口本、出生证明原件审核，复印件留存
  家长《上海市居住证》、学生《上海市临时居住证》原件审核，复印件留存
  转出学校转学信息表
  学生成长记录册或学生手册

以上所有手续均需附上学籍管理条例相应申请表，填写并留档

交由校长室审批：将材料齐全的学籍变更手续整理好交由校长室审批

平台操作：将审批通过的材料在平台上做相应操作

关注进程：关注平台学籍变更进程是否成功，若发现失败变更则做相应更正后再次发起

责任人：分管教务副主任、初高中教务员

2. 借助信息化手段推动教务工作精细化管理的实施

计算机辅助教务工作已经十分广泛，实现了教务管理的自动化和信息化。目前学校使用的师悦信息系统经过校方与信息公司的不断沟通，能基本满足初中年段排课、成绩管理、拓展课选课管理、高中学段的选课管理和成绩管理。但升级系统的落地还要面对学校校区多、师生人数多这样的实际情况，这需要管理人员与信息公司继续不断地积极沟通。教务人员除了使用好学校的办公信息系统、图书管理系统，还需要维护好上级部门的学籍管理系统和初、高中学生综合素质评价系统，这也对教务人员的信息专业技能提出了要求，更督促了教辅人员的不断学习，借助网络信息技术来提高效率、做好工作。

精细化管理首先体现在的是规范化，而规范化带来的则是高效率。近年来，我校规模不断扩大，而教辅人员并没有增加，将常规工作流程化、规范化、信息化实现了一人多岗，也更加保障了学校教育教学工作的有效开展，实现教育教学质量的最优化。

精细化管理的实施，还需要在教务人员中加强细节意识、服务意识和规则意识。建立一套"以人为本"的民主管理和监督机制，以形成良好的群体氛围，使全体人员目标一致，积极主动、自主创新地完成各项工作。因此，追求教务管理过程与教务人员发展自我相统一，将成为精细化管理实施的行动目标。

新中考背景下初中教学管理优化策略

陶 琦[*]

2021年上海中考改革首年，考试科目发生了变化。2022年随着招生制度的改革，将迎来中考改革的全面实施。紧随着一系列考核和评价标准的变化，要求初中学校应进一步突出教与学的拓展性能力培养。面对这一系列的变化，也给教师提出了新的思考。

一、研究中考新政，调整教学策略

（一）实践操作早做规划

中考改革首年，考试项目发生了变化，引入了英语听说测试、理化试验操作测试，更关注了学生的实践操作能力，强化了知识的迁移和应用，能力的培养和评价。随之而来给相应学科建设带来新的思考。

1. 英语听说早做研究

面对新要求新变化，初中英语教研组着力思考四年规划。从起点年级就开始密切关注学生的能力培养，积极开展了各类以"听说"为主题的学科活动，如青少年科学思创演讲比赛、用英文讲中国故事等，让学生们在活动中不断培养兴趣，拓展能力。

同时关注教师的基本素养的历练，开展了以"听说"为核心问题的区级公开课堂展示课、公开教研活动，组织参加了各类专家讲座。时刻关注听说教学的研讨、课上训练的补充、课后作业的设计和学科活动的策划。为毕业年级听说测试起到了积极的辅助作用。

2. 理化操作视频辅助

针对理化试验操作的要求提高，所有理化老师积极参加市、区级的实验操作培训活动，明确考试的意义和目的，认真细致地研读评分标准等各项要求。

---

[*] 陶琦，上海市徐汇中学教师发展中心副主任，高级教师。

然后细化每个实验的教学目标，关注每一步的操作要点，编写实验复习指导的文字版内容，制作实验规范操作的演示视频。将教师自己制作的视频发送给学生，方便学生实践复习，特别对能力薄弱学生起到了良好的辅导作用。

（二）统编教材早做研究

自2019年起，语文、道德与法治、历史三门学科使用全国统编教材，要求教师不能只凭经验教学，而需要更深刻的理解教材、研究考点。另外，新中考还把闭卷考试与开卷考试相结合，主张的是不以死记硬背为目标的素质教育，原来的考试内容及形式也需要变革。面对教材的改变、考试形式的变化，倒逼教师必须不断强化命题能力来促进教学，通过关注学科核心素养来培养能力。

1. 自主命题促进教学研究

初中语文教研组结合《课程标准》，分年级对每篇课文知识点进行能力层级的梳理，涵盖了整个初中语文学习的主要目标，按能力层级划分三级目录。既进行整个学段的梳理和使用，又便于高年级学段更好地利用资源。各年级在研究本学年的知识内容要点的基础上，还开展了教师原创命题系列活动。在实际教学中积累素材，提炼经验，以学情与新中考为依据，努力提升命题能力。通过命题研修活动，教师重新认识了"课程标准"与"考试说明"，学会了自觉地运用"课程标准"与"考试说明"去评价自己的课堂教学与教学设计，判断自己命制的试题的优劣。

2. 齐心钻研完善题库建设

道德与法治以及历史学科，在中考首年资料有限的条件下，定期进行集体备课，研读统编教材，探讨教学设计的思路和想法，分享实践有效的教学经验。同时在课余时间，通过多种渠道研读专业相关的文献资料，收集并共享适切初中学生的教学资源，专注于各区一模二模卷的研究分析。大家潜心研究教材、结合中考要求、围绕学科核心素养，对复习资料进行高效整合，进行了各专项练习自主命题，初步建立起了我校道法、历史学科的题库，为后续积极应对新中考打下坚实的基础。

（三）资源整合学做研究

新中考要求学生能整合不同学科的知识和方法，以系统的思维解决真实问题。例如，借助跨学科案例分析、探究型课题的开展，加大跨学科项目的实践和研究，建议各学科之间的有机联系，提高学生创造性解决问题的能力。

1. 资源整合，研究跨学科案例分析

针对新增加的跨学科案例分析题，学校新增加了跨学科备课组，由三位生物老师和三位地理老师组成。大家紧跟市级的指导思想，交流经验、提高认识。充分利用市级《空中课堂》的资源，把有关的情景问题纳入平时的教学和练习中，上好每周一次的跨学科案例课。

在新中考改革的第一年里，跨学科题目少，备课组就自力更生，认真钻研考试院的两套模拟题，极参加市区级的培训活动，掌握最新的动态，开展原创命题、改编命题。例如根据生物、地理两门学科的交叉内容和前沿热点，我们定出了"南极科考""热带雨林""上海本地生物"等主题。从实事新闻、历年试题、市级空中课堂中发掘素材进行命题，在与同行间交流中得到启发，不断积累命题的素材和思路。备课组充分发挥集体的智慧、不断积累素材、整合资源，最终在研究中取得佳绩。

2. 借助平台，学做探究型课题研究

充分利用完中的优势，借鉴高中学生做课题做研究的经验，借助学校丰富的拓展课程及特色实验室，在初中学段开展基于校本科创课程的探究性项目学习。例如生命科学创新实验室、高铁调度和驾驶实验室、3D打印实验室、天文台、太阳能风力发电站、水下机器人、无人机、网球场、空中篮球场、魔术教室、汇学乐府、徐汇画苑等课程。让每个初中生基于所学习的校本课程，在真实情境下解决实际问题，体验研究过程，形成初步的研究成果，提升创新精神和实践能力。每位学生撰写的研究报告，同时为初中生综合素质评价提供参考依据。

二、落实五项管理，提升学习效果

基于"五项管理"工作的政策规定，其中，着力健全作业管理机制。做到注重作业设计、规范作业布置、严肃作业批改。坚决贯彻落实减负增效，积极营造有利于学生健康成长的育人环境。

1. 精选作业内容

各学科各年级的备课组长严格把关，认真钻研教材，正确掌握教学目标和学生实际，在完成上海市统配的练习册的基础上，按学生的个体差异布置不同梯度的作业。鼓励各备课组教师通过选编、改编、创编，设计出科学、合理、有效的作业，避免重复训练的作业、杜绝死记硬背和"机械刷题"现象。

2. 丰富作业形式

各学科根据本学科的特点及不同类型的作业，除必要的书面作业外，兼顾统一与分层、口头和书面、预习与复习、中长期与短期，实验操作与听力练习等。确保基础性作业的前提下不断拓宽作业类型，鼓励布置实践性作业、探索性作业、跨学科作业等，充分挖掘作业的育人功能。并鼓励学生自选、自编、自命作业，激发学生的学习兴趣。

3. 控制作业总量

各备课组根据所学内容的难易程度，充分注意到学生的个体差异，体现作业的层次性，设置巩固基础知识与能力提高的必做题和适当拓展的选做题，切实控制作业的难易程度及完成作业的时长。

年级组长负责统筹本年级各学科作业、调控各科作业总量，对于作业过多或过少的学科，由年级组长提醒其做出适度调整，并完成各年级作业的校内公示。

实行弹性作业制，对于个别学生经努力到就寝时间仍无法完成作业的，允许缓交相应作业。教师应帮助学生分析原因，加强学业辅导，提出改进策略，如有必要可调整作业内容和作业量。

三、规范考试科目，完善综合评价

在新中考背景下，考试的科目、形式、成绩的呈现形式等随之发生一系列的变化。教师对学生的评价也需发生改变。更应注重学生的进步与表现，体现对学生学习态度、习惯养成、关键能力和价值观培育的引导。坚持过程评价、多元评价、综合评价相结合。

（一）关注日常，强化过程性评价

道德与法治和历史科目考试满分各60分，其中统一考试满分30分，日常考核满分30分，体育科目日常考核分数15分的两倍。日常考核分数，围绕学习成绩、学习表现和能力、实践能力三方面展开。

1. 体育学科需要在原有基础上完善赋分标准；道德与法治和历史科目规划每个学期的日常考核的办法，通过长期作业、课堂表现等方面对于每学期情况给予赋分。

2. 增加学生补测、补交作业等环节，让大多数学生在拿到满分的基础上，适当拉开差距。

3. 并通过家长会、书面说明等手段，做好宣传动员工作，将各学科的日常考核办法告知学生及家长，并将考核分数进行公示。

4. 所有学科都应注重平时过程性评价，围绕学习态度、习惯养成、进步表现等，给出平时成绩。

（二）统一管理，规范总评成绩

除语文、数学、外语、物理、化学举行期中、期末考试以外，其他科目只进行期末考试或考查；道德与法治、历史、地理、科学、生命科学、信息科技均采用开卷形式（或以开卷、闭卷、操作相结合的形式）进行考试；体育与健身、劳动技术、音乐（6、7年级）、美术（6、7年级）、艺术（8、9年级）科目只进行操作、应用和实践性的考查。

1. 期中、期末考试均进行的科目（以下所涉及的成绩均为百分制）

学期总评＝平时成绩＊0.3＋期中成绩＊0.3＋期末成绩＊0.4

学年总评＝第一学期总评＊0.5＋第二学期总评＊0.5

2. 只进行期末考试的科目（以下所涉及的成绩均为百分制）

学期总评＝平时成绩＊0.5＋期末成绩＊0.5

学年总评＝第一学期总评＊0.5＋第二学期总评＊0.5

3. 只进行操作、应用和实践性考查的科目（体育除外）

参照只进行期末考试的科目的计算方式，任课教师最后将百分制折算成"优秀""良好""合格""不合格"四个等第。100～90分为优秀、89～80分为良好、79～60分为合格、60分以下为不合格。

（三）科学管理，完善补考制度

改变初中学段只进行"语数英理化"学科补考的局面，对于各年段各类笔试学科，只要总评不合格学生一律参加补考。制定因病缺考学生的补考办法，确保所有在籍学生所有学科都有成绩。

1. 由于疾病等原因严重影响期中、期末考试的学生，需出具三甲医院相关病历并提供书面申请，作为缺考处理。

（1）期末考试缺考学生需参加学期末或学年末的补考，以补考成绩作为相应缺考的成绩；

（2）期中考试缺考学生的学期总评成绩，参照"只进行期末考试的科目"的计算方式，若学期总评成绩合格则不需参加补考，若学期总评成绩不合格则需参加补考。

2. 学期总评或学年总评成绩低于60分或等第"不合格"的学生均需参加补考。

（1）若补考成绩合格，则以"60分"或"合格"作为最终的学期总评分；

（2）若补考仍不合格，则在补考成绩与原学期成绩中取较高的成绩作为最终的学期总评分。

通过全面的日常考核评价、规范的总评成绩评定、科学的补考制度、班主任严肃的审核管理，最终确保对每一位学生进行科学的综合评价。

中考改革直指学生综合素养培育，引导全社会缔造看得见、可触摸的公平教育，为孩子的个性成长架构更为广阔的发展空间。呼唤学校进一步突出教与学的拓展性能力培养，更重要的是活化课堂教学，综合把握课程学习。对学生进行更为全面、科学、多元的评价。通过"教、学、评"的一致性，让学生能走出课堂、走出学校，去实践、去应用，成为有德有用有奉献有价值、德智体美劳全面发展的社会主义建设者和接班人。

聚焦核心素养,设计初中学科实践活动
——以初中英语学科实践活动为例

丁 艳[*]

一、前言

《中国学生发展核心素养》指出:要培养学生的"实践创新"能力,重视"学生在日常活动、问题解决、适应挑战等方面所形成的实践能力、创新意识和行为表现"。国家出台"双减"(减轻义务教育阶段学生作业负担和校外培训负担)意见,强化"五项"管理,从校内到校外严格规范教育教学的办学行为,让党的教育立足正轨,为社会主义建设培养合格人才。我们作为义务教育工作者也应用心思考当下教育现状,认真研读课程标准和学科课程计划,正确认识培养核心素养对学生发展的意义,努力探索适切的学科实践活动来促进学科课程的目标达成。

学科实践活动是以学科主题学习为主要目标,利用校内校外、课内课外的课程资源所开展的学习实践活动。在实践活动中,教师应注重学习内容和方式的设计,加强学科知识的内在联系与整合,引导学生将学科知识与现实生活和现代科技相结合,从而不断提升实践创新能力,达到充分发掘学生的个性和潜能,促进学生全面和谐发展。

二、我校学科实践活动的现状特点

我校——徐汇中学,是拥有着170多年历史的西学东渐第一校,市级"科创"特色高中,以"文化引领,科创兴校,多彩育人"为办学目标,努力探索"汇学型"综合人才的培养之路,一直以来都是以学生发展为目标,开展以"生"为本的课堂教学,辅助开展多彩形式的学科实践活动,将学生的课内课外

---

[*] 丁艳,上海市徐汇中学教师发展中心副主任,一级教师

知识充分结合，也给予了学生们充分展示的舞台与空间。为了更好地利用学校资源，更加合理均衡地设计各门学科实践活动，更充分地通过实践活动培养学生们在核心素养中所需求的综合素质，本文从目标内容、实施方法、效果评价几方面入手，以初中英语学科活动为例，就本校的学科实践活动展开探索研究，希望能提供有益借鉴。

（一）科学确立活动目标

"双减"背景下，教育教学回归良性生态，从调整符合最本质的教育规律开始，合理安排课程计划，起辅助作用的学科实践活动也需遵循规律。要根据学生的实际年龄特点，切合实际考虑学生的阅读量、书写量，真正从学生的身心角度，渐进式的促进学生健康科学成长。从知识储备到实践运用，再到创新实践来提升能力，这样遵循规律的路线对于教育健康科学发展才是有益的。因此，学科实践活动设计的首要准则就是要符合学生的知识储备和实际能力。

六年级英语备课组定期开展的英语书写活动正是符合以上要求。在经过一个学期的规范训练之后，为了有效规范学生的英文书写，养成良好的书写习惯，同时让学生在学习英语的过程中享受书写的乐趣，由备课组统一书写要求和评价标准，在全年级范围内组织英语书写活动。活动过程包括设计方案、活动实施以及评价展示，为了凸显学生的主体地位，从范文选择到海选评价全程都有学生的参与，学生的参与积极性高，活动的效果和目标就达到了。

知识储备是由浅入深的渐进式积累，英语作为语言文字或交流工具，学习过程是在积累知识、合理理解的基础上，再加上实践运用，从而逐渐获取更多知识。为符合教育规律，初中英语组在科学制定各年级活动目标基础上，定期保留了以下实践活动：七年级"趣配音"活动；八年级"课本剧"表演；九年级英语主题演讲比赛。在确定目标和内容时要把握几个方面：首先要把学生的兴趣爱好作为活动主题选择的切入点，因为主题与学生的兴趣爱好和意愿相符时，学生们在活动过程中才会更积极；其次是将实际生活作为另一个切入点，生活是获取知识以及锻炼能力的源泉，当活动主题与学生的生活体验相贴近时，更加能唤起学生参与的主动性。

（二）确定有效活动形式

在《中国学生发展核心素养》中可以看出，培养具有人文底蕴、科学精神、学会学习、健康生活、责任担当、实践创新六大素养的"全面发展的人"是核心目标。初中实践活动应以培养这六大素养为目标，结合校情和学情智慧地开展的活动。旨在开发学生实践能力和知识运用能力，培养学生的独立性和自主性，引导学生质疑、调查、探究、合作的能力，促进学生在教师的指导下，主动并富有个性的学习，从而提升各方面的素质和能力。

英语不仅是一种交流工具，英语教育的价值在于促进人的心智发展，塑造健康的品格，培养思维能力。英语教学和活动需要调动学生的非智力因素，营造一个能进行交际实践的学习环境，并充分利用现有的教学手段，努力扩大学生的知识面，帮助学生建构自己的自主学习模式。

徐汇中学为学生的自主学习提供了很多硬件条件和设施保障，作为成功申报市科创特色高中的完中，学校的实验室和拓展课程等配置都处于领先水平，在有100多年历史的崇思楼里的外文图书馆更具有代表性。2016年在校友资助下，外文图书馆建成并投入使用，每年根据学生和老师的需求订购增补，迄今藏书量大约有一万五千多本。学校对初中学段专门开设阅读课，并在午休时间开放，学生也可自行借阅。阅读课上，六七年级以培养学生英语阅读兴趣为主，任课老师会进行一定原版书籍的推荐与指导；八九年级则以拓展阅读能力为主，老师将结合阅读任务和主题给予学生实践和展示的机会。从最开始的藏书类别、藏书内容的介绍，到逐渐加深的英美文学引导，几年下来，学生们在汇学外文图书馆里的沉浸，成长收获颇丰。

初中英语组根据各年级学生的阅读能力和兴趣，利用学校外文图书馆的资源，定期开展符合学生实际水平的阅读实践活动。低年级学生对于典范英语、神奇树屋或老鼠记者等系列丛书进行小组共读，并且用通过 plot mountain 来展示情节，人物介绍来分析角色，再加以表述感悟和推荐理由进行合作展示；假期中阅读教师的推荐书目，学生个人完成故事介绍和阅读小报的制作，返校后进行评奖和展出。高年级同学除了原创诗歌竞赛、阅读思维导图竞赛还有一项传统的英语原版寻书之旅 Book Hunting 活动，即让学生根据从图书馆原版书中选定的推荐语段，来找出相应的书源。活动过程包括：赛前动员—选定推荐语段—找书竞赛—结果评比—反馈收获。每个年级根据推荐语段的难易程度来调节程度，学生们参与热情高涨，对原版阅读更加充满兴趣。这项阅读活动形式上丰富又创新，学生的参与和反馈都非常好，现在作为传统保留实践活动之一，在不断更新完善的基础上定期开展。

（三）充分设计展示空间

最新修改的初中英语学科课程标准中指出，现代外语教育要注重语言学习的过程，强调语言学习的实践性，主张学生在语境中接触、体验和理解真实语言，同时在教师的指导下，通过体验、实践、参与、探究和合作等方式，发现语言规律，逐步掌握语言知识和技能，从而不断调整情感态度，形成有效的学习策略，发展自主学习能力。根据学科特点，需要让学生在学习的同时通过大量的语言实践活动来加深语用，从而达到提高学生的学科核心素养的目的。这对教师的活动设计提出了更高要求，它包含了传统意义上的听、说、读、写，也包含以各种活动形式的呈现，而最后的成果展示不单是语言的输出，更是表现为教师评价、同伴评价和自我评价的多样方式。

日常教学中，英语教师们通过课前主题演讲或者 Daily Talk 作为热身活动来培养学生的"听""说"能力。演讲的半开放主题让学生有更大的发展空间，以"_____的介绍"主题为例，学生的介绍涵盖时事新闻、名人轶事、科学现象、生物工程等几乎所有学科。精心准备的演讲，站在讲台上的自信，以及赢得的掌声和赞扬都是日常的展示带给学生的收获。经过平时的锻炼，学生面对校级、年级的展示机会时也不会胆怯了。为了配合市和区的青少年科学思创挑战活动，为了提升学生的科学素养、国际视野和思辨能力，我们在初中部开展了科普英语的综合实践活动，活动分为初赛和复赛两部分，共计参加人次 300 多人。最后的复赛环节是以"科学之思""科学之创"的形式开展。学生任选一项科学技术开展思创活动，用英语陈述并现场回答评委提问，从演讲陈述、语言用词、演讲内容、现场问答四个维度来考查学生对科学世界的认知，对科学创新成果和未来趋势的思考和探究。活动落幕后，参赛的同学就这次选拔展开了热烈讨论，纷纷表示不仅为他们创造了实践中运用英语的能力，还锻炼了科技创新意识，丰富了个人经历。这次活动的成功，主要是将实践活动的目标和形式进行了综合考量，活动方案与流程精心设计。除了给予学生充分展示的空间，对于初中英语组来说也是一次自主命题的实践，了解科学领域的机会和英语教学与多学科融合的探索。

除了演讲以外，还有各年级的表演类展示，如：Nobody wins 课本剧，音乐之声舞台剧，英文歌曲大赛，英语趣配音比赛等等，都给有兴趣有能力的学生提供充分的展示舞台，通过英语这个媒介和工具，加上对这门语言的感知和领悟，体会发展跨文化意识，从而提高综合人文素养，为终身奠定基础。

（四）巧妙整合信息资源

素质教育提倡教育教学除了向学生教授专业的学科知识外，还要培养学生自主学习能力，学习习惯和思维模式，促进学生全面发展。教师应在多方面条件的辅助下提升学生的学习兴趣，培养学生的自学能力，切实提升学生全方位的能力。在科技高速发展的背景下，信息化无疑是促使学科教学、开展学科活动的最好选择。

所谓信息化，是指通过使用计算机、通信、网络等信息化技术手段，使得学习、教学、生活等多个环节进行数字化，从而提高质量和效率。对于英语学科来说，实现了教师课堂的多模态，教学内容的多元化，教学内容的丰富，也实现了学科实践活动多样便捷，即使是疫情期间，空中课堂让学生停课不停学，教师们在线设计实践活动，学生云端各展所长。我们初中英语组在线上教学期间，根据校情和学情，筛选已有优质资源，补充适当音频视频，其中就有与时事新闻同步的英语资讯，如央视"介绍武汉疫情"的短片、英国女王新冠演讲、上海学生抗疫演讲等，既让学生了解当前形势，又能学会地道英语表达；还有对时文阅读的多人编辑、小组命题，火热的听歌填词，英语短片趣配音等，都是能激发起学生兴趣的丰富活动，借此提升了学生的自主学习能力。

回到正常的校园后，"信息化"的影子仍然是无处不在。我们给学生提供视频、音频、微课等学习资源，引导学生进行自主预习和复习；应学校建设"自适应精准平台"的要求，让学生们通过从自己理解题到给别人讲解题的过程，将学习、理解、教授的过程再拍摄成小视频或者微课，再上传到学校的指定平台，方便所有学生自学和探索，这样的活动融合了现代化、学科化、资源化的特点，促进了学生的主观能动性，让学科活动的实践性落到了实处。

三、思考

上文已从设计学科活动的目标、内容和形式等方面给予一些建议，但从学生的发展角度考虑，评价策略还需要不断修改和调整。教师需要重视过程性评价，设计多种形式共存的、合理科学的评价体系，来完善对学生在整个参与过程中的全面公正客观的评价手段和方法。另外，在素质教育的大背景下，学生教师共同学习成长：活动设计，学科融合及跨学科活动设计，精简作业优化效果的作业设计，综合实践体验活动设计等，都可以作为实践活动来实施。教师和管理人员必须有创新意识，创新能力和科学的管理水平，在加强学习合作研究，大胆探索的基础上，才能使实践效果落到实处，真正培养学生的实践能力和创新素质。

教师管理

教师招聘流程项目化管理的思考

顾锦华*

教师招聘是学校师资力量不断更新和补充的一种有效方式,把优秀合适的人员招聘进学校,安排在合适的岗位,是学校发展成败的关键之一。我们秉承"公开、平等、择优"的原则,努力为有志之士提供平等竞争的机会,采取科学的考试考核方法,精心比较、谨慎筛选,录用各方面的优秀人才,为学校引进或为各个岗位选择最合适的人员。

教师招聘是一项时间跨度长,过程复杂的工作,要想在这纷繁复杂的过程中,理出头绪,使别人一目了然是我们思考的问题。工作结构分解法是招聘工作中一个行之有效的方法。

工作结构分解即把一个项目,按一定原则分解,项目分解成任务,任务再分解成一项项工作,再把一项项工作分配到每个人的日常活动中,直到分解不下去为止,即:项目→任务→工作→日常活动。

如把招聘工作分解成三个项目,每个项目有计划和目标,由专人负责,最后顺利完成整项工作。

项目一 发布招聘需求

学校根据岗位空缺情况,向局人才中心递交招聘计划,经上级主管部门审核批准后,实施招聘。其目标是让更多的人了解我们学校的招聘需求。我们通过以下几种方式完成该项目。

招聘的主渠道有:社会招聘;局内流动;关系介绍;互联网。

(一)社会招聘:要将招聘条件等以文书的形式提交给局人才中心,由局人才中心统一组织社会招聘。

(二)局内流动:本区内兄弟学校之间,符合我校招聘条件,在双方达成一

---

* 顾锦华,上海市徐汇中学人事主任,一级教师

致同意的前提下，实行流动。

（三）关系介绍：利用关系介绍招聘，特别要向他们强调招聘条件和录用标准。

（四）互联网：将招聘条件、招聘计划、联系方式通过公众号、校园网对外发布，有意向者可以自行投递简历。

项目二　考核筛选

这个项目的目标是选拔出自身素质过硬，适合我们学校教育教学要求的应届大学生和在职教师。

基本上按以下程序进行选拔：依个人资料初选；笔试；面试；入编考试。

（一）初选

学校招聘委员会根据应聘者提供的资料，对每个人的特长和不足进行充分的评价分析，做出初步选择意向后。依据初选结论，由人事部主要考察、核实以下五项：职称是否与招聘要求一致；年龄是否在招聘范围内；户籍是否符合招聘条件；教师资格证是否具备；个人经历真实性。

（二）笔试

通常情况下，应聘人员需接受专业笔试。音体美专业课采取相关的基本功测试。笔试主要考查应聘者专业知识的储备量。

（三）面试

对笔试成绩较理想的应聘者，再进行面试。学校面试者原则上应由副校长和分管领导（教研组长）参加，其人数不应少于2名。面试结果要集体决定。

根据本学校状况，面试可分为下列两种：

1. 初试：一般以讲题或说课形式为主。初试的作用主要是考查应聘者分析材料能力、语言表述能力，综合思维能力。通常初试的时间约10至15分钟；

2. 评定式面试：一般以试教形式为主，主要是考查应聘者把控学生的能力，课堂语言的表达能力（含肢体语言等）及教学效果，这类面试通常约40分钟。

（四）入编考试

面试合格的人员，学校统一上报局人才中心，进行统一、分阶段入编考试。具体流程如下：

通过以上不同级别、不同类别的考核，完成教师的考核项目，教师招聘的主体项目基本完成。

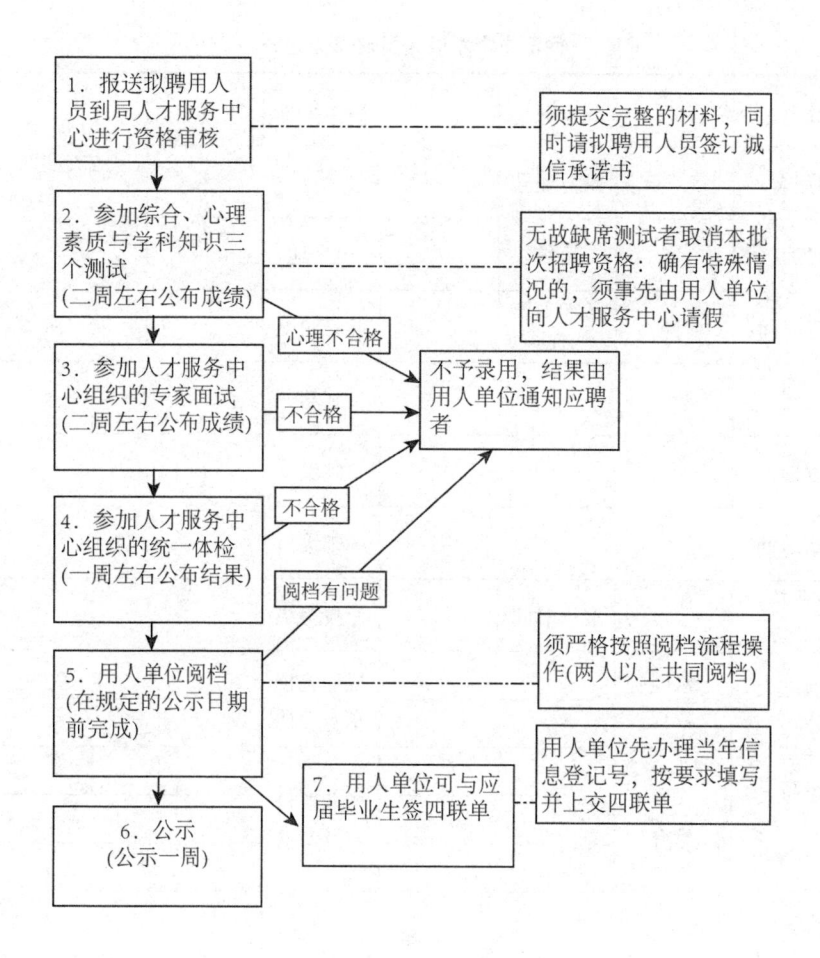

```
1. 报送拟聘用人              须提交完整的材料，同
员到局人才服务中   - - - ▶  时请拟聘用人员签订诚
心进行资格审核              信承诺书
         │
         ▼
2. 参加综合、心理             无故缺席测试者取消本批
素质与学科知识三   - - - ▶  次招聘资格；确有特殊情
个测试                      况的，须事先由用人单位
(二周左右公布成绩)           向人才服务中心请假
         │
         │      心理不合格
         ▼         ──────▶  不予录用，结果由
3. 参加人才服务中              用人单位通知应聘
心组织的专家面试    不合格     者
(二周左右公布成绩)  ──────▶
         │
         │      不合格
         ▼         ──────▶
4. 参加人才服务中
心组织的统一体检
(一周左右公布结果)
         │      阅档有问题    须严格按照阅档流程操
         ▼         ──────▶  作(两人以上共同阅档)
5. 用人单位阅档
(在规定的公示日期  - - - ▶
前完成)
         │                   用人单位先办理当年信
         ▼         ┌──────┐  息登记号，按要求填写
                   │7. 用人单位可与应│  并上交四联单
6. 公示       ────▶│届毕业生签四联单│
(公示一周)         └──────┘
```

项目三 录用签约

（一）信息采集：为使这个项目顺利完成，要对新进人员进行信息采集，为后续入编提供基本信息。同时，根据档案工作的基本要求，我们也不断调整信息表的基本内容。

徐汇中学新进人员信息登记表

姓名		性别		出生年月		
曾用名		身份证号				
民族		籍贯		出生地		
入党时间		参加工作时间		健康状况		
电话				邮箱		
家庭地址				邮编		
户籍地址				邮编		
专业技术职务		取得时间		专技等级		
学历学位	全日制教育			毕业院校系及专业		
	在职教育			毕业院校系及专业		
简历（从高中起）						
奖惩情况						
家庭主要成员及重要社会关系	称谓	姓名	出生年月	政治面貌	工作单位及职务	

(二) 网上入编申请

入编计划申请
- 上海市事业单位登记管理网：www.sydjsh.cn，找到"事业单位登录"入口
- 输入密码、CA证书密码进行登录
- 选择"实名制管理"—"编制使用计划"栏目
- 点击新增按钮，进入新增页面
- 在新增页面，分为单位基本信息和申请信息两个模块。在申请信息模块，根据单位的实际情况填写公开招聘（应届和社会人员）、非公开招聘（局内流动）的编制使用人数
- 信息填写完成后，可点击"保存"按钮进行保存
- 信息保存后，会形成一条待提交的编制使用申请，勾选需要提交的申请，点击提交

确认与下载
- 提交后，该申请的状态会由"待提交"变为"待举办单位确认"
- 编制使用计划经机构编制部门确认后，事业单位可根据需要，下载《编制使用计划确认单》
- 打印确认单，作为后续现场审核材料之一

聘用登记
- 事业单位点击实名制管理的"聘用登记、申请入编"栏目进行入编申请。点击新增按钮，填写新进人员相关信息
- 提交"聘用登记，入编申请"，状态显示为"待人才服务中心审核"
- 打印四联单，带好聘用合同、聘用手册前往区人才服务中心现场审核材料

网上填写注意事项：

填写聘用人员的相关信息，包括基本信息、聘用信息、其他信息三部分内容。在人员基本信息部分，星号标记的是必填字段；有下拉框的可点击选择相应内容，填写完成后，点击保存。

经过分解后的招聘流程有明确的操作方法和标准，具有很强的指导性，克服了以前人事工作中各项工作凭经验的不足之处，使人事工作更加规范化。促进招聘工作由经验管理向程序管理的转变。同时，在对招聘工作不断细化的过程中，会发现工作中存在不足以及不规范、不准确的操作方法，及时对这些不足进行修正，不断细化、补充操作流程，将促进招聘工作的进一步完善。

程序细化促管理

——论提升学校中层管理能力的有效手段

龚 亮[*]

台北徐汇中学的所有的组长和中层都采用轮换制度，三年轮一次岗，从教师到组长到中层。这样做的目的是为了让所有的教师，都知道任何一个岗位中存在的困难，以及熟悉整个学校运行的流程，这是他们的优点。但他们这种做法，也有个明显的缺点，就是说当一个管理者，在自己的岗位当中刚把自己的业务熟悉，又要轮换到另外一个岗位，导致学校整体运作效率的低下，而程序化管理可以有效地解决这个问题。

学校中层干部既是执行者，又是领导者，既是决策层与全体教职工的纽带，又是执行正确决策的带头人和"检察官"。因此，一所学校的中层干部所发出的任何一道指令，从某种意义上说，它就代表学校，代表决策层。所以，中层干部形象的好与坏，作风的实与虚，效果的高与低，将十分直观地呈现在师生员工面前。如果说决策是"做正确的事"，那么中层干部的能力就是体现在怎样的"正确地做事"和"做正确的事"，这个"事"就是指决策层既定的"正确的事"。中层干部不在"做不做"，而在"怎样做"。

为此，自从担任学校中层管理者以来，经过摸索、提炼、归纳和总结，借鉴企业管理中的"程序化"管理策略，在我们教师发展中心实施"程序化管理"。实践证明，"程序化管理"既能使我们中层的管理能力、执行能力和创新能力都得到了较大幅度提升，又能使学校日常管理工作更加规范，并能及时发现问题、解决问题，从而促使学校能进一步高效有序发展。

一、学校"程序化管理"的定位

纵观学校教育管理，"不严谨"和"随意性"同样处处存在、事事显现，

---

[*] 龚亮，上海市徐汇中学教师发展中心主任，高级教师

如何在学校管理中杜绝随意文化，追求有效管理，最大限度地减少人力物力的消耗，增强管理效益，是学校管理者都迫切希望切实解决的一个问题。

"百度"对"程序化管理"定义为：对于按照工作内在逻辑关系而确定的一系列相互关联的活动所实施的管理方式。通常，程序化管理要说明进行某种活动或完成某项工作的内容、操作方法及其相应的规则系统和前后衔接递进关系。管理者一般把反复出现的业务编制成具有相对确定性的程序，执行人员只要按照编好的程序去做，就能得到较好的效果。程序化管理存在于一切活动中，科学地制定程序，有助于提高效率。

我们部门坚持推行"每事一策一思、工作一周一结、校务一年一册"等"三个一"策略，让学校的每项工作都能按照既定的程序规范及时的完成，也便于反思和总结。

二、"三个一"程序化管理策略的落实

（一）每事一策一思：让工作渐趋完美

每学期初，根据学校发展规划，我们教师发展部门要求每位分管中层整理新一学期里要做的主要工作。在明确主要工作的前提下，我们教师发展部门要求每位分管中层在实际工作中必须做好"一策一思"。所谓"一策"就是在工作开始前，负责的中层必须先用心做好策划，对每项工作的目标、工作步骤和工作细节精心策划和设计，要求落实到每一个最细小的环节，而且对每个环节都要求必须有专人负责完成，专人负责督查落实。同时，定稿后的策划书必须做好流程图，让所有的参与的老师清楚此项工作的目标和工作进程。

所谓"一思"就是在工作完成后负责的分管中层必须牵头做好反思工作，反思围绕三方面进行，分别是成功之处、不足之处和建议。撰写反思的不单单是中层，所有参与此项工作的老师都需要撰写。

最后，负责的中层干部将策划案和反思放在电脑中的同一文件夹中，以便下次再做同样的工作时可以继续深化完善，将反思中提出的成功之处继续保留，不足之处予以删除，建议在可行的前提下加入新的流程图中。这样屡次反复完善后，这项工作将会做得越来越到位，渐趋完美。

（二）总结一周一次：在细节中见管理

细节，是一种管理文化，细节之中见大道，细节之中见管理。为了培养中层关注细节，做好细节，具备反思的习惯和能力，我们部门每周在部门会时进行小结。小结分四部分：一周工作成效、一周问题梳理、寻找一周感动、下周工作展望。

一周工作成效：对自己分管的工作进行整理，既是对过去一周工作的小结，也是对部门工作的一份肯定，在回顾中更清楚地了解本周工作的完成情况。

一周问题梳理：人无远虑，必有近忧，回顾一周工作中存在的问题，对本周工作开展中的困惑、问题进行梳理，在梳理的过程中反思自己的管理行为，为下一步的整改做好准备。同时，这样的回顾，也能使我们部门迅速发现我们部门在运行中存在的问题，能在尽可能短的时间内解决。

寻找一周感动：会感动的人会更好地珍惜生活，会感动的人会更好地服务于他人。我们中层干部必须搜集老师们在日常工作中带来的感动，关注各类不经意间展现在我们面前的美好事物，将我们内心的感动呈现给全体教师，共享美好心情。这既能促使我们中层干部用更机敏的眼光去发现和关注学校里老师们涌现出的美好，同时也让教师们深切感受到自己的付出引起了大家的共鸣。让每一个老师都逐渐感受到在学校里自己不可或缺。

下周工作展望：凡事预则立，不预则废。明确下周展望，是为了下一周的工作有预见性、有可操作性、有可检查性，能分清轻重缓急，更加明确工作的目的性，从而合理地分配一周的工作时间，提高工作效率。也只有树立了"先紧后松"的工作理念和习惯，逐渐养成有序工作的习惯，中层的工作才会更高效，更轻松，从而渐渐养成一种积极的工作方式。

"一周一结"工作制，促使我们学会了关注细节、学会了反思、学会了提炼，培养了敏锐的观察力。同时，每周一个总结也使我们每学期工作总结变得易如反掌，高效高质。

（三）汇学年鉴一年一册：尊重师生的付出

工作量化，肯定教师工作中的点点滴滴，无疑是最尊重教师们辛勤付出的一种做法。鉴于这个理念，学校在每学年结束时，为每位教师送上一本汇学年鉴，将全校教师在一学期中所做的点滴以看得见、摸得着的方式，通过"汇学年鉴"这个载体进行全程展现。

这本汇学年鉴记载整个学校一学期所有工作，细致到老师、学生、家长参与的每一项工作或活动。通过这本册子，老师们能清楚地了解这一学期学校开展的各项工作情况，自己在学习工作中的贡献力度。

"三个一"程序化管理策略

每事一策一思	⇔	1. "一策"：在工作开始前，负责的中层必须先用心做好策划，对每项工作的目标、工作步骤和工作细节精心策划和设计，要求落实到每一个最细小的环节，而且对每个环节都要求必须有专人负责完成，专人负责督查落实。 2. "一思"：在工作完成后负责的分管中层必须牵头做好反思工作，反思围绕方面进行，分别是成功之处、不足之处和建议。
总结一周一次	⇔	1. 周工作成效：对自己分管的工作进行整理，对过去一周工作的小结。 2. 周问题梳理：回顾一周工作中存在的问题，对本周工作开展中的困惑、问题进行梳理，在梳理的过程中反思自己的管理行为，为下一步的整改做好准备。 3. 寻找一周感动：搜集老师们在日常工作中带来的感动，关注各类不经意间展现在我们面前的美好事物，将我们内心的感动呈现给全体教师，共享美好心情。 4. 下周工作展望：明确下周展望，是为了下一周的工作有预见性、有可操作性、有可检查性，能分清轻重缓急，更加明确工作的目的性，从而合理地分配一周的工作时间，提高工作效率。
汇学年鉴一年一册	⇔	汇学年鉴记载整个学校一学期所有工作，细致到老师、学生、家长参与的每一项工作或活动。通过这本册子，老师们能清楚地了解这一学期学校开展的各项工作情况，自己在学习工作中的贡献力度。

三、结语

　　海尔集团张瑞敏说过，能够把简单的事情天天做好就是不简单，把公认容易的小事情做到极致就是奇迹。"三个一"程序化管理策略就是努力追求将学校日常管理中看似简单的事，引导我们中层干部做细、做实、做好、做到极致，并同时学会反思、学会提炼，让它逐渐成为中层的一种自觉行为。久而久之，这样的管理就会内化为团队的思想品质，最后呈现出一种自觉内生的行为文化，从而使中层成为学校高效、有序、科学发展和内涵发展的重要推动力量。

致力于培养做学问的师生

史莉莉[*]　马云豪[**]

教育科研是教育改革的原动力，近年来我校在把握教育改革方向及规律的能力上逐步提升，教育科研的体制机制也得到了进一步提升，持续不断地开展探索与创新。过去的教学老师们把知识点一遍又一遍地教给学生，要求学生通过不断地复习背诵，使之成为终身不忘的记忆。这种教学方式对于传统的人文经典教育是有效的，但对于现代自然科学和社会科学的教育而言，其弊端显而易见：学生的基础知识普遍比较扎实，但也因此束缚了思想和思维，丧失了培养创新意识的机会。破解钱学森之问，就要改变教学方式，通过观察、发现、思考、辩论、体验和领悟等过程，师生在此过程中，逐步掌握了发现问题、提出问题、思考问题、寻找资料、得出结论的技巧和知识。

一、独立思考提出问题

作为教育者如何给孩子正能量，为什么不让家长建微信群？作为教育管理者，当周围的"不对称"信息，如洪水猛兽样淹没了"孩子"，你怎么做？你有自己独立思考能力，去保护我们未来的"建设者"？而不是在应试教育的漩涡中，看着孩子们被知识固化成套子里的人。鼓励师生激发研究能力，不跟风有定力，获取高维智慧创新能力，善于观察提出问题尤为重要，培养学生成为真正会思考的大写的人。现实中有很多人都很喜欢执着在"术"上，我们不应成为"术"的奴隶。

在传统的教育观念中，我们的学生更多是坐在教室里听老师讲授告诉是已有经验，但今天的世界千变万化，过去的知识经验也许在科学新发现的进程中就是不对的甚至完全错误的。我们只是用人类现有的知识编码的教材可能在未

---

[*] 史莉莉，上海市徐汇中学科研与课程发展中心主任，正高级教师、特级教师
[**] 马云豪，上海市徐汇中学科研与课程发展中心副主任，高级教师

来某时的发现就是荒谬的，我们到底要教给学生什么，只是看得见的知识，是已经固化的信息，还是能够有创新的思维智慧。

我校强调每个学生提出问题，破解钱学森之问！有的孩子做课题可能没法一蹴而就，通过问题的思考来牵线搭桥，给他们后续做课题做好铺垫。先提出一个问题研究再到小课题，再到创意设计，最后完成创业项目，也是给孩子们搭建梯子一样的脚手架帮助他们逐步成长。

结合近五年的实践探索，突出研究，提出每个学生完成四个"一"：一个"问题研究"微视频；一个小课题；一个创意设计；一个创业项目。指导师生做微视频，学校专门进行微视频制作的培训。

二、勇于探索破解问题

如何建设研究型科创学校，学校已做了大量的顶层设计，曾宪一校长提出致力于把学校办成科学家、工程师的摇篮，为学生未来解决钱学森之问奠定学识学力基础。以科创教育为抓手尝试创新教育，培养师生研究能力和创新精神。他经常说：徐汇徐汇，尝试研究，慢慢都会；徐汇徐汇，深入研究，什么都会！近五年来，我校教师在市、区科研项目立项方面斩获佳绩，成果累累。我校教师累计出版专著21本，区级以上课题累计32项，校级课题近两年立项69项。学生校级课题601项，高中学生100%有课题。两年一届的教师"汇学"优秀论文评选2020年评出175篇优秀论文。

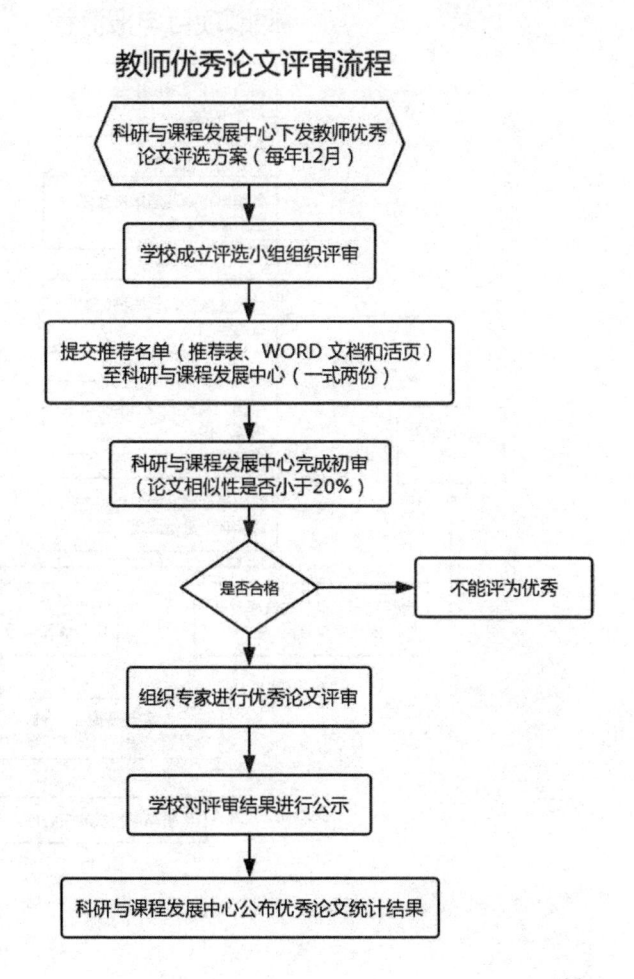

教师优秀论文评审流程

科研与课程发展中心下发教师优秀论文评选方案（每年12月）
↓
学校成立评选小组组织评审
↓
提交推荐名单（推荐表、WORD文档和活页）至科研与课程发展中心（一式两份）
↓
科研与课程发展中心完成初审（论文相似性是否小于20%）
↓
是否合格 → 不能评为优秀
↓
组织专家进行优秀论文评审
↓
学校对评审结果进行公示
↓
科研与课程发展中心公布优秀论文统计结果

《汇学》杂志出刊 10 期。由曾宪一校长主持的课题《中学与大学共建对接课程群的实践研究》《基于"人工智能+混合学习"全息学习模式研究》获得中国教育智库 2019 年和 2020 年未来教育创新成果奖。我校正在构建线上线下自适应精准学习全息学习模式，满足学习方式变革的需求。基于大数据的自适应学习，自我学习需求目标；提出学习问题——尝试分析解决问题；自我学习诊断评价；自我控制管理；自我拓展和巩固学材；与其他师生合作学习等。今年学校工作围绕创建信息化标杆校，立项的课题，各教研组申报课题展开：（1）上海市教委项目《基于 5G+MR 的自适应精准学习资源建设》；（2）上海市电教馆市级重点课题《自适应学习系统设计与实施研究》；（3）区人民政府项目《上海市徐汇中学自适应学习系统设计与实施研究》；（4）区重点项目《构建"科创特色"五育融合课程体系的实践研究》。申报课题流程如下图：

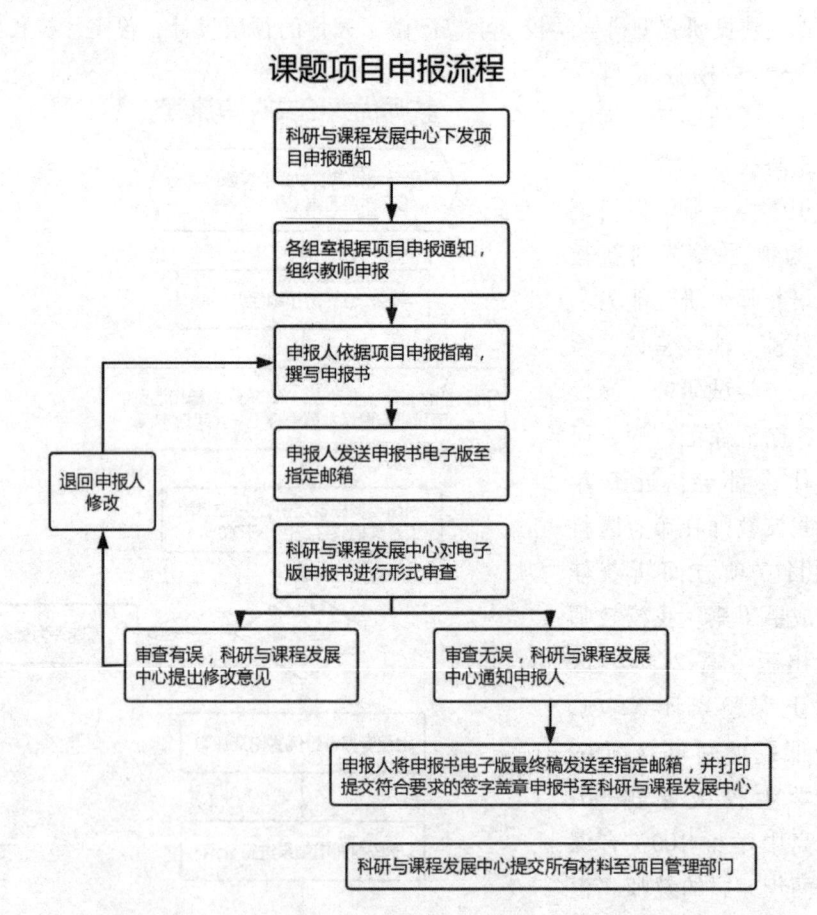

课题项目申报流程

科研与课程发展中心下发项目申报通知
↓
各组室根据项目申报通知，组织教师申报
↓
申报人依据项目申报指南，撰写申报书
↓
申报人发送申报书电子版至指定邮箱
↓
科研与课程发展中心对电子版申报书进行形式审查
↓
审查有误，科研与课程发展中心提出修改意见 → 退回申报人修改
审查无误，科研与课程发展中心通知申报人
↓
申报人将申报书电子版最终稿发送至指定邮箱，并打印提交符合要求的签字盖章申报书至科研与课程发展中心
↓
科研与课程发展中心提交所有材料至项目管理部门

课题管理流程

```
课题开题
   ↓
开展研究
   ↓
中期汇报
   ↓
按研究计划结题
   ↓
成果鉴定
   ↓
提交成果
归档整理
   ↓
基础教育课题拓 ← 申报成果奖项 → 应用研究课题
展新的研究方向                   进行成果转化
```

中学生课题研究贵在科研过程，引导课题与生活的结合不仅能够激发学生兴趣，活学活用知识，也着实降低了研究难度。学校的确为学生预留了空间和自由，而这正是自由意志和自主创新的开始。我校已有非常好的创意设计和创业项目基础，也将继续鼓励更多的孩子发挥想象力与创造力去做这些研究项目。

鼓励学生人人参与研究型课程学习，学思结合提升了研究能力，做学问风气渐浓，取得了丰硕成果。全体高中生参与课题研究，近四年学生校级立项课题1389个。我校有18名学生通过2017年上海市高中生学习经历社会化评价获市教委教研室授予的"双新平台"种子课程的课题优秀证书，2018年、2019年、2020年、2021年市级优秀人数分别增加到40、83、102、110人，连续五年优秀人数居全市第一，优秀率100%。因为参加过课题研究，所以我校学生在高考综招面试时有明显优势。

三、激发活力智慧研究

举办首届创意设计大赛，大赛以"未来"为主题，包括"未来社区""未来校园""未来城市""未来生活"四大板块。学生通过观察和感受周围的生活和学习环境，提出和发现问题，创设改造方案，从而提高综合素质，增强创新思维能力及创意设计能力。大赛共收到创意作品238件。经过专家评委组严谨认真的评选，共计124件作品获奖。

将研究的结果转化为创业项目，目前有中学生创业项目157项，并已在全校范围内进行了学生创业项目发布会。此项工作今后将逐步推广，促进学生开展项目化学习，并转化为创业项目成果。举办创业大赛、创业讲座、创业论坛等活动营造学校创新、创业氛围，丰富学生的创业文化，唤醒学生的创业意识，激发学生的创业激情。近三年，有10位高中生入选交大和复旦的上海市中学生英才计划。

中学生创业项目流程

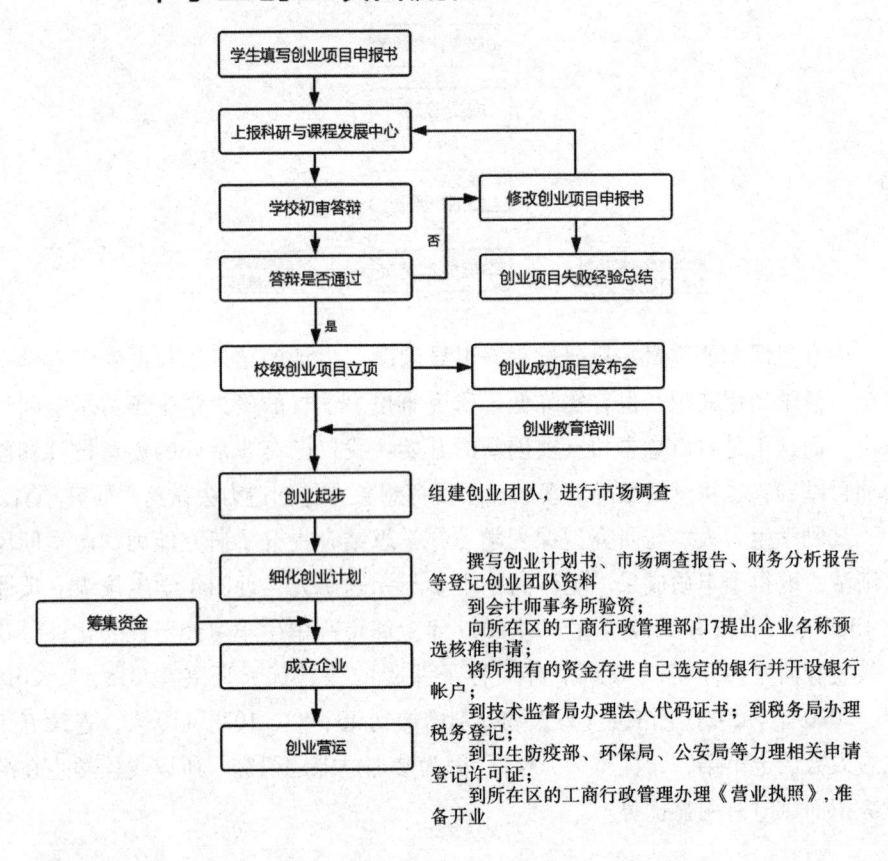

```
学生填写创业项目申报书
        ↓
上报科研与课程发展中心
        ↓
学校初审答辩 → （否）→ 修改创业项目申报书
        ↓                    ↓
答辩是否通过            创业项目失败经验总结
        ↓（是）
校级创业项目立项 → 创业成功项目发布会
        ↓         ← 创业教育培训
创业起步         组建创业团队，进行市场调查
        ↓
细化创业计划     撰写创业计划书、市场调查报告、财务分析报告等登记创业团队资料
        ↓
筹集资金 →      到会计师事务所验资；
成立企业        向所在区的工商行政管理部门7提出企业名称预选核准申请；
        ↓       将所拥有的资金存进自己选定的银行并开设银行帐户；
创业营运        到技术监督局办理法人代码证书；到税务局办理税务登记；
                到卫生防疫部、环保局、公安局等办理相关申请登记许可证；
                到所在区的工商行政管理办理《营业执照》，准备开业
```

我校连续三年出席世界人工智能大会：初一（8）班学生朱铭浩做专题发言，是人工智能从娃娃抓起的典范，曾校长出席世界人工智能大会作主旨发言，今年我们学校在世界人工智能大会上有专门人工智能教育展区。曾校长希望汇学学子身体棒棒哒、心里美美哒、创新多多哒！

创建校园"研究场"，提升师生研究品质。科学实验室是研究场、学堂也是研究场，"研究场"为师生研究品质形成创设了氛围，建专用场馆和教室为师生做研究提供充足的空间。师生认识到"在学习中研究，在研究中学习"——

"学习即研究，研究即学习"，大兴研究之风，研究成果累累。通过特色课程建设形成了做学问的"研究场"，提升师生研究能力，促进全面实施创新教育，培养动手实验实践能力和跨学科综合思维能力。

我校是全球创新教育网络OECD实验校，上海市跨学科教育、工程学项目实验校，科技部中小学人工智能项目实验校，建设了全球首个5G+MR中学校园，案例被教育部写进中小学智慧校园蓝皮书，是上海市教育数字化转型场景学校，正争创上海市信息化标杆校。我校正在进行5G+MR自适应游戏化的全息学堂研究，通过制作MR课件和针对三个层次的有学生参与的空中课堂微视频，5G+MR团队100人在做重难点突破的游戏化课件，让学习变得更有乐趣。

实现让"教育面向未来、面向世界、面向现代化"。在"选择"新理念指导下，通过"学材"新资源、"自适应"新平台，"全息"新环境，来探索学习新模式、通过"自主"新评价，实现"大数据"新学习的新局面。

学生管理

汇心守护，润心成长

——徐汇中学全员导师制工作初探

陈 美[*]

为落实"立德树人"根本任务，明确全体教师"教书育人"的职责，让每一个学生都能得到教师的陪伴式关怀，提高建立良好师生关系和家校关系的能力，为家长、学生提供有效的教育支持。2021年初，我校在总校初三和南校初二开展了导师制试点工作。从前期的精心筹备，中期的有序推进到后期的总结反思，导师试点工作顺利开展，这些离不开在管理工作中的细致谋划，持续跟进和不断反思，让参与此项工作的老师们汇心守护学生心灵之网，润心成长。

一、详实细致方案，保障有序推进

1. 全面规划，凸显重点，技术赋能

一个细致详细方案是为导师工作做充分准备。在年初，学校接到上级任务之后。首先，在校长室的指导下，依据校情学生发展中学完成了徐汇中学全员导师制学校试点方案。作为一个新的试点项目，根据项目的特点，以及我校校区多、学生多、教师多等学校实际情况，工作定位重点在于以问题导向和目标导向开展培训，进行各个层面的宣讲和专业培训指导，让教师转变观念，熟悉导师工作；此外，选择在两个校区最重要的年级开展导师试点工作，并"技术赋能"，通过线上线下，多平台开展工作，拓宽沟通时空，产生更多更大的育人效益。

2. 评价量规

三个"一"，即一次学生家访、一次学生谈心、一次书面反馈，是导师工作的"规定动作"。为了更好地开展这三个"一"工作，指导导师更有效完成家访、谈心和成长寄语，制定了相应工作的指南。在家访指南中，从谈话的目的、

---

[*] 陈美，上海市徐汇中学南校学生发展中学副主任，高级教师。

技术和谈话内容具体指导如何家访，与学生家长开展科学有效家校沟通。在学生谈心指南中，更多的是依据话题，给身处一线的导师提供了各个话题的谈话技巧和谈话实例，给出导师以下切实可行的操作方法。在学生书面反馈中，区别于班主任评语，更侧重学生的鼓励性评价。此外，评价角度也更丰富，多维度地全面评价。书面反馈的指南对于评语的生成过程做了详细的说明，并列举具体的案例，让导师们有更直观的认识。

3. 年级细化，全面分析，精准配对

此次试点工作中，为了让学生和导师的配对做到均衡、精准，由学生发展中心先给出学生分类的标准。但年级特征各不相同，班情差异性大，年级和班级就学生分类进一步细化学生情况。在细化标准的基础上，班主任才能凭借对学生的了解，依据学生家庭教育环境、性格、性别、兴趣爱好、心理健康状态等，将学生一一归类。年级组在班主任的学生分析基础上，再基于对导师的育人风格、从教学科等因素，开展配对工作。也就是说，年级组要在全面分析学情和导师情况的基础上，依据学生和导师的双向特点，尽可能地均衡、精准配对，为日后的导师工作提供保障。

二、有效分层培训，持续跟进调整

1. 分层培训

一个项目的有效落实离不开前期的精心设计，但更重要的是扎实地推进。作为一个新项目，此次试点工作重点之一是以问题导向和目标导向的各类培训。

首先，对于全员导师制的推进，在教师层面，通过德育月活动的平台，学校做了全员的宣讲，把导师工作实施的重要性和必要性，以及试点工作的情况与全体做了介绍，进一步让全体老师巩固全员育人的意识。在此基础上，对试点年级的全体导师进行工作启动会，明晰导师试点任务，同时通过校长、书记的动员，明确试点工作的重要性。在完成思想统一之后，根据导师工作的需求，学校组织开展了多次专家专业辅导。其中，全体教师聆听了付丽旻老师题为《"行为偏差生"的转化》的专家讲座，试点年级的老师全员参与了区级课程的系列培训，线上、线下混合式学习。此外，为了更好指导导师心理沟通工作，学校与区精神卫生中心签约，专业医师与老师们面对面，从更专业的角度指导导师与学生谈心工作。

学生层面，通过年级大会为学生介绍了导师工作对学生的帮助。让学生了解导师，多一条沟通的途径。此外，学生聆听了关于《生命》《如何缓解考前焦虑》等主题的心理讲座。通过把专家请进来的方式，让学生深入了解自身，掌握专业的、科学的释压方法，提升受挫抗压能力。

家长层面，通过家长会对于项目的介绍，让家长了解了导师制工作是让家长多一途径与学校沟通。同时，家长通过家长学校聆听了《如何提升亲子沟通的技巧》专家讲座。不仅仅缓释了家长的焦虑和压力，同时基于了家长更多亲子沟通的技巧，做智慧型、学习型的家长。

2. 持续调整

通过三个层面的宣讲和专业培训，教师、学生和家长对于导师工作有了较为深入的了解。但为了更好地做实导师制工作，在工作推进过程中，职能部门和导师们也是不断在学习和摸索的过程中。

对于直接执行此项目的学生发展中心，在编制导师工作手册的过程中也是不断摸索，不断学习，不断完善。从最初的工作手册只有简单谈心、家访和评语的表格，到详细的指导策略和评价量规，不断根据实际情况更新升级。

此外，在项目推进的过程中，也通过召开推进工作的中期工作会议，发现、汇总导师面临的四个主要问题，会议中能及时解决的当场解决，需要调整后续跟进，无法解决的或寻求各方专业支持。

附：全员导师制推进中期小结的导师工作四大问题

问题1：在思想层面上，导师之间对于导师身份的理解差异性较大，有的导师已经把导师定位于学生的良师益友、要走进学生的内心，进行深层的交流；有的导师对于导师职责的理解仅仅停留在完成一项任务，走形式的层面。

针对该问题，导师工作推进过程中要树立"全员导师制"全员育人、全程育人、全方位育人的现代教育理念，提高导师思想上的认识。

问题2：交流过程中发现，导师工作的弹性很大，有老师认为导师的工作即是完成三个"一"的工作；有老师除了完成三个"一"的规定动作之外，已经思考为学生建立成长档案。

导师工作目前处于试点阶段，除了导师本身工作处于摸索阶段之外，对于导师的管理工作也有待思考。如何给予导师间的科学评价与考核；如何让优秀导师起到引领作用，从而提升整体队伍的育人能力等问题有待思考解决。

问题3：在学生谈心工作推进过程中，学生基于对导师的信任，学生会把自己的"秘密"告知导师，导师应该如何处理学生的"隐秘世界"，应该向上级领导汇报还是替学生保守秘密？

对于学生告知的秘密，导师处于道德两难的境地，导师究竟应该如何处理？如何把握分寸尺度？

问题4：如何有效地指导亲子沟通是目前绝大多数导师提出的困难。导师在线上家访中会发现目前不少家庭出现亲子关系紧张。作为导师，如何来帮助家长和孩子重建亲子关系，如何解决亲子沟通问题是绝大多数导师目前的最大困难。

对于目前最突出的问题——亲子沟通，导师缺乏专业的知识。在下一阶段的工作推进中要继续做好"亲子沟通"的培训，并且培训要有整体的规划，对于亲子沟通的培训要系列性、全面性地深度开展，从而提升导师对于家庭亲子关系指导的能力。

三、用心指导守护，反思提升物化

经过一学期的学习、探索，导师们在学期末认真完成了三个"一"的规定动作，进行了一次家访、一次谈心和一个评语。期末，通过导师工作，导师详细记录了导师工作的过程，从家访对于学生、家长的了解，以及对家长的家庭教育的指导，到以考前心理疏导为主的谈心，到期末对于学生的鼓励性评语。通过这一过程性的详实记录，全面了解学生、指导家长家庭教育。

此外，导师们通过个案的撰写，反思总结导师工作的得失。通过导师的案例，可以看到部分导师通过此项工作提升了自身的育人能力，帮助学生和家长解决了一下切实的问题。以下是摘自参与试点工作的几位导师对于导师制工作的体会：

全员育人导师制是落实教师教书育人双重职责的有效举措。它的实施让教师全员参与、全方位育人更好地成为现实。导师——这是一个非常荣耀的称谓。我们不敢有愧于这个称谓。所以，在思想上我们要引导他们，在心理上要疏导他们，在生活上要指导他们，在学习上还要辅导他们。导师制让我们的教育行为更加丰满，让师生感情更加生动，让心与心的交流更加真诚。

——周莉

利用导师这一便利身份，使我有效的走入忧郁学生的心理，虽然学习成绩进步不大，但明显可以感觉学生在学校活泼了好多，当她自己有问题的时候也会主动找我聊天，寻找解决路径。

——胡陆顺

老师要换位思考，切身感受每个具体孩子身后家长们各自不同的焦虑点和需求点。

要借助导师制这一平台，巧借力，和班级导师密切配合，从多方面了解班级学生的心所想、行所动。用一份耐心对待家长的需求甚或误解，用一份责任心给家长转送一些具体可行的亲子教育的方法或提供家长们一些教育途径。

——李年珍

通过这一系列的导师工作个案，不仅仅是导师个人对于导师制工作的反思小结，也为此项目工作后续工作提出了更多的提升空间：

1. 第一轮试点工作较为顺利地开展是离不开校长室的顶层设计，但作为一项新时代背景下的育人工作，此项工作对于全体教师提出了更高的育人要求，因此，后续的教师专业化培训仍需不断跟进；

2. 第一轮试点工作涉及的只是部分教师，并且这些教师是经过学校筛选的，教师的育人责任心相对较强。但对于下阶段的全面铺开工作，面临导师差异性较大的情况，如何通过导师工作的制度调整，激发导师工作的积极性，有待进一步思考；

3. 此项工作不仅仅面对学生，还需面向家长，此次试点工作中对于家长指导工作也有待思考，如何通过全员导师制工作，进一步深化家长学校工作，提升家校合作，形成家校合力，促进家校共育。

附：徐汇中学全员导师制试点工作流程图

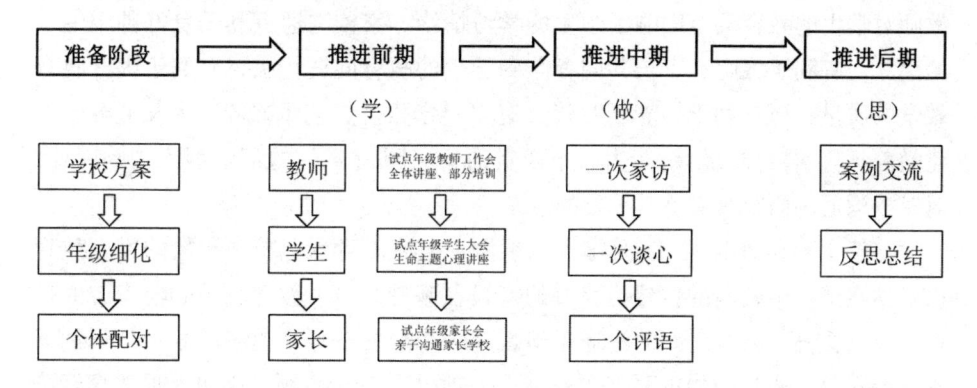

准备阶段	→	推进前期（学）	→	推进中期（做）	→	推进后期（思）
学校方案 ↓ 年级细化 ↓ 个体配对		教师 ↓ 学生 ↓ 家长		试点年级教师工作会 全体讲座、部分培训 ↓ 试点年级学生大会 生命主题心理讲座 ↓ 试点年级家长会 亲子沟通家长学校		一次家访 ↓ 一次谈心 ↓ 一个评语		案例交流 ↓ 反思总结

新时代家校沟通的问题与解决方法

顾卫君*

引言

家庭和学校几乎是学生生活和学习的整个环境。二者缺一不可,否则,我们的教育系统将不完整,水桶效应,事倍功半,影响初中生的身心发展。

多年的教育实践证明,只有当教师和家长建立了良好的关系,加强及时有效的沟通,相互配合达成共识,才能共同完成对学生的全面教育,共同朝着使学生健康发展这个共同方向前进。但如果家长和教师之间关系紧张,不能够获得良好的沟通,家长便常常会质疑教师的教育方式甚至产生抵触情绪,妨碍了教师对学生的教育甚至影响了学生的学习情绪。家校沟通有利于良好师生关系的建立,有利于教师和家长共同参与到学生的教育问题里去,有利于提升教育教学的质量,更有利于培养新时代具有"科学素养、艺术修养、人文涵养、文化教养、科学精神、创新能力、中西贯通、家国情怀"的汇学型人才。因此,对家校沟通的研究具有极其重要的意义。

徐汇中学在 2018 年 11 月被评为上海市家庭教育示范校,我校的家庭教育已经站在了一个较高的位置,我校的家长在基础素养、教育意识和能力方面比过去有了提升,家校之间的沟通渠道也越来越顺畅,越来越多的家长认识到家庭教育在孩子成长中的重要性。但是也呈现出了一些问题,比如重视教育经济的投入,忽视了家庭氛围的营造;重视学习成绩的提高,忽视了心理健康教育与健康人格的养成;重视家庭教育理念的学习,但是较难运用于实践……

我们开展各种调查研究,对学校十大类型的家庭进行了细致的排摸,发现家庭教育呈越来越复杂的形势,近几年,随着家长素质的不断提高,经验不同带来对教育理解的不同,加上沟通方面存在差别等种种原因,家校沟通之也会

---

* 顾卫君,上海市徐汇中学学生发展中心副主任,一级教师

呈现出各种问题。既然问题回避不了，那就正视它，解决它。

一、家校沟通产生问题的原因探究

1. 家庭类型的复杂性

近两年来，我们学校开展各种调查研究，对学校十大类型的家庭进行了细致地排摸，发现家庭教育呈越来越复杂的形势，我们必须加强对家长家庭教育方法的指导，传播科学的育人理念，解决亲子沟通问题，才能真正有效地提升家长家庭教育的智慧。

2. 教育观念不一致

随着时代的进步、社会的发展，家长自身素质得到提高，有些家长坚持认为自己的教育理念是正确的，不乐意听取教师的合理建议。或者是由祖辈带孩子，老一辈的教育观念和新时代教师的观念不一致，容易产生家校沟通的问题。

3. 家校关注点不一致

有些教师站在教育的立场上，可能会更关注学生的良好行为品质和学习成绩的提升以及行规、学习等习惯的养成，教师能看到问题，并致力关注于问题背后的根源，往往和学生的原生家庭教育环境有关系；但是有些家长只关注孩子是否吃穿好，身体健康即可。对孩子成长的要求和关注点不同，因此容易发生矛盾。

4. 沟通不够有智慧

随着家校沟通程度的深入，教师和家长有时发现家校沟通的效果不甚理想。虽然家校沟通形式种类繁多，然而教师和家长没有充分地利用这些机会展开合理的沟通，沟通智慧有待于提升。面对一些棘手的教育问题，一些教师缺乏育人的经验以及与家长沟通的艺术，缺乏处理突发事件的能力，缺少和家长的共情能力。

5. 社会舆论力量的推动

随着网络技术的不断发展，网络平台的言论监控力度较差，不少家校沟通问题无论事实与否都被曝光，舆论力量对教师群体的要求很高，教师的教育方式和师道尊严遭到质疑，更加大了一部分家长对教师群体的不信任感。

6. 师生矛盾的结果

在教育教学中，如果学生因为某种原因不喜欢不认可一个老师，可能会随时在家长面前抱怨，而家长采取了对孩子完全信任的态度，没有恰当地疏导学生的情绪与态度，甚至偏听偏信，久而久之，在未完全了解老师的情况下，家长对老师的认可度也就低了。

二、加强家校有效沟通的方法对策

1. 提升班主任家庭教育指导能力

加强家庭教育师资队伍建设，抓好家庭教育教师骨干的培训。我们根据班主任在家校沟通中存在的问题和困惑，邀请专家举办专题讲座、报告、沙龙，研究探讨学校家庭教育问题，指导家庭教育工作。各年级组每月组织的德研活动，至少有一次就家校沟通的方法等进行探讨和交流。

2. 办好序列化、主题化家长学校

把家长学校纳入学校德育工作的总体部署，帮助和支持家长学校组织专家团队，聘请专业人士和志愿者，设计较为具体的家庭教育纲目和课程和主题，开发家庭教育教材和活动指导手册，内容涵盖家庭教育知识和方法。如：起始年级家长角色的转变、良好行为规范和良好的道德品质的培养、心理健康教育、青春期教育、情感教育和智力教育的关系、职业生涯规划等。

3. 邀请专家，分层次开展家长团训

如何才能积极正确的引导孩子，确是当下困扰着很多家长的实际问题！我们邀请心理专家整合系统思维和整合视角，将全局观念融入家庭教育中，运用心理学、教育学、家庭社会学等相关理论方法，以团体训练的方式，教育指导未成年人家长学习科学家庭教育知识理念，掌握有效沟通方法技巧，指导每一个家长成长智慧。尤其注重与特殊、弱势群体的家长之间的沟通指导。

4. 加强家长志愿者讲师团的力量

由家委会邀请家长中的有关专家、优秀父母等组成家庭教育讲师团，面向各学龄段的家长定期传播科学的家庭教育理念、知识和方法；传授智慧的育人经验；组织开展形式多样的家庭教育指导服务和实践活动。

5. 开展"汇学型"家长的评选

通过"汇学"家庭书房建设、家风家训征文、"我的家庭教育经验"演讲等内容，开展"汇学型"家长的评选。可以选取具有代表性的征文故事集结成册，并将相应的教育经验录制成"微视频"，作为家长学校的特色课程，传递经验，提升家庭教育智慧，加强家校沟通的有效性。

6. 加强沟通渠道，增进家校了解

微信群、晓黑板、公众号，都是家校沟通的平台，电话、家访、家长进校都是沟通的途径，一对一和一对多都是沟通的形式，要让家长了解学校育人理念和目标特色，了解班主任的教育管理理念；同时教师了解家长也至关重要，了解家长的教育理念、学生家庭的教育环境、家长的需求、家长的性格脾气、对自己孩子的成长期望等。目前，我校初中全部年级和高一年级正在推行全员导师制，又增加了家校和师生沟通的渠道，导师成为学生的良师益友，成为家长缓解焦虑的好帮手。

7. 找到问题症结，多管齐下解决

在家校沟通问题白热化之前，教师发现苗头，及时与家长沟通，想办法解决相关问题。如果问题涉及多数家长，则可以先与家委会沟通，了解问题产生的原因，再对症下药。如果问题在家长，则先取得家委会的理解与支持，请家委会在家长中做正面积极地引导。如果是老师自身的问题，则正视问题，用真诚的态度，积极的行动取得家长的信任和理解。

三、家校沟通问题产生后化解策略

1. 提高魅力，得到认可

教师要从专业知识，班级管理及个人文化修养，教育智慧等方面不断学习提升，得到学生的喜爱和家长的认可、信任。教育的方法和形式有很多种，但好的教育方法从根本上来说是有共性的，家校之间的教育目的也是共同的——一切从学生出发。把学生当作一个独立独特的人来看待及尊重，关心爱护他们，让他们感受到来自教师的善意和爱心。

2. 不卑不亢，主动沟通

家校沟通发生问题之后，教师的态度应该不卑不亢，只要自己的行为符合《新时代中小学教师职业行为十项准则》，只要真正关爱学生，就能问心无愧，就要敢于和家长沟通。同时，教师应该认识到，家校间只有亲密无间的合作才能带来双赢。教师需要了解家长的需求，既不能居高临下地指责家长，也不能因怕麻烦而避之不谈或唯唯诺诺。只有不卑不亢，主动想办法才能解决好问题。

3. 积极反思，不断成长

家校沟通问题发生后，教师需要进行自我反思。在之后的教育教学中，教师反思一下平时的工作还有哪些方面需要提高或注意。随着时代的发展，教师遇到的学生和家长的特点在变化，教师的教育理念和沟通方式也要随之变化，这就需要教师不断学习，向书本学习，向同行学习，向优秀者学习，不断提升自己的能力。与家长沟通孩子问题时，不仅陈述问题，更要给出专业的指导，不指责、不推卸。因此，教师的成长也是终身的。

四、总结

学生是祖国的未来，家长能和教师能够齐头并进，家长与教师和学校之间的有效沟通，不仅能够让教师的工作更好地展开，还能够帮助家长解决平时教育孩子过程中出现的问题，最终实现让孩子健康、全面成长的目标。

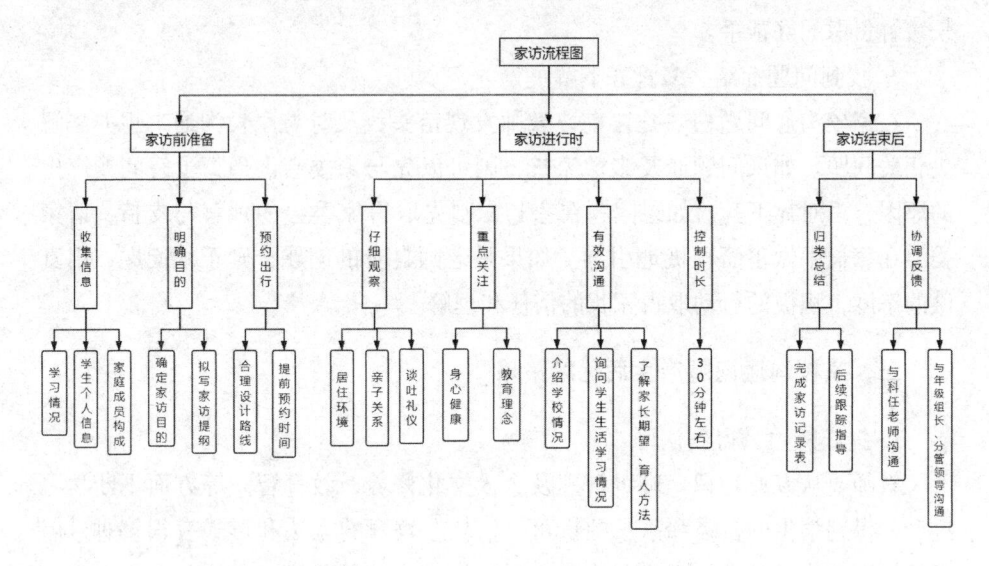

家访流程图

- 家访前准备
  - 收集信息
    - 学习情况
    - 学生个人信息
    - 家庭成员构成
  - 明确目的
    - 确定家访目的
    - 拟写家访提纲
  - 预约出行
    - 合理设计路线
    - 提前预约时间
- 家访进行时
  - 仔细观察
    - 居住环境
    - 亲子关系
    - 谈吐礼仪
  - 重点关注
    - 身心健康
    - 教育理念
  - 有效沟通
    - 介绍学校情况
    - 询问学生生活学习情况
    - 了解家长期望、育人方法
  - 控制时长
    - 30分钟左右
- 家访结束后
  - 归类总结
    - 完成家访记录表
    - 后续跟踪指导
  - 协调反馈
    - 与科任老师沟通
    - 与年级组长、分管领导沟通

100

学校指导亲子沟通的有效策略

郑静洁[*]

随着时代的进步，越来越多的人认识到家庭教育对于孩子成长的重要性。作为现代教育的重要支柱之一，家庭教育只有和学校教育、社会教育共同发挥其应有的作用，才能培养出具有完善人格的人。由此，学校在教书育人的同时，也有了一个重要的课题，成为家庭教育理念最佳的传播者。

当下，越来越多的家长为如何与自己的孩子沟通而感到头疼，同样很多孩子也不知如何和家长——这个世界上最亲近的人"好好说话"。德育工作中，很重要的一项就是让我们的家长掌握沟通的技巧，让孩子们愿意向自己父母敞开心扉。以下从几个生活事例入手，谈谈关于亲子沟通的一些方法。

一、认识错误的亲子沟通方式

所有的沟通都要从三个方面来考虑，即自己，他人，情景（情况），与其相对应的是沟通的五种类型，即讨好型（只关注到情境、他人）、指责型（只关注到情境、自己）、超理智型（只关注到情境）、打岔型（都没关注到）、一致型（关注到自己、他人、情境）。前四种类型，是我们常见的家庭中会出现的错误的亲子沟通方式。

当孩子神色凝重回到家中对妈妈说："妈，我考了61分"，不同类型的父母会有不同的应对姿态。

指责型：你怎么才考61分？上次你不是信誓旦旦说能考70分以上吗？

超理智型：那39分失在哪里了？你看看，这几分不该丢，这种知识点应该是熟练掌握的。以后考试前还要多做做题。

打岔型：没事没事，没有什么是一顿火锅解决不了的，走，咱们吃饭去！

一致型：儿子，之前，你说希望考70分以上，这次没有达到你设定的目

---

[*] 郑静洁，上海市徐汇中学学生发展中心副主任，高级教师

标，是不是有点不开心呀？你想和我说说吗？

不同的回应虽然都是出于爱，但是孩子接收到的情感信号是不同的，长此以往，在他们的观念中，就会形成一种思维的定式。

讨好型父母，教会孩子：我比其他人更重要，我不必尊重他们的感觉和需要。

指责型父母，教会孩子：我是一个坏孩子，我感觉可耻。

超理智型父母，教会孩子：感受不重要，我不重要，关系不重要，逻辑和想法最重要。

打岔型父母，教会孩子：没有什么重要的，生命中发生的一切事情都不重要。

一致型父母，教会孩子：遇见问题，我们愿意倾听，一起面对解决。

二、亲子沟通的小妙招

心理学中的"冰山隐喻"大家一定都不陌生，要真正懂得人不是一件容易的事，在亲子沟通中很重要的一点是，要让家长学会看到孩子完整的冰山。

举个日常生活的例子：暑假，孩子和同学外出打球后回到家，已经在家的母亲指责他出门的时候没有关空调，唠唠叨叨说了一堆，孩子跑进自己的房间，"呼"一声关上了房门。若母亲只看到了孩子的这个行为，那其实你只认识了这冰山的一角。孩子关上房门，是他当时的一种应对的方式，把这个行为视为反抗的父母是否想过这是他的一种逃避，他当下的感受也会是犯错后的难过。当父母只看到冰山角的行为和事件，而忽略了下面孩子的感受，那么孩子躲在房门背后就会有"妈妈真讨厌，只会凶我指责我，我做错事了，我不够好，她是不是不爱我了……"这样的主观想法。在这样的想法背后，其实孩子是有期待的，期待在犯错时家长能和他好好说话，而当他这样的期待被满足时，他才能够真正从精神上得到认同，"我是值得被接纳的，我是值得被爱的"。

（一）觉察，有效沟通的基础

家长需要通过观察孩子的行为，体察他的情绪或需求。观察行为时，避免过早评判，只关注具体的行为：看到什么？听到什么？随后，要能够体察情绪，孩子情绪的表达往往比成人更激烈。当人困在情绪中，往往无法进行理性思考和选择，所以发生事件后，正确的处理方式是先处理情绪，后处理事情。

（二）倾听，化解情绪的灵药

当孩子回到家，和家长抱怨："这次的数学竞赛太难了，我不想参加了！"

一般情况下,父母可能会有以下两种回答:
1. 学习哪有容易的?好好练就不难!熟能生巧……
2. 不难不难,你那么聪明,一定可以的,加油!

从这两种回答中,孩子体会到了什么:
1. 老生常谈,唠叨,进入屏蔽模式。
2. 看人挑担不吃力,你不懂我的苦。

孩子真正想要得到的是陪伴,允许他宣泄情绪,让父母倾听他的声音。这样的时刻,一个拥抱,一份陪伴,胜过千言万语。因为父母通过倾听,真诚地传递同理,让孩子感受到自己被理解,被接纳。学会倾听,听见声,听见事,听见情。

(三)合作,面对冲突的方法

冲突是人际关系中不可避免的问题,亲子沟通时发生冲突,要试着合作协商。对于很多家庭而言,"手机"是一个不可触碰的话题,给孩子手机很危险,给了以后不让他玩更危险。"如何不让孩子玩手机"是成年人最焦虑的话题之一。父母们执着于纠正孩子的表面行为,不知不觉计入监管位置,这样的消极目标必然引发对抗。如果,家长能理解孩子的需求,不只是评判行为本身,并且能够和孩子一起合作协商解决方案。孩子天生有智慧,要相信他们能够从经历中找到对自己最有效的办法。

三、亲子沟通不可忽视父母沟通

谈到亲子沟通,很多人本能的认为是父亲和子女的沟通或者母亲和子女的沟通,其中在亲子关系中,父母关系是亲子三角关系中重要的支撑底边,底边够平稳巩固,才能够是的家庭成员在情感上互相支持,在心理上互相依赖。

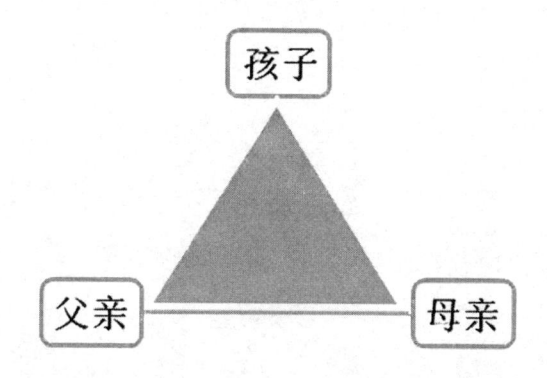

所以良好的夫妻沟通是亲子沟通的"定海神针",当父母之间的沟通出现障

碍和问题，孩子会敏感地捕捉到这样的负面情绪和错误的方法，从而投射到自己面对父母时的反应姿态。

心理治疗中还有一个领域是"家庭治疗"，个人的症状行为不仅仅属于个人，而是属于他所处在的整个家庭系统。当家庭出现问题的时候，尤其是父母关系出现问题的时候，孩子会想尽一切办法来分担父母的痛苦，很多时候为了转移父母的注意会用伤害自己的方式来生活。因此，父母间的和谐沟通、融洽生活对孩子健康成长起到了决定性的作用。

学校作为孩子和家长进行有效沟通的桥梁，通过指导家长正确的亲子沟通方式，让家长认识亲子沟通中的误区，帮助孩子健康、稳定、快乐地成长。

高中体育社团建设及管理机制研究

——以上海市徐汇中学高中体育社团为例

邓玉琴[*]

一、研究目的

本研究以笔者所在的徐汇中学高中体育社团建设和开展情况作为研究的对象,以点带面的研究学校体育社团的功能作用、发展现状和存在问题。提出如何规范、科学、创新地建设和管理学生体育社团的有效建议,增强培养学生在社团活动中的自主意识。在"健身育人"的核心素养背景下,全面提升学生的综合能力和繁荣校园体育文化。

二、研究方法

1. 文献资料法

查阅与本研究相关的文献资料为本文的研究提供一定的理论依据。通过在中国学术期刊数据库、维普数据库等检索平台输入"体育社团""社团管理""社团建设""社团活动"等关键词,查阅与本研究相关文献资料及前人在该方面的研究进展。

2. 个案分析法

以笔者所在的徐汇中学的高中体育社团管理及实施为研究对象,进行以点带面的研究。

3. 行动研究法

通过笔者亲自参与高中体育社团的建设和管理,以实践为途径,探索学生体育社团活动的发展规律和管理的有效途径。

---

[*] 邓玉琴,上海市徐汇中学大队辅导员,一级教师

三、结果与分析

1. 学生参与体育社团活动的意义

学生社团是现代教育中的新型教育模式,这种由学生根据自己兴趣和爱好来选择社团活动的方式,深受学生喜欢。在高中体育社团活动的过程中,倡导学生进行自我教育和同伴教育,共同合作学习。坚持以学生为本,强调以学生为主的沟通学习和精神交流。体育社团活动越来越成为学生实现自我教育、提升综合素质、增强适应能力和挑战自我的独特平台。

(1) 开展高中体育社团能满足广大学生多元化的体育参与有需求,为培养其终身体育思想创设条件

在倡导发展学生核心素养的背景下,以立德树人为根本任务,通过高中体育社团的开展,在满足学生运动需求的同时,既增强了相关体育运动项目的运动水平和认知;又培养了学生健康行为的养成,掌握科学的锻炼方法,善于交往与合作,提升适应环境的能力;更有利于学生优秀体育品德的养成,在社团中共同协作,彼此尊重,培养积极进取和敢于挑战的精神。体育社团的开展为学生们在课外创设了更多的活动时间,帮助学生在促进体能和运动技能的提升同时,为终身体育意识形成和健康文明的生活方式养成奠定基础。

(2) 开展高中体育社团有利于激发和提升校园体育活动的活跃程度,促进校园的体育文化建设的发展

校园体育文化是学校教育的重要组成部分,在大力推进素质教育的过程中,学生身心健康的培养、创新精神和实践能力的提升,对于当代学生努力成为新时代接班人具有重要意义。学生社团每年都开展社团文化节,在社团文化节举行期间,还会进行校内各类体育社团比赛,同时学校体育社团的学生还代表学校参加市区各类体育比赛。丰富多彩的社团活动让学生收获了体育知识和运动技能,培养了体育精神,增进学生身心健康;丰富多彩的社团活动还让更多的学生发现自我、超越自我,给了学生展现才华的平台,更让学生懂得分享快乐,成为校园正能量的传播者。开展高中体育社团活动是学校推行素质教育和加强学校体育文化建设的需要。

(3) 开展高中体育社团是延伸课堂教学的有效途径,有助于提升学生的自我教育和个性成长

苏霍姆林斯基说过:"世界上没有才能的人是没有的。问题在于教育者要去发现每一位学生的禀赋、兴趣、爱好和特长,为他们的表现和发展提供充分的

条件和正确引导。"① 高中体育社团是由学生自发组建且相互协作的团体，充分体现了自主性的特点。学生可以依据自己的兴趣和特长、自发组织，经过建团申请、审批、拟定计划等程序，自愿组成社团，体育社团的规章制度也是由社团成员共同参与讨论制定。社团的活动由学生主导，教师指导为辅。每一届社员的招聘都是自主招聘，自主选拔。开展高中体育社团活动，有助于培养学生的主体意识，锻炼学生的自我管理能力。

2. 徐汇中学高中体育社团的现状和存在问题

（1）徐汇中学高中体育社团活动的现状

徐汇中学目前有32个社团，可以分为校园文化、健康生活、工程素养等三大类（下附《徐汇中学社团分类一览表》）。社团活动时间安排在每周五的下午15:45—17:00。一学期活动不得少于13课时，社团活动以学生自主活动为主，以指导老师辅导为辅。每学期会成立新的社团，并进行社员的招新。其中体育社团有羽毛球社、篮球社、足球社、飞镖社、街舞社和桥牌社。

徐汇中学社团分类一览表

校园文化类	模联社、古风社、阿卡贝拉社、轻音社、国乐社、戏剧社、影视社、动漫社、几何折纸社、中二漫想社、文学社、法语社、书画社、电音社
健康生活类	心理社、桥牌社、篮球社、足球社、飞镖社、羽毛球社、街舞社、辩论社
工程素养类	根与芽社、军民科技研究社、OM社、经济社、化学社、无人机社、物理社、科学创新社、生物社、3D打印社

（2）徐汇中学高中体育体育社团存在的问题

随着社会的发展和中学教育改革的深入，还有学校的扶持，学生体育社团呈现出蓬勃发展的趋势。从2011年至今，体育社团由3个发展到了6个，从基础的球类社团，慢慢扩充到契合学校特色的飞镖社团和桥牌社团的，满足了学生不同兴趣、不同层次的需求，也大大地丰富了校园体育文化。但是通过调查、分析和整理，发现整个学校的体育社团在建设与发展中也存在一些问题。

①体育社团种类不够丰富，各体育社团发展不均衡

学校一直将学生核心素养的发展作为学校体育的使命，在实行高中体育专

---

① 苏霍姆林斯基. 苏霍姆林斯基教育智慧格言［M］. 人民教育出版社. 2014.

项化课程后，徐汇中学共开设了篮球、足球、排球、乒乓球、羽毛球、网球和健美操七大专项课程。学生通过体育专项课的学习，掌握相应的运动技能，同时培养终身体育的意识。但在体育社团的开设上，相较于体育专项课开设情况，明显社团种类不够丰富。篮球社和足球社十分热门，且全部由男生组成；新颖的飞镖社和趣味的羽毛球社都深受学生喜爱，而桥牌社和街舞社参加的学生相对人数较少，且桥牌专业性较强，对于学生的学习能力的要求也较高，慢慢地呈现颓势。

②体育社团活动形式单一，缺乏长期发展规划

体育社团每学期初要制定其活动计划，但是有的社团只是停留在为活动而活动，没有长远的社团发展规划，新老社长之间的衔接不够紧密，导致有些体育社团活动品质呈阶梯式下降趋势。如街舞社在2013年—2015年获得了市区各类街舞比赛的奖项，曾经还因优异的比赛表现荣获2014年全国健身操舞大赛上海分站赛暨"解放日报"杯上海市学生健身操舞大赛街舞组一等奖，同时被邀请参加全市的展示活动，2015年街舞社的队员还被该赛事评为上海市的"十佳活力宝贝"。但由于优秀的社长高三毕业后，新老社长没有做到有序衔接，社团整体的发展规划和活动制定混乱模糊，后续的社团活动质量明显下降。高中体育社团的活动是由学生主导，教师指导为辅。如果全部老师全权教授则，社团活动则失去学生自主发展的阵地。社团应该在老师的辅助下制定详细的活动计划，认真安排活动内容，并及时进行总结和反思。

（3）加强高中体育社团管理的方法

随着高中体育社团的快速发展，必须要形成一系列的管理体系，形成新的管理文化。学校有效管理和高中体育社团自主管理的有机结合，是社团活动有序开展的必要条件。完善高中体育社团的管理体制，有助于推动体育社团的长效发展。建立科学的严密的规章制度，是保证学生体育社团健康有序长效发展的基础。学校应该制定社团管理章程，各体育社团制定各自独特的活动章程，制定各体育社团的建设宗旨与发展目标设；设计社团活动手册，及时记录社团的会议、活动内容、活动照片、获得荣誉等；完善社团的申报制度、培训制度和全面的评价机制。

如徐汇中学团委制定并完善了《徐汇中学社团管理制度》，包含了社团的建立、社团及社长的管理、社团普通成员管理、社团活动管理、社团评级、社团的奖惩和解散等条例。体育社团在切实落实的基础上，制定了各体育社团的活动章程及制度。每次社团活动有计划、有记录、有反馈；定期召开体育社长会议，反馈一阶段的体育社团活动情况，并且表扬先进，对存在的问题进行整改

和反思，确保体育社团的正常发展。规章制度的出台，使体育社团的组织管理进一步制度化、规范化。

（4）培养社团小骨干，增强社团大活力

在影响体育社团管理和发展的诸多因素中，人是最重要的因素，而社团的小骨干的领导力对于体育社团是否健康、活力、持续的发展具有决定性的作用。要重视对社长的选拔和培养，选择具有品质优秀、对社团活动有热情、有高度责任心和有一定号召力的学生担任社团的管理者。

学习是提升能力的最佳途径。学校要制定培训课程和计划，加强对体育社长和其他小骨干的培训和指导，学习体育社团管理的相关知识、心理与人际交往知识以及体育社团活动有关的专业知识。同时也要搭建平台，让本校体育社团和校际的体育社团之间进行沟通和交流，以赛促研，取长补短，不断地提升自我。

（5）形成三方合力，突出联动优势

在高中体育社团发展过程中，离不开学校、社会和家长协作机制。学校是主体，制定合适本校学生的体育社团发展计划，提供丰富的资源，引导社团合理运作。而社会资源则是有效的补充和提升，体育社团应在立足校内的基础上，逐步走出校园，拓宽视野，丰富内涵，家长资源也是体育社团发展的坚强后盾和有力支持。桥牌社建立就是借助家长资源，家长作为社团的志愿者教师辅助教学。整合并充分利用学校、社会和家长的有效资源是提升社团质量的极佳的途径。

四、结论与建议

1. 结论

高中体育社团的建设与管理必须有全面的规章制度予以保障。在规范的制度确保下，社团的建设还需要专项体育教师的辅助；需要培养能干的社团小干部；需要制定详细的社团活动计划与课时安排；需要借助多方资源，整合学校、社会和家长三方之力，才能建设真正满足学生运动兴趣的体育社团。体育社团建设与管理要以学生为本的，要充分发挥学生主体地位。学生积极投入丰富多彩的体育社团活动，满足了他们多元化体育参与的需要。所以无论是从培育学生体育核心素养的需要出发，还是从培养学生终身体育意识的角度出发，对高中体育社团进行有效科学的管理是相当重要的。

2. 建议

随着时代的发展，传统的体育社团课已经不能满足学生更多元化的运动需要。所以学校应该在力所能及的基础上，结合学校的资源为学生提供更多的社团需要，在传统的体育项目的基础上打造新型的体育社团。比如学校可以多开设一些新兴的体育拓展课，如跆拳道、棒球等，这些拓展课是可以外聘教师的，通过拓展课培养学生新的运动兴趣，让在拓展课上学到技能的学生，配合校内教师的辅助，通过社团活动把知识传递给更多的学生。学校借助拓展课的平台为学生搭建更多丰富的体育社团创建的途径。体育社团的管理还可以借助更多的新兴科技，比如电子信息的签到和管理系统、融入各类体育项目的社团微课教学等借助科技的力量，将社团活动的功效发挥到最大。

徐汇中学高中学生社团管理流程图

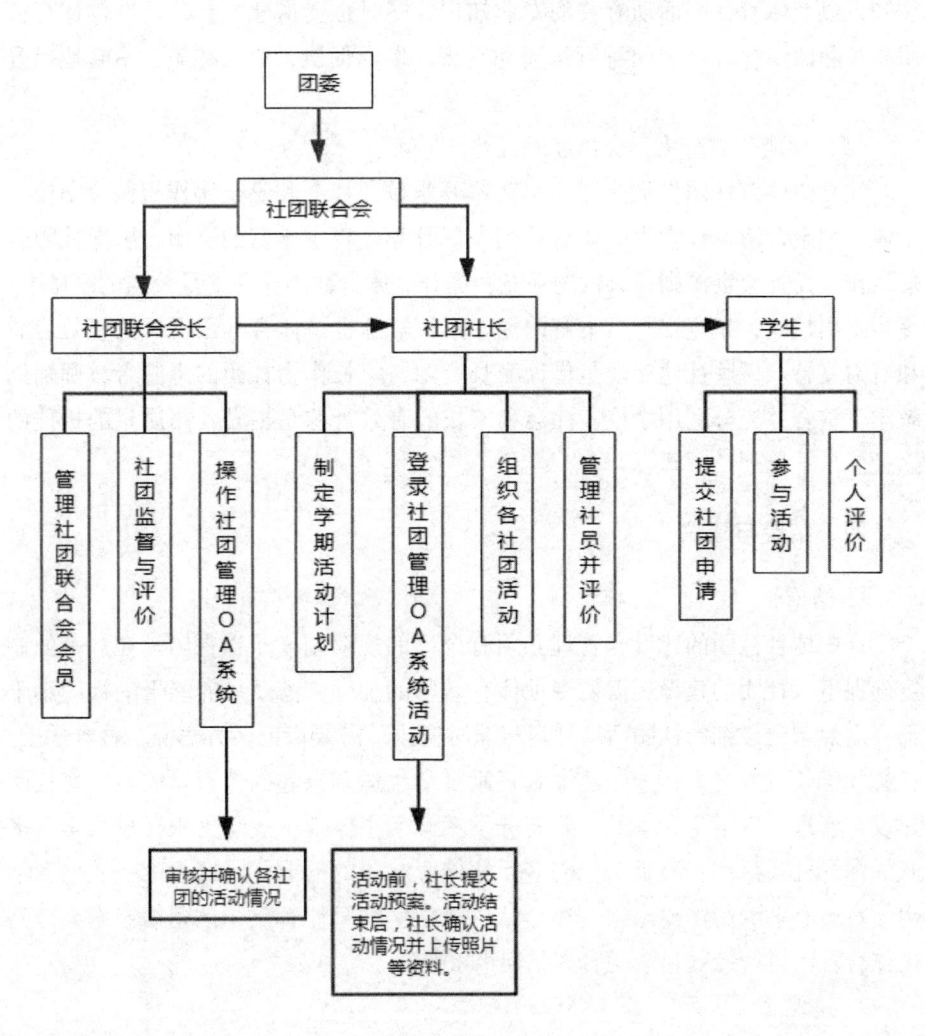

体育社团的管理是一个动态的过程，不断发展的过程，好的管理必须与体育社团发展的各阶段相适应。作为一名体育教育工作者，也作为一名德育工作者，我也要积极探索高中体育社团发展的新途径，推动高中体育社团改革和创新，促进高中体育社团的蓬勃发展。

参考文献

[1] 苏霍姆林斯基. 苏霍姆林斯基教育智慧格言 [M]. 人民教育出版社. 2014.

[2] 中华人民共和国教育部. 普通高中体育与健康课程标准（2017年版）[M]. 北京：人民教育出版社，2018.

[3] 康望晶. 中学生社团规范管理研究 [D]. 苏州大学，2010.

[4] 李维. 当代大学社团的创新与发展探析 [J]. 现代交际，2011（05）：218-219.

[5] 蔡婕. 加强高校社团建设构建和谐校园文化 [J]. 安徽农业大学学报（社会科学版），2009，18（04）：125-127.

[6] 李娜. 高中体育社团建设中的几个问题 [J]. 学周刊，2017（05）：209-210.

[7] 慕子怡. 中学生社团活动对校园文化的影响 [J]. 学周刊，2016（33）：119-120.

[8] 朱五一，邓玉，蒋治华. 学生体育社团活动课程化的构建与实践 [J]. 广州体育学院学报，2018，38（02）：124-128.

[9] 蔡婕. 加强高校社团建设构建和谐校园文化 [J]. 安徽农业大学学报（社会科学版），2009，18（04）：125-127.

后勤管理

基层学校工会财务管理探讨

王燕虹[*]

《以习近平新时代中国特色社会主义思想为指导　团结动员亿万职工为决胜全面建成小康社会夺取新时代中国特色社会主义伟大胜利而奋斗——在中国工会第十七次全国代表大会上的报告》(2018年10月22日)中指出：深化工会财务改革，构建工会经费普惠职工的保障机制。做优做强工会资产，进一步增强公益性、服务性，更好发挥工人疗养院、工人文化宫、职工互助保障组织等服务职工的作用。……不断夯实基层基础，树立大抓基层的鲜明导向，坚持落实到基层、落实靠基层理念，把工作力量、经费使用等进一步向基层倾斜，实现依法建会、开门办会、从严治会、人才兴会。……加大工会经费、资产监督管理力度，构建国家审计、工会经审、社会审计、职工会员监督相结合的经审监督体系。

基层学校工会财务管理工作是工会工作的重要组成部分和物质保证，学校工会组织能否全面履行各项职能，有效地表达和维护教职员工的根本利益，在一定程度上取决于工会财务管理工作水平的高低。当前，我国基层工会组织财务管理工作在工会全局工作中的作用与地位进一步明确，对加强自身财务工作的重要性的认识也有了进一步的提高。

本人担任基层学校工会主席六年，认为目前基层学校工会财务管理工作总体上趋于好转，但在实际操作中也有一定的困难。

一、基层学校工会财务管理工作现状

1. 运行独立，有章有序

一是有相应的财务管理制度和内控机制，财务账表健全。相关财务制度为《徐汇中学工会票据管理制度》《徐汇中学工会财务管理制度》《徐汇中学工会

---

[*] 王燕虹，上海市徐汇中学工会主席，一级教师

经审岗位职责》《徐汇中学工会报账员工作职责》等。每月月初工会出纳老师按时整理票据，完成账目的梳理登记，经审委员负责审查费用的支出是否规范；最后工会主席签字确认，完成各项费用的报销。二是工会经费单独设立专用账户，学校出纳每月按时按规定汇出工会经费、拨缴经费到工会独立账户上，保证工会经费的使用。三是有工会负责人和兼职财务人员负责工会经费的使用，上级教育工会为了使基层工会主席、财务人员熟悉财务制度，规范经费的使用，经常进行财务政策培训。四是工会经费审查工作设有专门的审查委员，定期或不定期进行检查，确保经费使用的规范合理。五是实行了工会财务公开制度，工会经费的收缴、管理使用与结存情况日趋透明化，接受教职员工的审议。

2. 经费管理，趋于规范

一是工会经费收支能纳入工会财务核算，截留收入与虚列支出现象也基本杜绝，支出大部分有预算、有标准，力求合理、合规；基层工会根据上级教育工会的文件精神，认真进行新一年工会经费预算的制定，同时对比上一年经费的决算，使预算更精准，更好地为教工服务；二是经费支出审批程序日渐规范，大多能坚持"一支笔"和"分级"审批制度，超出审批权限的支出一律上报审批。

工会经费的收支管理原则为：遵纪守法、经费独立、预算管理、服务职工、勤俭节约、民主管理六大原则。由基层工会职工会员监督。工会经费收入，是指工会根据《工会法》以及有关政策规定开展的非偿还性资金（《工会会计制度》第三十七条），范围包含：会费收入、拨缴经费收入、上级补助收入、行政补助收入、事业收入、投资收益和其他收入。

工会经费的支出管理，指工会为开展各项工作和活动所发生的各项资金耗费及损失（《工会会计制度》第三十九条），支出范围包括：职工活动支出、业务支出、维权支出、资本性支出、事业支出和其他支出。

同时，基层工会严格落实工会经费开支"八不准"：（一）不准使用工会经费请客送礼，购买发放购物卡、代金券等。（二）不准违反工会经费使用规定，滥发奖金、津贴、补贴。（三）不准使用工会经费从事高消费性娱乐和健身活动。（四）不准单位行政利用工会账户，违规设立"小金库"。（五）不准将工会账户并入单位行政账户，使工会经费开支失去控制。（六）不准截留、挪用工会经费。（七）不准用工会经费参与非法集资活动，或为非法集资活动提供经济担保。（八）不准用工会经费报销与工会活动无关的费用。以上的要求基层工会通过宣讲落实到每一位工会会员知晓，并进行监督。

二、基层学校工会财务管理中存在的主要问题

1. 要严格实行预算

经费收支预算，即基层工会年度财务收支计划。这一计划是工会工作全系统和工会工作发展趋势的集中体现，其中工会年度重点工作也需要在经费收支计划中有所突出。因而，经费预算要力求充分反映全年本级工会工作的总体思路，总体格局以及财务调控的举措和力度。但是在具体操作过程中也遇到一定的困难。比如：会费的使用，基层工会可以用会员会费组织会员观看电影、文艺演出和体育比赛等，开展春游秋游，为会员购买本市公园月票、年票。基层工会在实际工作中，发现由于春游秋游只能放在双休日，势必不是所有教工都能参加，教工的福利不能得到保障；另外春游秋游活动的标准不能超过每人每天200元。在目前消费金额总体调高的情况下，租车费、餐费、门票、活动用品等不能超过每人两百元，对基层学校来说比较困难。也希望上级能根据实际情况调整活动金额。

2. 如何选配好工会财务人员

财务管理规章制度最终要由财务人员来执行，选配专业知识与技能较为适应的工会财务人员，对于做好基层财务管理至关重要。由于基层工会财务人员大部分是由在职教工兼任，缺少财务知识和意识，上级部门要做好后续的培训工作，及时了解新法规、新政策。利用召开财务工作分析会，提出问题加以分析和解决；强化法规、职业道德以及财务管理专业知识培训等形式来提高财务人员的专业素养。

3. 资金、财产物资管理需规范

工会的财产物资主要表现为固定资产和低值易耗品，是工会开展活动和工作的重要物质基础。多年来，基层工会组织不断充实和完善了财产管理制度，虽然目前基层工会的固定资产较少，但是也要做好资产登记，避免资产遗失。目前工会还是使用现金支付（500元以下），超过500元的采用汇款转账。但是基层学校如果人数较多，大型活动如合唱比赛排练需要提早购买点心等支出，经费超过500元，就面临操作的困难。转账也要有几天的期限，建议是否能使用公务卡（行政在用）。

总之，通过不断的学习摸索，本人认识到基层学校工会经费支出要有预算、经费支出要有制度、经费支出要有重点、经费支出要有界限，在使用过程中做到程序合规、形式合规、内容合规、实质合规，维护教职工合法权益、竭诚服务教职工群众。

学校后勤服务社会化的实践探索

盛 军[*]

一、校园后勤服务社会化实施的背景

在新的教育政策改革中,国家对学校的校园文化建设提出了更高的要求和目标,尤其在学校办学场所、教室布局、硬件添加以及校园绿化等各方面明确提出了达标数据保证线。相应的对学校的后勤管理与服务也提出了更大的考验和要求。

徐汇中学是目前拥有三个校区,师生人数接近4000人的大规模完全中学,有诸多的教学楼、体育场所,绿化面积大,更有丰富的专用教室、创新实验室等。同时由学校本身就是有着170多年历史的沪上知名学校,来自各方面的参观、访问、会议、调研任务也应接不暇。此上种种因素都对学校的后勤管理提出了严苛的要求。但近几年随着正式职工的退休,新规定下学校职工编制的"只出不进"政策,后勤人手严重紧缺,后勤职工社会化是必然趋势。因此,正是在这种大形势下,为了满足学校的发展对后勤服务的要求,我校在三年前提出了学校后勤服务社会化这个概念。

二、校园后勤服务社会化定义的阐述

所谓后勤服务社会化就是把学校的一部分后勤工作,如校园保洁、校园布置、日常维修、水电工作、外勤工作等项目通过社会招标,统一委托给第三方物业管理公司派驻人员进行日常管理、工作。而财务管理、资产管理仍然由学校正式职工担任,由校方直接管理。物业公司根据学校后勤工作需求,派驻管理人员和工作人员进入学校进行相关工作。

---

[*] 盛军,上海市徐汇中学学校发展中心主任,一级教师

三、校园后勤服务社会化实施的步骤

1. 梳理后勤工作，确定服务范围

学校的后勤工作内容繁多，有些适合委托第三方外包执行，有些则需要学校直接管理执行。因此，在服务社会化之前，我们对现有的后勤服务范围进行了综合整理，分为三大类：财务管理、资产管理、物业管理，其中财务管理和资产管理从学校所属的性质和实际工作的专业技术要求的情况来看，都不可能实行社会化外包服务，而物业管理这一块，相对范围大而杂，但专业技术要求不高。如其中包含的校园保洁、校园绿化、校园布置、水电维修、外勤工作、保安工作等比较适合外包服务。因此，通过对后勤服务整体的梳理后，确定了把校园的物业管理这一块委托第三方专业公司操作。

2. 了解物业工作，商定物业合同

学校目前的后勤服务工作方式已经延续了几十年，就是学校有什么需要，后勤就展开执行，还有就是哪里有问题，就尽快去解决，其实就是等事做而不是找事做，比较被动，同时对于后勤工作的流程化、标准化也确实一片空白。也就是说学校原有的工作方式、工作流程、工作标准和专业物业公司的工作标准都有较大的差异，现在委托物业公司进行专业操作，就必须了解专业公司的执行方法、执行流程，然后再结合学校的实际情况，通过合同约定的方式才能保证后期的物业管理工作。

3. 尊重专业能力，做好监督工作

物业管理委托第三方物业公司，学校在这个过程中如何适应新的工作模式、工作内容，在实际过程中，作为校方不能一边雇佣专业的公司工作，一边又按照原来的模式进行后勤工作管理，干扰物业公司的正常工作，影响物业公司的工作效率。校方的后勤物业这块工作也应该有直接布置执行调整为布置监督管理。其中一些常规的工作在合同内容中就可以确定，对一些突发的工作内容也应该按照流程规范的布置给物业公司实施。校方更多的是作为监督者的角色对物业公司开展合理有效的监督考评，保证学校物业工作的顺利开展，满足学校的需求。

四、学校后勤服务社会化实施中的几个问题

1. 习惯与流程的冲突

几十年来，学校的后勤物业管理早已有了一套相对固定的模式，学校上上下下所有人员都习惯了传统的工作模式，从学校后勤工作委托给第三方工作以

来，在实际的执行过程中，有一个问题比较突出，就是学校无论是管理层，还是普通员工，都没有适应新的后勤工作模式，遇到事情与问题，不走流程，部门领导随意布置工作，工作要求和目标不清不楚，员工随意乱提要求，乱投诉。对物业一方多头布置，导致工作混乱，效果较差。而物业方也有自己的一套专业管理模式和工作流程，为了把学校工作做好，两者之间要花大量的时间和精力进行二次沟通、三次沟通……

2. 认识与理解的偏差

在实际物业工作中，校方和物业由于认识、理解不同，在对待同一件事上就会有巨大的差异。尤其是在对具体的工作范围与职责上。因为学校三个校区，并且招生规模在不断扩大变化，后勤事务确实繁多，学校认为只要是物业方面的事情，那就是由物业公司全部解决，但物业公司认为一些事情已经超出了物业公司的能力范围，需要请专业公司解决，而产生的费用也必须由学校自行承担，这方面关于维修所产生的费用歧义还非常之多，主要是一些零星维修，墙面粉刷等，整理下来，就是物业公司所说的维修就是水电维修和一些简单的课桌椅维修。另一个方面就是绿化养护，校方觉得绿化养护中一些常规的季节性布置应该由物业公司一并解决，但事实是物业公司的绿化工人只负责浇水、修剪，每一季的换装都由学校委托物业绿化购买。诸如此类还有很多，认识和理解上的不同给学校的后勤服务也带来了诸多不便。

3. 稳定与发展的矛盾

在几个问题中，这个问题是最难解决的，一方面，学校需要熟练的员工队伍，能及时完成学校的各项常规工作，另一方面物业公司又不能提供一直稳定的长期队伍。招工难是当代社会一个相对普遍的问题，尤其是在低端市场需求方面，由于福利差，待遇低，工人的流动性很大。因此，物业公司提供的工作人员经常有变化，其中有达不到工作要求被物业公司解雇的，也有员工不满意自行解除劳动关系的，但无论哪方面，对学校来说，就是后勤工作人员始终在轮换，虽然每一个新来的员工物业都会进行培训，但效果确实很差，也出现了很大的纰漏。

学校的后勤服务社会化由于存在于两种体制之间，它既可以为学校的后勤发展带来活力和机遇，但也不可避免会带来不同模式管理之间的矛盾与碰撞，所以，学校后勤服务社会化的道路必将任重而道远。

教研管理

线上"生本学堂"实践探索

——高中语文教研组线上教学总结

温海光[*]　王　敏[**]　张玉玲[***]

语文新课标核心目标之一是通过改变学生的学习方式，实现学生学习方式的多样化，使学生具有终身学习的能力，这就要求教师以培养学生的自主学习能力为己任。高中语文教研组以建构主义学习观、学生素质观等理念为出发点，努力打造"生本学堂"，多年来致力于探究学生自主学习教学模式的可行性与学习效果，并进行了多项课题研究。尤其是由于疫情的关系，转入线上教学以来，语文组教师们善于"化劣势为优势"，充分利用线上教学突破时空限制的优势，克服线上教学不能"面对面"的劣势，充分挖掘学生的潜力，千方百计丰富学生线上学习形式，对学生自主学习的途径和方法进行有效指导，促进学生深度学习，优化高中语文教学，进而提高学生自主学习能力。

一、利用多种功能提高课堂实效

开展线上教学以来，教师们积极研究线上网络教学的新方法，充分利用平台各种新功能，增强线上课堂教学的趣味性和实效性，为学生自主学习提供科学的指导。王敏老师在线上教学的第一天就承担了迎接市教委巡课的公开教学任务。为了体现学生积极参与的课堂效果，她深入学习了腾讯会议中的多种互动技巧，如共享屏幕中的"人像画中画"，让学生时时都能感受到老师的存在；又开发了文档在线协同编辑功能，掌握了随机分组，生成线上讨论小组，利用网络展开实时的小组讨论。

课例如下：

---

[*] 温海光，上海市徐汇中学高中语文教研组组长
[**] 王敏，上海市徐汇中学高中语文备课组组长一级教师
[***] 张玉玲，上海市徐汇中学二级教师

王老师教学内容是《〈史记〉的叙事艺术——史传类文本的梳理与探究》。王老师把课堂教学分为了三个任务：梳理塑造人物手法、发表对人事的看法和探究实录精神的表现与意义。在完成三个任务的过程中，分别运用了不同的线上互动手段。

（一）声画配合，分析塑造人物手法

完成"任务一：王老师用共享屏幕展示学生已完成的《廉颇蔺相如列传》的四格漫画，然后与绘画者连麦，请其阐述创作四格漫画的创作理念。学生在畅谈漫画创作细节时，其他学生开麦互动，老师也同时运用课件跟随软件随时予以批注，通过这样的声画配合，清晰地梳理出塑造人物的手法。

（二）在线协同编辑，揣摩作者立场观点

为完成任务二，王敏老师首先利用网络链接引用《项羽本纪》文末的"太史公曰"，与《李广苏建传》后面的"赞曰"进行比较阅读，然后用文档功能呈现出先前学生以司马迁口吻评论廉颇的作品。利用腾讯文档在线协同编辑的功能，去评价学生的作品。每一位学生对作品的评价分析，都清晰地在线上呈现出来。这一个环节，是读写评三者结合的线上尝试。

视频共享司马迁和班固的纪录片短视频，探讨造成司马迁和班固在评价上差异的原因，由表及里地了解司马迁评论的独特艺术魅力。

（三）当场解题上传，探究想象与实录的碰撞

最后一个任务是探究《史记》的实录精神。为了完成这个任务，王老师设计了一个情境话题：

利用线上随机分组设置，就此话题进行限时学生线上连麦小组讨论，引导学生进行探究。线上分组讨论结束后，立刻利用网络链接《项羽本纪》中的相关内容，要求学生限时发言交流，形成文字，拍照上传。老师即刻收集当堂练笔，随机展示。

王老师充分利用线上教学平台，巧用线上教学软件中自带的多种互动功能。增强线上语文学习的协作性、互动性，让语文学习在线上教学不只是播放课件，也能及时反馈学生的学习情况，了解学生听课的效果，让线上教学也跟线下一样形式多样，生动有趣，提高学习效率，增强"生本学堂"的实效性。

二、鼓励合作探究提升学习能力

整本书阅读是部教版新教材重要内容，《必修（下）》第七单元整本书阅读的内容就是《红楼梦》，这部鸿篇巨制对高中生而言具有不可替代的阅读价值

和审美价值，能够帮助学生理解古典小说的典型特点，积累阅读文学类书籍的经验，培养阅读思维能力，提升写作水平。但是这部书人物众多，内容丰富，对高中生而言阅读难度不低。为了帮助学生提高阅读质量，完成教学任务，高一备课组开展《红楼梦》主题读书会活动。鼓励学生借助于网络和在线平台，小组分工合作，查找资料，确定主题，制作PPT，在每周召开一次"主题读书会"上交流阅读成果。学生最初读书很被动，内容也仅仅局限于探究人物形象、主题结构，后来探究兴趣越来越浓，开始研究诗词、楹联匾额、书法、建筑、园林、戏曲、服饰、美食、医药养生——交流内容越来越丰富，PPT制作也越来越精美，学生的自主学习能力得到极大提高，顺利完成第七单元的学习任务。

三、开展多样活动激发学生潜能

为了丰富线上教学内容，激发学生学习语文的积极性，高一高二备课组还充分利用网络平台的优势，开展各种语文拓展活动。为了完成演讲单元的学习任务，高一备课组结合年级核心品质培育活动，开展了以"善良"为主题的演讲比赛；为了完成戏剧、小说单元的学习任务，高一高二备课组都开展了课本剧配音比赛活动。

高二备课组还开展剧本改编活动，让学生依托网络、借助文学形象，走进人物内心，理解小说独有的艺术风格。课文《小二黑结婚（节选）》是节选原著高潮、结局部分，鲜明展现了山药蛋派的极具地方色彩的艺术风格。文中有较多当地的俗语、江西的方言等，在语言理解上，上海的学生与之存在一定隔阂；而小说反抗封建包办婚姻，争取婚姻自主的主题以及教化当地百姓，摆脱封建迷信的内容与当代学生在思想上有一定的"代沟"。而采用配音的形式呈现出来，克服了机械理解人物的弊端，也让学生体会到云上活动带来的自主学习的乐趣。

在准备配音活动过程中，角色如何分配、台词如何调整等，都交由合作小组独立商讨完成。学生节选片段，尽显巧思；"选角"，也是精益求精：有的小组要让"竞选者"撰写人物小传，有的则是当场朗读台词比拼角色，充分去运用阅读小说作品的方法解决实际问题，等等。最终的配音成果展示中，无论是台词中的人物情绪，还是夹有鲜明人物情感的当地土语、方言，学生都演绎得惟妙惟肖；有的小组精心设计片头，犹如电影正片，充分展现跨学科的融合……小组的成果，件件赶超原版。

通过剧本改编活动，让学生以发展的眼光审视评价文学作品，发现其不足之处，予以修改，用另一种文体创作更优秀的作品。学生基于课堂所学，通过自由组队，共同研讨，创作剧本，朗读剧本录制成"有声小说"。线上配音和剧本改编活动，极大地丰富了线上教学的内容，提升了自主学习能力，学生的潜能被充分激发出来，展现出非凡的才华，也更加自信。

四、参与制作视频增强学习效果

为了提高学生线上学习的效果，语文组教师不断丰富学校自适应平台资源库，上传了大量的学习资源供学生参考学习。同时针对部分重难点题目，鼓励学生拍摄微视频，通过学生的视角，讲解知识点，化解难点，既实现学习资源的共享、又提高了学习效果。

高二语文备课组在实施第二单元小说单元的教学过程中，将课堂讲解知识点环节下放给学生，让他们通过制作微视频，巩固知识点，并在反复修改视频的过程中吃透考点。本次以知识点、考点为核心的微视频制作，按照基础较好、基础一般和基础薄弱三个层面，进行分层录制。每个学生都可以根据他们自己的学习水平来观看适合自己的微视频。同时，参与视频制作的同学也根据要求选择他们感兴趣和能力适切的组别来合作完成。因此，无论是微视频的制作者还是观看者，都实现了个性化学习。而教师在制作视频的过程中充当的是视频制作的统筹协调、专业顾问和技术指导的工作，主体都由学生自主完成，真正做到"生本学堂"。

此外，教研组老师积极参加各种线上教研活动，开展各种线上研讨。各备课组加强线上集体备课，交流线上教学的经验，反思线上教学的得失。聘请专家给毕业班学生进行线上讲座，指导学生如何通过梳理知识点，进行高效学习。为了提高学生的关注度与参与度，组内教师们还鼓励学生利用腾讯会议或微信，及时反馈教学效果，还建立线上教学评价机制，根据学生的评价反馈，及时调整教学策略，优化线上教学。为了鼓励学生自主探究，还指导学生自主学习的策略，进行命题指导，帮助学生完成线上学习效果的自我检测。

总之，开展线上教学以来，高中语文教研组教师坚持"生本学堂"，让线上教学依旧"精彩"。鼓励学生自主学习，以探究性学习、合作交流学习为重要的学习方式，以达到实现"高效学堂"、促进学生深度学习、提高学生自主学习能力的目的，进而提升学生语文核心素养。

整合资源、策略指导，追求良好学习效果

——初中语文教研组线上教学总结

胥文斐[*]

初中语文教研组线上教学阶段，基于《课程标准》和《评价指南》，结合各年级学情，合理使用市区两级教学资源开展教学，注重教、学、评一致性。关心学生身心健康，以鼓励表扬为主，严而有度，营造在线教学的良好学习氛围。

一、教研与教学

初中语文教研组利用腾讯会议、微信视频等线上平台，定期开展主题教研活动。组织教师深入学习《课程标准》，吃透市、区两级教学资源，以研究命题、原创命题为核心，关注学生的学习状态，采取针对性策略提高学生在线学习的效果。利用专家资源，活用校本学材，充分整合各种资源选编作业。注重读写策略的指导，提供思维支架。

1. 各备课组在线教学内容注重记忆、理解、分析、运用能力水平的层次性。组织丰富的线上学习活动，以内容和形式两方面的优化设计，提升学生线上学习积极性。备课组在落实每周线上开展备课活动的基础上，开展考点专训研究，注重读写策略的指导，提供思维支架。

2. 各年级备课组有选择地使用空中课堂，结合本年级学生的实际学习需求，选取了适宜本年级学生的学习内容精心剪辑。空中课堂学习内容提前让学生进行预习，熟悉课文，提前思考，有助于提高听课效果。重视知识点的分析，将空中课堂的相关讲解进行实录，提供给学生作为笔记整理和复习资料。

3. 根据教学内容，结合学生实际需求，拓展延伸学习内容。根据学生分层需求，为不同层次学生补充学材，通过每周的周末练习进行分层学习。师生互

---

[*] 胥文斐上海市徐汇中学初中语文教研组组长，高级教师

动环节根据作业批阅情况进行反馈，展示作业中的典型错误进行针对性指导。

4. 注重结合学情与学生展开互动，利用线上平台，制作课外文言文拓展的课件及微课。

二、作业设计与批阅

选用有针对性的批阅方式，强化批语的指导性、激励性。

1. 严格落实双减政策，精选习题。利用积累本、作文、小练习等进行课外文言和现代文阅读的巩固练习。各年级自主设计分课时复习作业。

2. 备课组依托寒假教师的研究任务，结合考点指导学生自主命题。巧用校本学材，丰富训练方式。利用市区两级平台，充分整合各种资源选编作业。

3. 以腾讯课堂、晓黑板作为作业批阅的平台，积极运用平台功能，及时批改做出反馈，附上温馨评语，鼓励学生在疫情期间保持良好情绪。

4. 批改采用文字和语音相结合的方式，强化批语的指导性、激励性，力求关注每一位学生。

三、在线互动及学困生帮扶

1. 备课组充分运用信息化技术，利用专家资源开设"阅读答题—作文"讲座。在研究命题、原创命题中指导学生学会复习。关注学生的学习状态，采取针对性策略提高学生在线学习的效果。

2. 充分利用教学平台腾讯课堂的功能——举手，邀请学生在线语音沟通，在讨论区与学生进行问答互动。反馈作业批阅情况，针对作业中的典型错误进行指导。

3. 提供课件与课程回看，提醒学困同学回看课程内容后，针对性辅导。通过微信一对一答疑，批作业时针对性鼓励。鼓励学困生回答力所能及的问题，增强信心。作文批改尽量做到一对一辅导，提出修改意见和建议之后，有针对性地跟进修改辅导。

利用云端改进教学的智慧

刘 燃* 金嘉敏**

2022年在线教学已开展两个多月,随着"停课不停教,停课不停学,停课不停育"得稳中有序推进,徐汇学子们依然保持着良好的学习风貌,丰富多彩的线上活动也对焦了大家的精神世界;同时老师们大多经历过2020年的疫情,线上教学实战经验更加丰富,教学手段也不断改进,教学活动整体有了较大的成长进步。线上教学诚然给师生互动造成了诸多不便,难以完全还原线下教学面对面的感官交流,但可以借助网络,依靠平台,改进线上教学的新模式。新形势下,混合式教学是不可避免的趋势,融合挖掘合适的教学手段,推进教学质量走上新台阶才是新时代下需要对焦的教研方向。随着老师们线上教学技能与水平不断提升,教学经验也日益丰富,探索总结出不少灵活有用的好办法,以下浅做探析。

一、课前预习:翻转课堂,高效学习

线上教学为翻转课堂的实施提供了基础条件。传统的课堂,老师讲的是学生会的,学生不会的而老师却没有讲解的问题时有发生。依托线上教学的大环境,借助丰富的线上教学资源,实施翻转课堂,由学生用提出问题的形式的来解决每一个学生存在的个性的问题,能够较好地促进了每一个学生对知识的理解。

教师布置预习作业,发布预习导学的腾讯文档,文档中为学生罗列了本节知识点作为学习导引,让学生自主学习观看空中课堂的视频。学生在看完空中课堂后,可以利用腾讯文档的批注功能,有针对性地对知识点进行提问。第二天课堂的主要任务之一就是答疑,此时,教师可以适当放权,让每个学生都有

---

* 刘燃,上海市徐汇中学高中数学教研组组长,高级教师
** 金嘉敏,上海市徐汇中学二级教师

机会成为"助教",体验自主学习,助人解惑的成就感。

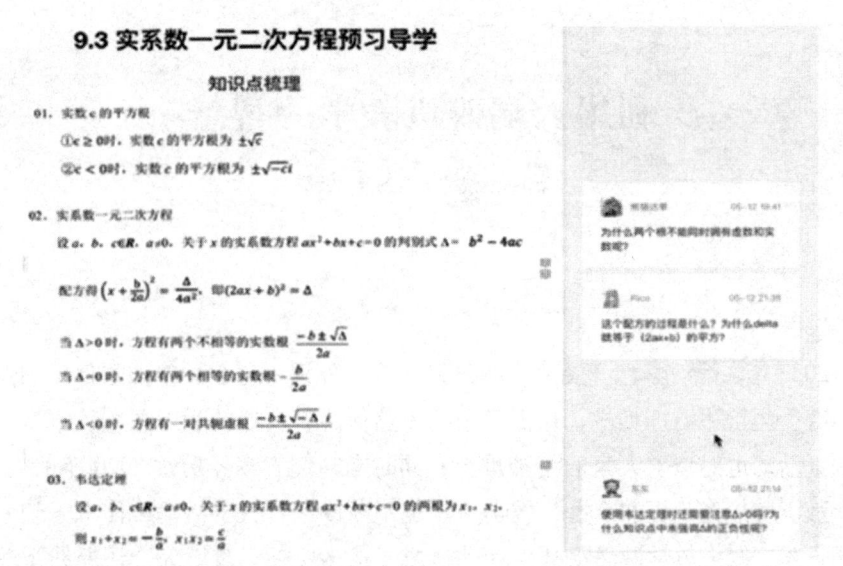

翻转课堂模式是大教育运动的一部分,它与混合式学习、探究性学习、其他教学方法和工具在含义上有所重叠,都是为了让学习更加灵活、主动,让学生的参与度更强。互联网时代,学生通过互联网学习丰富的在线课程,本不一定要到学校接受教师讲授。这种教学模式对基于印刷术的传统课堂教学结构与教学流程的彻底颠覆,由此将引发教师角色、课程模式、管理模式等一系列变革,教师的重心转移,课外的辐射更广,对学生的能力是更大的挑战,当然一旦掌握,功效也是翻倍的。

二、线上授课:多种手段,百花齐放

1. 抢答连麦,争先恐后

线下课堂,老师可以通过学生举手或目光交汇选取目标回答问题,但在线上授课中无法及时获取学生意愿。借助腾讯会议中"小鹅云课"这一应用,教师可以在课堂上发起抢答,学生则"拼手速"来获得抢答机会,这为传统的教师连麦回答增添了趣味,充分调动了学生的积极性。后台还非常"贴心"地提供了学生的参与情况统计,教师可以就此了解全班同学的听课情况,还能用"数据"来有针对性地表扬那些积极参与的同学,提供正向反馈。在课堂练习时使用答题器,要求学生在规定时间内完成练习,在反馈学生学习情况的同时,也能了解学生的学习状态是否投入,是否及时回答老师的问题。也可以利用摇号工具抽选同学进行课堂交流,及时反馈学习的情况,创造了师生、生生交流契机。

2. 上台扮演，学生互评

线下上课常常有教师让学生上黑板板演的环节，这在线上课堂上也能做到，甚至能做得更好。利用腾讯会议的共同批注的功能，教师可以让学生直接在PPT上批注答题，这减少了线下学生走上台的时间，同时，书写的过程比线下能更清晰地呈现。在学生扮演结束后，可以邀请其他同学进行评价，学生也能在互评中，共同进步。

3. 线上答题，及时反馈

课堂上，教师时常会让学生进行当堂练习，以了解学生对知识点的掌握情况。这一环节，可以借助"小鹅云课"的答题功能，凭借平台强大的数据处理能力，线上的优越性不言而喻。教师只需发布问题，设置答题时间并预设标准答案，待学生答题结束后，教师即刻就能收到一份正确率的反馈数据。反馈详细及时，呈现了不同选项的人数以及具体的同学，教师就能根据这一反馈结果，有的放矢地进行针对性辅导。

4. 小组讨论，群策群力

课堂的主体是学生，学生之间思维的碰撞才能更好地促进学生对知识的理解。线上教学自然也离不开小组讨论，借助腾讯会议"分组讨论"这一应用，教师可以将班级分成若干个小组，让学生之间进行充分的交流，群策群力地一起促进问题的解决。在这过程中，教师还可以自行选择进入某一小组参与讨论，讨论结束之后，给学生充分表达的机会，让他们自由展示小组讨论的结果。问题解决的关键性结论学生可以写在纸上，拍成照片上传至会议室的聊天区，讨论思路一览无余。同时将表现得比较好的过程形成微视频，丰富学校的电子资源库。

三、课后反馈：及时全面，点评到位

最后，课后及时接受学生关于对课堂内容的反馈，这是学习数学必不可少的环节，线上教学也不例外，主要是通过作业和测验。疫情网课期间，经备课组内老师集体讨论，在选题和用时上均比线下做了调整，作业力求精简，有梯度循序渐进，试卷难度系数低，分数预设值较高，缓解学生线上学习期间可能产生的不良情绪。作业主要通过采用钉钉、晓黑板、自适应平台等工具开展收发、批改、展示优秀作业、完成学生评价、进行问卷调查、选择题训练等。同时保留每周自测，对知识点进行即时检测和反馈，通过钉钉、蜜蜂作业、问卷星上传批改，实现教、学、练的同频共振，增加线上教学的反馈。在作业的批

阅上，各种平台收集学生的作业，对老师的批改工作都有了更大的挑战，更花时间也更考眼力了，但优点也是显著的，节省了课代表早上上交清点作业的时间，平台会自动统计催促，同时在展示优秀作业和讲评环节也非常高效。教师对学生的作业进行及时的批改与评价，在课堂上面对学生作业中表现出的共性问题，特别是一些表述题或是评价题，则可以及时调出学生的作业，进行现场批改与点评，提高作业讲评的效率。同时优秀作业可以长久的保留，接受速度慢的同学可以随时观摩，在学习其他同学的优秀作业后，不少同学的作业订正又可以重新提交。相信同学们在听讲评、观摩优秀的过程中，对于解题的过程有了更深的理解。

在新形势下，混合式教学是不可避免的趋势，线上教学手段也是一个巨大的宝库，若能进行挖掘与合理运用，相信定能推动教学质量上新台阶。

初中数学在线课堂交互的有效性研究

王晓鹰[*]　王传英[**]　刘　颖[***]

在信息技术飞速发展的今天，传统课堂的教学已进入到交互白板替代黑板的时代。之前在线下教学中，课堂的交互在师生、生生交互中，慢慢引入了师生与教学媒体的交互，即通过交互式电子白板、多媒体计算机和投影系统以及相应的交互式电子白板软件共同构成。

但从课堂外显行为中，第三种交互被部分教师局限于黑板的替代品和课件的展示使用，课堂的交互仍突出表现为人际间的互动，即我国学者吴康宁归纳的基于互动主题的课堂交互行为分类：

表1　基于互动主体的课堂交互行为分类

互动类型	行为表现
教师与学生群体	组织教学、课堂讲述、课堂提问、课堂评价、课堂练习
教师与学生个体	提问与应答、要求与反应、评价与反馈、个别辅导、直接接触
学生与学生群体	在示范、扮演或发表观点时学生个体与全班学生的讨论交流互动；小组讨论中学生个体与全组学生的讨论交流、意见评价
学生与学生个体	存在于课堂传授、课堂练习、课堂讨论过程中的学生个体间的交流讨论

其中的交互角色的主体仍是以教师单向输出为主，由于教师和学生处在同一物理空间内，教师能通过视线、肢体等显性表现对学生进行引导，并在不自觉中"控制着"学生的课堂表现。学生与学生间的交互多以小组讨论形式，但必须建立在教师下达指令才能建立。

---

[*] 王晓鹰，上海市徐汇中学初中数学教研组长，高级教师
[**] 王传英，上海市徐汇中学一级教师
[***] 刘颖，上海市徐汇中学一级教师

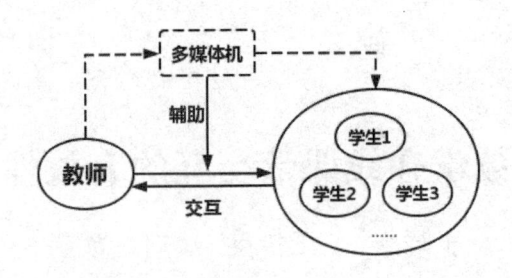

在 2020 年最初的在线课堂中，由于设备与技术的不到位，多数学习采取的是，教师录制空中课堂，学生通过电视或网络进行观摩，教师再通过学生 App 上作业的反馈了解学生掌握情况，整个过程实际无互动行为，空中课堂中教师的行为为陈述、板书、说明等单独行为；而学生也处于单独的练习和思考问题等单独行为。长时间的这种状态导致了学生的概念形成，知识构建都缺乏了有力的引导与支撑。

但是在 2022 年的今天，随着"互联网+"物联网、大数据、云计算、移动互联网等信息技术的不断完善，在线课堂"地域性"等限制被不断打破，现在处于不同物理点的教师、学生、多媒体机三者一起通过网络云端在同一时刻进入到虚拟课堂中，在这个课堂中除了原有的师生交互，生生交互也出现了自发的展现，同时还增加了人机交互这一新的形式。三者的相辅相成共同促进了在虚拟课堂中，通过技术与网络的支撑，学生和教师的感官 80%以上还原为现实课堂的体验，其课堂交互的有效性得到了一定的保证。

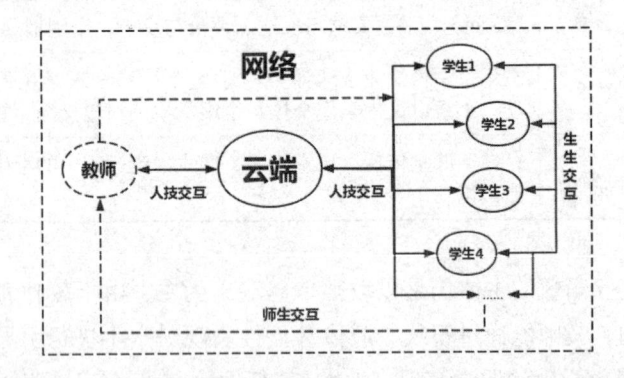

依托多媒体技术，虚拟课堂感官真实化，还原传统课堂交互，以《13.5 平行线的性质（1）（七年级）》片段为例，介绍一下我们徐汇中学初中数学教研组如何实现在线课堂交互的有效性的。

课例执笔者：徐汇中学初一年级刘颖老师

本案例需要解决的居家教学中的问题（可以勾选，也可以自己提出需要研究的问题）	1. 增加居家在线教学的互动性☑ 2. 增加学生的学习参与率和参与度☐ 3. 提高空中课堂视频资源使用的有效性☑ 4. 突发情况应对☐ 5. 其他：
课时教学目标	1. 通过观看视频中学生操作度量、叠合等活动，结合操作，探索并掌握平行线的性质一。 2. 通过猜想、验证、推理等活动，探索并推导平行线的性质二和性质三。 3. 经历平行线性质的发现和推导的过程，体会类比的数学思想方法，积累数学活动经验，发展符号意识和有条理的表达能力。
教学内容概述	（此处仅简单概述，教学案例另附） 　　以"研究一个几何对象的基本套路"为指导，由相交线性质的究经验引出平行线性质的研究问题的数学活动，明确"几何图形的性质就是研究其组成要素之间的相互关系"，即研究平行线的性质就是研究同位角、内错角、同旁内角之间的数量关系。 　　以"平行线判定的研究路径"为类比源，类比平行线判定的研究路径，展开平行线性质的研究，通过猜想、验证归纳平行线的性质一，由逻辑推理得到平行线性质二和三，培养学生逻辑推理意识与符号意识。 　　借助例题对平行线性质和判定进行综合应用，巩固平行线的判定与性质的知识并提高学生解决问题的能力。
教学流程概述	（此处仅简单概述，教学案例另附） 　　复习：通过梳理旧知，向学生渗透几何图形研究的一般路径，从而引出课题：平行线的性质。 　　探究：确立研究的目标和研究方向，明确两条平行线被第三条直线所截形成的三线八角之间的特殊关系，就是平行线的性质所要研究的问题，而性质的研究过程可类比判定的研究过程。 　　操作并探究：操作猜想两条平行线被第三条直线所截得的同位角具有怎样的关系，验证并归纳得到性质一，再类比判定二和判定三的研究方法，通过逻辑推理归纳得到性质二和性质三，培养学生的符号意识和几何直观。 　　巩固：设置开放性的问题，学生灵活运用平行线的性质解决问题，使学生更透彻地理解平行线的性质，通过例题考查学生对性质和判定的综合应用。 　　小结：用问题串的形式引导学生回顾本节课的思维历程，在巩固知识的基础上，对平行线性质的研究进行整体建构，从而认识图形性质研究的一般方法。

续表

概要描述解决问题的方式、方法、策略、途径等	教法上，根据教学内容和教学目标，从学生已有的知识经验出发，在单元整体教学思想的架构下，以教材素材问题为载体。借助在线教学的多平台优势，利用腾讯课堂中的PPT模式展开教学主要流程，用视频播放、学生自主活动为主线，采用问题引导活动探究的教学模式。 学法上，利用腾讯课堂中的视频模式、分享屏幕模式，突出实验操作自主探究，看视频并自行操作进行探究，借助几何画板进行验证。
教学成效（选填）	学生学习反馈的正确率（请打√） 100%~90%□　89%~80%□　79%~70%□ 69%~60%□　　60%以下□
自我评价（特色与反思）	教学模式多样新颖：采用腾讯课堂的多种模式，弥补线上教学不能实际手工操作的缺陷，采用讨论区讨论、举手发言的模式，充分展开师生、生生交流互动。 模式间转换的操作反思：多个模式的切换转接存在一定的时间消耗，学生容易分散注意力，在设计时可考虑更自然和连贯的过渡。

备注：课例小学35分钟，中学40分钟；课例研制者为1至2人；指导者不超过3人，如果集体指导可填写备课组或者教研组集体。本表请在一页内填写完成；所附案例篇幅控制在A4纸3页之内，宋体小四，1.5倍间距。

附：教学案例

一、教学设计提纲

（一）教学目标

1. 通过度量、叠合等活动，探索并掌握平行线的性质1。

2. 通过猜想、推理等活动，探索并推导平行线的性质2和性质3。

3. 经历平行线性质的发现和推导的过程，体会类比的数学思想方法，积累数学活动经验，发展符号意识和有条理的表达能力。

（二）教学重难点

教学重点：经历平行线性质的发现和推导的过程，体会类比的数学思想方法，积累数学活动经验，发展符号意识和有条理的表达能力。

教学难点：平行线性质2和性质3的推理逻辑表述。

(三)教学过程

1. 复习引入

(1)问题一:我们已经研究了相交线和平行线的哪些知识?

【设计意图】通过复习相交线和平行线的相关知识,明确主题:平行线的性质。

(2)问题二:相交线的性质就是它的组成元素——角之间确定的位置关系、大小关系,根据相交线的研究经验,你认为研究平行线的性质要研究什么?

【设计意图】通过类比相交线性质的研究经验,明确两条平行线被第三条直线所截形成的三线八角之间的特殊关系,就是平行线的性质所要研究的问题,从而确立研究的目标和研究方向。

(3)问题三:在学习平行线的判定时,我们是按照怎样的顺序研究平行线的三个判定方法的?

【设计意图】根据平行线判定的研究思路,构建平行线性质的研究路径和研究方法,渗透类比的数学思想。

2. 平行线性质的探究

(1)问题四:两条平行线被第三直线所截,同位角有怎样的关系?

(2)问题五:两条平行线被第三直线所截,内错角有怎样的关系?

(3)问题六:两条平行线被第三直线所截,同旁内角有怎样的关系?

【设计意图】通过操作、观看视频,让学生猜测性质一,再利用几何画板直观认识同位角之间相等关系的不变性,感悟由特殊到一般的合情合理过程,同时引导学生将文字语言、图形语言转化为符号语言。引导学生类比平行线判定二的研究思路,用推理的方法由性质一猜想并推导出性质二,感受证明的必要性,培养逻辑推理意识。在学生口述的基础上归纳平行线性质三,关注学生的推理是否符合逻辑,并板书示范推理过程。

3. 平行线性质的应用

(1)例题1:如图,平行线 AB、CD 被直线 AE 所截.

①从∠1=110°可以知道∠2 的度数为多少吗?为什么?

②从∠1=110°可以知道∠3 的度数为多少吗?为什么?

③从∠1=110°可以知道∠4 的度数为多少吗?为什么?

(2) 如图，已知∠B = ∠D，AB ∥ CD，那么 DE 与 BF 平行吗？为什么？

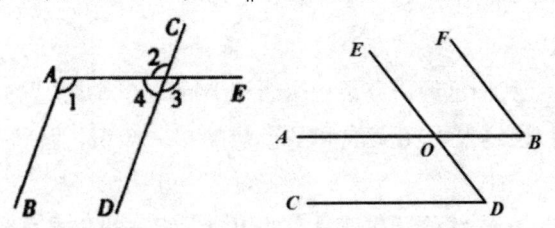

【设计意图】设置问题，意在让学生灵活运用平行线的性质解决问题，使学生更透彻的理解平行线的性质，而例题则是对性质和判定的综合应用，渗透几何推理，两个问题的设计，由易到难，层层递进，提高了学生解决问题的能力。

4. 小结

问题七：我们今天学习了什么？我们是如何研究平行线性质的？

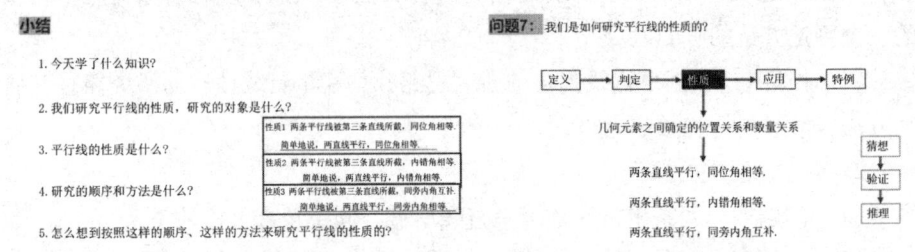

【设计意图】用问题串的形式引导学生回顾本节课的思维历程，在巩固知识的基础上，对平行线性质的研究进行整体建构，从而认识图形性质研究的一般方法。回顾平行线的研究路径，让学生体会几何图形研究的"基本套路"。

二、教学心得与经验分享

还原场景一：预备铃响了，让上课有"仪式感"

线下课堂中，"预备铃响了"是即将上课的仪式，在"空中教室"，因为没有预备铃，课前有一个固定的准备仪式显得更为重要。课前15分钟，老师们在屏幕上打出本节课需要做的学具准备。课前10分钟老师打开麦克风和已经进教室的同学们进行简单交流或播放同学们喜欢的音乐作为预备铃。课前3分钟，同学们进行签到，告知老师已经做好上课准备。这几个简单的小仪式可以提醒同学们做好上课准备，提高上课的积极性，增强上网课的时间意识。

还原场景二：新课引入，让"助教"恰当说

空中课堂视频可以丰富我们新课引入的形式，是非常优秀的"助教"。然而针对自己学生的情况，做好恰当的剪辑，让助教仅在恰当的时间、恰当的情景下才说话，同时让学生带着任务和问题去观看，会让它发挥更大作用。

还原场景三：师生、生生互动，让讲台变"辩台"

线下教学中，师生之间除了语言互动，还可以有眼神、肢体动作等辅助交流方式，而在线教学互动性明显减弱，因此更要充分利用上台发言、讨论区、答题卡等交互功能使更多学生充分表达。

这是数学课上对一道作业题的争论。因为前一天一道类似作业题造成的混淆，最初全班大多数同学都做错了。在辩论中，做错的同学会认识到自己的问题，加入到为别人讲解的行列中。虽然老师没说哪方观点是对的，但通过答题卡调查，发现大多数做错的同学都弄明白了。后来有意思的是，为了说服最后的几位没有弄明白的同学，台上刚刚要"一杠到底"的同学又自告奋勇来讲解。真理越辩越明，虽然同学们的用语可能不如老师的规范，也不如老师讲道理一步到位，但通过他们自己尤其是那些之前做错的同学的零零碎碎的表达，却最能解决同伴们心中的困惑。老师最后只需要准确清晰地做总结即可。在线教学中，老师关注到每位同学的观点，引导台上台下的同学充分表达和互动，是看似慢、实则快的上课方式。

还原场景四：随机提问，让眼睛们"看黑板"

在线下课堂中，老师们的随机提问是保持学生注意力集中的"法宝"之一，在线上课时，屏幕后方的学生是否在认真听课也让老师们操心。如果缺乏随机抽取提问，那么线上互动可能最终会变成老师和几位活跃同学的独自狂欢，大多数同学沦为容易走神的看客。作为数学老师，我们常常用各种趣味方式来抽取幸运观众，如学号数字特征抽取，用EXCEL软件自制点名器等。这样的抽取方式，既能帮助每个学生整堂课保持一定的紧张感精力集中，又避免了老师自己叫人回答可能会有的倾向性，让更多同学机会均等地参与到课堂互动中来。

还原场景五：教室的两块黑板，让笔记有"记"可循

我们的教室中的黑板常常有两块，很多老师的习惯是在其中一块黑板上板书上课思路和重点。而在空中教室，课件播放完之后，没有留下重点的痕迹，学生做笔记常常无所适从。为了解决这个问题，可以利用希沃白板软件中的板中板功能，板中板可以随时调出和收起，能够让老师板书整节课时时产生的逻辑思路或关键总结等，让学生做笔记有"记"可循。

还原场景六：教具的使用，让工具有"魔法"

在线下课堂中，老师们都可以熟练地运用自己的学科教具。在线教学的工具其实更加丰富。例如初二数学最近进行向量教学，当同学们初学平移向量的作图，可以选择调用希沃白板逼真的作图工具演示详细作图过程；当平移向量成为同学们熟练的基本技能，就可以利用希沃白板的克隆功能来实现向量平移

的演示，使学生关注于易错的平移位置，而非具体的作图方法；当仅需要画一个新向量，可以直接调用希沃白板的向量图形工具；而当需要演示向量和的动态变化时，我们选择用更擅长的几何画板来进行。了解每个平台功能的优缺点，根据教学内容恰当选择教具，可以大大提高教学效率。

还原场景七：课堂巡视+实物投影，让学生疑点及时"被看到"

当堂的反馈练习是必要的教学环节，在线下，老师们可以通过巡视来查看学生习题情况，发现问题并及时解决。在线教学中，选择判断类的问题我们可以通过答题卡功能精准地获知每个学生的掌握情况和全班的整体数据，而作图等较复杂的主观类题目，可以让学生当堂上传晓黑板的讨论区，老师借助晓黑板批注功能通过屏幕共享进行当堂讲评，像学校的实物投影一样，将学生共性的问题进行展播。

还原场景八：课堂小结，让更多人开"口"说

在线的课堂小节要调动每个学生回顾知识内容的积极性，可以通过多种形式让学生进行课堂小结，例如讨论区接龙，上台分享等，鼓励每个同学都开口说。

还原场景九：课后辅导，让困难都有"锦囊"

线下教学时老师针对个别同学的课后辅导常常只能产生单次的作用，而在线上资源可以更方便地共享。老师可以通过希沃白板的知识胶囊功能录制微视频，将二维码发送给学生，学生可以根据自己需要选择性学习。针对作业中个别同学的问题，我们也常常请优秀同学录制讲题微视频分享在晓黑板作业的作业补充功能中，这些订正的小锦囊，也成了同学们自适应学习的资源。

通过将课前、课中、课后，线上线下教学场景全面对接，让学生仿佛置身于原来熟悉的教室中，能给学生极大的安全感。虽然和老师见面机会少了，但老师的关注一点没有减少，虽然学习的媒介变了，但学习形式和内容更多样化更有趣了。相信通过合理整合各种资源，每一位老师都会为学生打造一个既温情又高效的空中教室。

一个人可以走得很快，一群人才能走得很远。在线教学对教师团队的综合实力也是一项锻炼与考核，借助团队的力量，分工合作，不仅能合理分配资源，也可以相互帮助共同提高。以我们所在的教研组为例，教研组长把控最新信息、技术和教学任务的策划和推动，备课组长负责进度安排与作业设计，青年教师负责技术支持与软硬件学习开发，资深教师负责教学内容设计与把关，团队定时开会沟通进度，不定时交流讨论疑问，互帮互助，做到"身不在心仍在"，相伴云端，共同进步。

四、丰富多彩的集体数学教研活动，提升老师们的专业素养

没有先进理念的引领，实践只能是低层次上的徘徊。近3个月的线上教学我们初中数学教研组在学校领导的大力支持下，有幸邀请到市、区的数学专家、教研员来视导线上教学工作，开展专题讲座，对老师们教学研究方向和方法上进行指导。每一次的指导，全体数学老师都积极参与收获满满。

3月30日下午，徐汇中学初中数学组有幸邀请黄浦区数学资深教研员、正高级教师顾跃平老师，为全体初三学生以及初中数学老师们呈现了一场题为"几点中考数学复习的建议"的线上讲座。而针对如何有效提升数学成绩，顾老师通过一组题目多种方法的解答建议大家；一是要对于中考数学的知识点有系统性的认知；二是弄清已知条件、掌握基本方法；三是要自己形成相对稳定解题的策略，以不变应万变；四则是思维要有一定的灵活性，遇到困难不能一根筋走到底。使师生受益匪浅。

5月24日下午，特邀浦东教育发展研究院专家齐敏老师开展中考专题讲座，总校、南校两个校区初三学生及初中数学组全体老师共聚腾讯会议，共享这一场饕餮盛宴。齐老师从2021年的一道中考试题谈起，为学生总结方法，点拨思路，强调"对待数学问题，不仅要关注如何解决，更要关注为什么这样解决，在平时学习中多思考还可以怎样解决"。

为进一步提升初中数学教师对中考考察内容的理解和把握，促进教师专业成长，实现资源共享，促进线上教学高效开展，5月7日，徐汇中学三个校区的初中数学教研组全体教师齐聚云端，在线上进行智慧的碰撞和交融，共同聆听并研讨了总校初三年级钱呈老师的区级赛马场的比赛课《图形翻折背景下的几何计算问题》。

1. 关注师生对话注重思维启迪——课堂展示环节。2. 各抒己见真挚热烈——课后评课环节，教研组长王晓鹰老师点评：从课题的选择，题目由易到难的设计，每道题目的功能和对这节课复习的知识点起到的作用。再一次强调翻折画图的重要性，学生通过画图观察翻折前后的不变量，研究翻折后的新图形，强调了对条件的分析要更加透彻，引导学生产生联想，解决问题后要及时总结解题策略和方法选择的合理性，从而达到更好地解决问题的目的，体现初三第二轮复习的目的及侧重点。钱呈作为青年教师任教初三，这节课上出了信息技术应用及教学设计完备的高质量线上教学展示课。

课堂教学的有效设计是提升在线课堂互动性的一个关键，在设计课的时候，如何去设计单元学习活动是我们老师所要去考虑的。如何设计任务、如何设计问题链是关键，好的任务与好的问题链设计，不仅能够培养学生的高级思维，

你能够提高他们的这个互动性，比如我们空中课堂的这个有效的使用就有助于互动性的提高。精选空中课堂片段提高学生数学阅读能力的同时，也提高学生的高阶思维，在看视频的过程当中，学生自我分析这段视频是否对自己的学习有帮助；再比如问题链设置，该如何设计你能够引发学生的一个数学思想的一个渗透，在教学设计中让学生潜移默化去领悟数学思想方法。

其次，平台功能的是有效使用也能够提升在线课堂互动性，在教学互动中，一般都是提倡三种交互，学生与学习内容、学生与教师、学生和学生之间。在一节课当中课怎么样才能够很温馨，很有情趣的，很有效的体现以学生为主体、教师为主导，让学生能够浸润式的，在学习环境中可以看到图像和视频，听到了声音视频，那么在我们数字化的一个课堂环境中，进行我们可视化教学互动。

总之，充分利用现代教学媒体，促进多样交互行为同时发生，助力数学，课堂更加丰富多彩，灵活多样，是我们徐汇数学人不懈努力的目标。

线上教学的智慧

——高中英语组线上教学教研总结

于筱睿[*]

2022年3月12日起，全市中小学调整为线上教学。相较两年前，徐汇中学高中英语组的老师们多了几分沉稳，添了几分自信。在得知要进行线上教学的第一时间，三个年级的备课组就商讨并制定了各自的教学方案和计划，以保障有条不紊地过渡到新的教学模式。以下将从教师间互助共享资源和师生课堂互动模式两方面，介绍高中英语组在线上教学时期，如何通过教研探索，实现在线教学质量和效率的保障与提升。

一、师师互助，共享优秀教学资源

一方面组内教师积极参与区级教研活动，听取同行交流在线教学的案例和经验，研讨线上教学中重难点的解决方案。以下两张图分别为区教研员分享的《高中英语在线教学的若干建议》和有关英语单元作业设计的片段。

另一方面，组内教师针对英语教学的不同场景，分享不同平台的使用经验。例如在晓黑板中，利用"班级群"上传教学资料；利用钉钉收发作业；利用问卷星收集学生客观题作答情况。此外，为帮助高一高二的教师更好地处理教材内容，"国家中小学智慧教育平台"上可下载电子版本的教材，也可依托"空中课堂"处理各个单元的部分版块。

二、师生互动，探索提升实效的新模式

在线教学不仅是特殊时期的权宜之计，也是教师们探索如何在新的授课环境中提高课堂效率的良好契机。高中英语组的教师积极创新，在梳理在线互动流程的过程中，促进隔屏教学效果。

---

[*] 于筱睿，上海市徐汇中学高中英语教研组组长，一级教师

1. 资源的二次开发

各个年级都针对"空中课堂"的资源进行了二次开发。高一高二年级在深入学习空中课堂的基础上，由教师对教学设计进行修改，个性化地组织各班教学。高三年级截取空中课堂"高三复习课"的部分内容，插入教师授课环节，作为直播课教学内容的补充。

除市里"空中课堂"外，三个备课组还挑选整理了区教研员发布的各种优秀资源，为学生提供高质量的学习素材。

2. 师生互动的实效提升

针对"隔屏"引发的困境，教师们基于腾讯会议和钉钉等平台，充分利用"互动批注、共享屏幕、分组"等功能，尽可能提升互动和反馈的效率，提升在线课堂实效。

3. 作业的科学设计

在线完成作业需要发挥学生的主动性，这就要求教师关注作业设计，探索作业从设计，到布置，再到批改反馈的高质量的实施。

作业布置前，教师合理规划单元作业的总量和课时作业分配，统整作业资源。同时兼顾不同学力的学生，设计分层作业，适当降低作业难度。

作业评改后，教师们都能及时在课堂上对作业中的重难点进行讲解，展示优秀作业范本，给予学生第一时间的反馈。此外，对于学生的个别问题，教师们会以课后单独讲解或录制微视频的方式进行答疑。

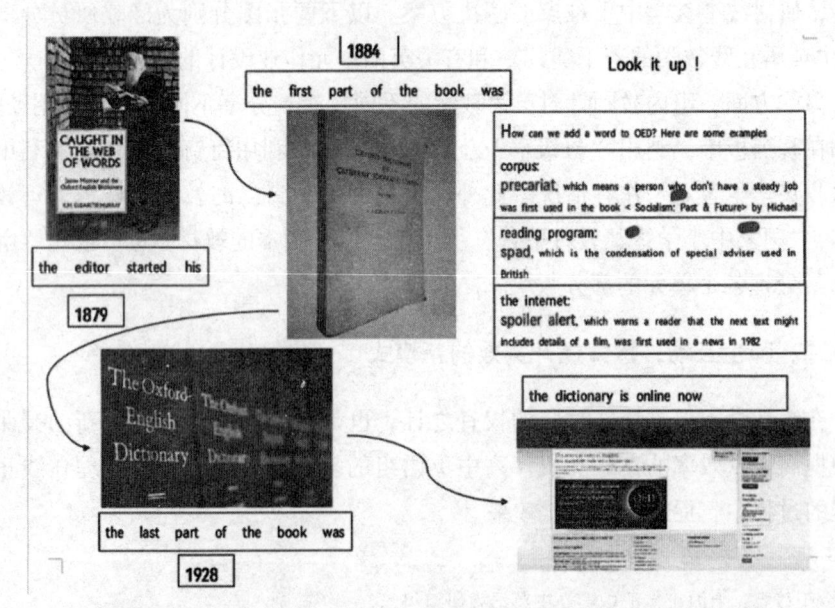

云端汇智，提升效能。特殊时期，高中英语组始终"在线"。"挑战"中蕴含"机遇"，面对变化的教学环境，不变的是全体高中英语教师对于在线教学的积极探索和不懈追求。

运用信息化技术开展初中英语个性化教学与辅导

丁 艳* 徐 昕** 叶柳影***

2022年的春天再次开启了网课模式。有了两年前的经验,初中英语教研组在本次线上教学中将工作重心放在实现个性化网络教学、提升学生学习效率上。结合英语学科特点和不同年级、不同层次学生的需求,初中英语教研组运用晓黑板、腾讯课堂等网络教学平台和国内外优质网络教学资源开展个性化教学与辅导。

预初年级作为起始年级,正是打好英语学习基础、树立学好英语信心的关键时期。为解决线上教学中"开口难、朗读难"的问题,预初年级英语备课组借助网络教学平台的录音功能,做好学生朗读能力的跟踪和指导,抓好低年级学生的口语基本功。信息化平台记录学生每次朗读的情况,学生可通过自听、互听,不断比对、纠正读音,教师也可以快速听取学生的朗读片段、做到共性问题统一指导,个体问题单独辅导。无纸化的线上平台摒弃了厚重的作业本收发,也方便教师更好地切换、展示优秀作业、优秀笔记,更切实地进行学习指导,肯定和鼓励学生的成绩,树立其学好英语的信心。

初一年级处于初中英语学习的过渡阶段,培养学生的自主学习能力对其后续英语核心素养的培养具有重大意义。为激发学生学习兴趣,初一年级英语备课组使用腾讯课堂教学平台上课时,不仅会让学生在评论区打出自己的答案,还在课堂上直接连线学生,将"讲台"交给学生,让学生进行说题。初一年级备课组更创新开展"承上启下"微视频活动。每日课后,根据当日所讲解重要知识点的难易程度,随机指定学生制作1至2分钟的知识点总结归纳微视频,提醒学生上课注意听讲,及时做好笔记。屏幕共享功能也让教师的解题思路和

---

* 丁艳,上海市徐汇中学教师发展中心副主任,初中英语教研组组长,一级教师
** 徐昕:上海市徐汇中学初中英语七年级备课组组长
*** 叶柳影:上海市徐汇中学初中英语六年级备课组组长

知识重难点得以清晰展现，提高了学生的学习效率。

语言既是重要的交际工具，也是人类文化的载体。因此，在教学中应该立足课本，跳出课堂来培养学生的英语素养。在夯实基础的前提下，初二年级备课组就英语教学的有效拓展进行了大胆实践。根据教材和学情，充分利用空中课堂、英语教学群等优质网络教学资源，将"空中课堂"的单一授课方式和"腾讯课堂"的互动教学相结合，让学生在课堂上有听有看、可发言可讨论。另外，教师们还争取每节课前安排暖场活动，例如：由学生轮流上台推荐好听的英语歌曲或者角色扮演朗读，活跃课堂气氛；播放英语短视频或者国内外新闻，尤其是当前的疫情科普常识，扩充学生的知识面，提高听力能力。

初三学生即将踏入中考考场。初三年级备课组从教学、作业布置和课后辅导三方面入手，确保总复习工作有效开展。课堂上，通过即时传、开麦学生答题等功能让学生保持持续学习的动力。课后，以文档或微视频形式制作中考考点、模考专题难题和课后作业难点解析说明，供学生自主选择，反复学习。针对中考词汇记忆和听说测试，教师不仅利用线上小程序的词汇检测帮助学生做好背默，还及时免费为学生开通听说测试的《考前全真练》，让学生在家实景模拟线上听说测试。坚持中考路上"一个也不掉队"，初三年级备课组关注每一个学生需求，尤其是学困生帮扶。时刻关注学困生的动态表现，同时鼓励他们回答力所能及的问题，增强其信心；及时分享学习资源，提供课件与课程回看，为学困生查缺补漏提供帮助；分层布置针对学困生的有效作业，利用微信开展一对一答疑。

在实际操作过程中，对线上课程的美好想象往往会遭遇不同的挫折，线上教学仍面临诸多问题与挑战。首先，师生面对面交流受限，教师无法对屏幕另一头学生的上课状态进行有效控制和监督。其次，板书设计难以做到像线下授课时那样详尽、有条理，洋洋洒洒的电子批注对学生的笔记整合能力提出了新的要求。此外，不了解网课内容，家长苦于没有监督学生的参考资料，对学生课后适当的辅导束手无策。带着以上三个问题，初中英语教研组萌发了延续线下课程知识点讲解微视频制作的想法，并由初一年级备课组设计、实施了"承上启下"微视频的活动。

在每节课的最后，每班随机挑选一名学生进行本课知识点微视频制作，这就如同在学生们的头上悬了一把剑，时刻提醒他们上课时需加集中注意力进行听讲和记录，因为谁都有可能成为课后的那个"幸运儿"。第二天在上新课前，播放前一天由学生制作的微视频并进行生生互评，老师讲评，总结经验及提出完善意见，帮助学生审视自己的笔记是否全面。课后将微视频发至家长群，如有了解学生学习内容和辅导学生的需要，建议家长参考微视频。就这样，因为发现问题而去思考解决方法，因为解决问题，"承上启下"微视频活动应运而生。

"承上启下"微视频活动在开展的过程中经历了一系列改进。活动一开始，备课组曾为学生制作过样例视频。回过头来再看，这个样例显得十分简陋，只是罗列了所有的知识点内容并加以简单的描述。其实一开始对学生的要求便止于此，但没想到，简陋的样例视频却起到了抛砖引玉的作业，学生们的智慧与努力给老师们带来了巨大的惊喜。

首先，有学生开始对知识点进行分类——词性转换、生词、词组、语法，内容条理瞬间清晰了许多。更可喜的是，后续制作视频的学生基本都延续了这一做法，这说明学生们对该做法十分认可。接着，有些心细的学生在内容中添加了例句，帮助同学们更好的理解知识点。有的学生在讲解作业中的知识点时，贴心地加入了解题注意事项，帮助同学们更巧妙得答题。还有学生借助批注巧妙地将词汇和语法串联，从更高层次体现了对于知识的理解与运用。每一次看到这些亮点，老师们由衷地为学生的努力和智慧点赞，也相信同伴的榜样和力量会带动更多的人去努力。

此活动开展近两个月后，学生开始觉得形式单一，感到无聊和厌倦。最初希望通过抽取制作视频来提高学生注意力的初衷也开始打折扣。为了进一步推进此项活动，教师提出新的要求，即在每天中午12点前，学生需上传当天的课堂笔记。记录不完整，内容有错误，分类不明确，不符合要求的学生，第二天在观看同学制作的微视频之后进行笔记的完善和订正，从而更加有效地利用了学生辛苦制作整理的微视频，不让微视频制作流于形式，而是真正提升学生记笔记能力。这项活动对一些想要专心听课却又缺乏自觉性的学生起到了比较大的帮助作用。

从分析弊端，到寻找方法，再到明确目标，最后坚持实施，在这个过程中，学生获益良多。"承上启下"微视频活动的开展吸引学生上课的注意力，保证了更好的线上听课效率。同时，它帮助不同程度的学生完善并改进线上课堂笔记，帮助家长了解学生线上学习内容，为有效辅导孩子线上学习提供高质量的材料。更重要的是，它在一定程度上提升了学生思考和自主学习的能力。与此同时，生生之间也起到互相激励的作用。

　　线上教学也要坚持"因材施教"的教育理念，才能使学生学习效果最大化。以互联网为基础的现代信息技术为吸引学生上课注意力，抓好学生基本功，教会学生自主学习方法，提供高效学习材料创造了可能。初中英语备课组将继续依托信息化不断更新教学方式，结合学情进行多样化尝试，打造云端高效课堂。

提高线上教学的互动效率

赵 丹[*]

突如其来的疫情，改变了以往的教学模式。线上教学师生相距云端，共同处于虚拟的学习环境中，尽管线上教学中还存在着一些不足，但在实践过程中，我们应该扬长避短，把网络技术在教学上的优势发挥到最大。笔者尝试在线上教学期间，将如何设计高中物理线上课堂互动的做法进行归纳总结，寻找具有一定操作性及实效性的方式和方法，以期能为广大教师同仁带来些许启发。

一、设计课前预习活动

线上教学期间，物理课课前布置的预习活动不是简单的知识预习，而是"任务式"讨论活动。"任务式"的课前预习活动，能够促进学生提前进入学习情景，引导学生自主学习的方向，激发学生的学习兴趣，提升学生的学习主动性，从而提高课堂教学效率。以高一物理第二学期《机械能守恒定律》这一节课为例，在课前教师通过教学平台分享教学视频"蹦极"，布置让学生讨论其中的能量转化关系的课前任务，并利用教学软件搜集学生的讨论结果。

在搜集到的讨论中，暴露出来部分同学会出现错误，也会出现学生没有思路的情况。在教师课前了解了学生的这些动态后，再进行课堂教学，会让教学活动的开展变得更加具有方向性。学生在带着预期设想参与讨论时，也会更加投入和专注。

二、做好线上课堂互动管理

高效的线上课堂，应以一定的软件、硬件为基础，同时也对授课教师提出了更高的要求。

---

[*] 赵丹，上海市徐汇中学一级教师

1. 熟悉授课平台操作

线上教学需要教师熟悉授课平台中的互动模式、手写板等工具的使用。就物理学科来讲，利用iPad与手写笔（手写板）可以实现图文同频，能让师生都有较好的体验。手写笔书写流畅连贯，可以很好地实现物理学科作图、公式的书写要求。

2. 教学语言精准生动

由于线上教学中有音频、视频延迟现象，所以教师授课语言要清晰明了，学科术语要准确。精准生动的语言更能吸引学生的注意力，避免造成学生身心疲劳。

3. 互动方式即时有效

做好课前的准备工作，学生要具备随时开麦回答问题的硬件条件，这样才能保证线上课堂教学互动即时性。比如可以采用"一对一"的提问模式，随机抽取一名学生回答问题，也可以采用举手、评论区抢答的模式兼顾单个学生与全体学生，以达到线下课堂的单点或多点反馈的效果，提高学生的课堂参与的积极性。为了更好地实现因材施教，在课堂互动环节中应更多关注学生的表现，对互动活跃的学生课堂上予以表扬和肯定，对于互动不积极甚至长时间潜水的学生可采取连麦回答的方式保持该生的课堂关注度。为了提高课堂的吸引力，我们教师也可以尝试让学生做小主播，为其他同学答疑解惑，图2是《动能》这节教学中，学生正在为同学们讲解风能的利用的教学片段。对于学生做小老师，课堂中其他同学给予了更多的关注，提高了学习效率。

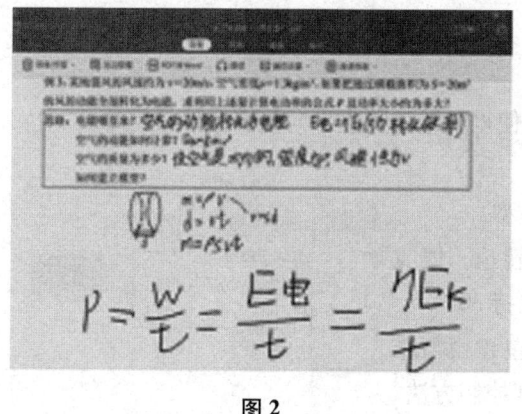

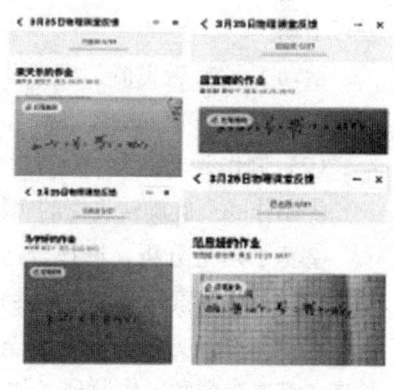

图2

图3

另外，采用友情链接的互动方式，将课前设计好课堂活动任务发在班级群当中，让学生课堂任务完成后立即上传，引导学生在限时的思维碰撞过程中发掘自己的深度思考，同时教师也能及时了解学生的知识掌握情况并给予恰当的反馈，图3是学习《圆周运动》这节课时一次课堂活动。这样及时互动可以让教师更加充分地了解班级的全体学生的听课状态和任务完成情况，让全班的同学同时参与到课堂的互动环节中，提高课堂活动的参与度。

三、多途径实现课后互动

线上教学过程中，高中物理组运用了腾讯会议作为授课平台，问卷星、钉钉家校本作为作业及在线检测的平台，微信、QQ等作为个人答疑平台，实现线下教学的各类场景在线上环境的复制与拓展。

1. 及时有效的课后反馈

作业是检验学生课堂效率的有效手段。针对不同类型的作业，教师可以用不同的平台，以实现作业提交的高效性。比如对于一些基础性选择题，可以采用问卷星的形式让学生参与。学生需要在线进行答题，同学答题结束后会自动生成相关数据，包括答题数量、答题率、平均答题时间、最高分、最低分、每个同学的得分等信息。这些数据有利于教师充分地了解学生的掌握情况，为下一步精准教学提供了方向。对于需要解题过程的问题，可以充分利用钉钉软件中家校功能，学生以图片的形式提交，教师进行批改，并可以利用语音通话和留言功能进行一对一的指导。

2. 开展有趣的课后活动，引导学生自主学习

线上教学期间能够开展的课后活动受到了空间和时间的限制，高中物理组在有限的条件下，依托空中课堂的教学资源和线上软件的使用，开展了以下的学习活动。

活动1. "旋转飞椅"模型设计

（1）制作一个"旋转飞椅"，并使得悬绳与竖直方向能够保持指定角度。

（2）制作要求：

①制作一个旋旋转飞椅的实物模型。

②基于理论分析，选择合适的转速，使飞椅稳定运动时绳索与竖直方向夹角保持30°。

③撰写设计方案。方案中至少包含模型结构图、基本参数和工作原理（如角度控制方法、转速测量的方法等）。

活动2. "小视频"的拍摄与制作

图4

以学校视频制作为契机，物理组采用"小视频"拍摄与制作的形式，引导学生自主学习、积极思考，从而从根本上把以前的以"教"为主的课堂模式转变为以"学"为主的学习方式，提升了学生的创新能力和独立思考能力，提高了学生的学习热情。活动中教师指导学生在具体的环境中应用所学知识开展探究式学习，并最终实现独立完成知识的自主构建。采用分类指导、分层教学的方式，拍摄不同层次的视频资源，可供其他同学进行反复观看学习。

　　线上教学期间，物理组的教师借助各类软件工具，采取多重方式，多角度努力为学生创设与线下教学相类似的学习环境，帮助学生保持高专注度参与的课堂状态，实现线下到线上的顺利切换。与此同时，也积极探索多种类型的教学方式，让物理课堂不局限于空间、时间的限制，拓宽教学的宽度和广度，以实现对线下教学的补充与延伸。

搭建教学支架，提升线上教学有效性

徐岩峰* 黄 健**

物理学科核心素养是学生在接受物理教育过程中逐步形成的适应个人终身发展和社会发展需要的必备品格和关键能力。疫情背景下，为将核心素养与物理知识有机融合，使得物理学科核心素养要求落向实处，我们初中物理教研组根据线上教学特点，立足以下方面开展教学工作。

一、线上多维架构，搭建教学支架

线上教学，隔断了空间，却隔不断师生之情。为将知识传承与接收，师生利用网络共同努力搭建"教师123""学生123"教与学支架。

教师123，教师1个授课平台，即在腾讯课堂中实现语音传递、PPT内容输出、投影书写，教具齐全，保障教学内容的完整呈现。2类资源整合，即数字教材在课前课中和课后的使用，以及"课前微视频、空中课堂切片、学生微视频、应用视频"等各类微视频共同助力教学效果。3处评价反馈，即通过问卷星平台分析的推送功能实现对学生的精准反馈和指导，一方面学生了解知识点掌握不足之处并及时知晓错误之处，另一方面教师可根据学生反馈情况精准调整线上课堂教学计划；利用晓黑板作业平台的常规批阅功能之外的优秀作业、文字、语音、点赞、星评等功能实现对学生的个性化批改与反馈；表扬信，即师生制定物理网课学习约定，根据具体积分规则，学习小组评比，及时表扬。

学生123，学生身处1个学习小组，根据心理学家对儿童心理发展的划分，初二初三学生正处在获得"同一感"的阶段，他们更注重对自身以及同伴在团队中的表现。所以依据自由结对，每个班级分为若干学习小组，每个学生身处一支队伍，团队成员彼此督促，彼此帮助，共同进步。2份约定，网课学习约定

---

* 徐岩峰，上海市徐汇中学二级教师。
** 黄健，上海市徐汇中学物理教研组组长，高级教师。

知晓物理线上课堂需遵守的纪律;学习方法约定需要清楚学习物理要有方法策略,例如对题型分类、建立错题集并及时查阅删减和增加实现动态变化、传授他人等;3类作业,即表达类作业,对学习内容进行简单陈述让思维显性化;小实验制作类作业,增加体验,激发学习兴趣的同时,可作为授课情境,提高课堂注意力;书面纸质类作业,进行必要的知识巩固和内化。

以上教与学支架的搭建,为我们师生线上物理教与学能够更加顺利开展提供了有效保障,同时为物理核心素养与物理知识的融合提供了有效落实的路径。为提升物理线上课堂教学效率,教学中结合新授课、复习课、习题课实际需求将支架作用最优化。

二、立足基本概念,形成物理观念

物理观念是物理概念和规律在头脑中的提炼和升华,是从物理学视角解释自然现象和解决实际问题的基础。基本概念规律是形成物理观念的载体。形成物理观念不仅仅是能够记忆概念规律,还要引导学生在情境中体会物理知识的运用,加深对物理概念规律的理解。

【案例】:我们可以设置翻转课堂,在学习《内能》一课时,将原先线下内能概念及内能与哪些因素有关的知识点制作成微视频。在课前让学生学习,并采用问卷星编辑课前练习。利用问卷星发送练习,可以将答案设置好,及时给学生反馈,便于学后反思,同时老师也可以看到班级整体学习情况,提前了解学生对知识点的掌握情况。从而选择部分重点题型或知识点,作为生成性资源在课中讲解。同时,也可以促使教师更有效有针对性进行教学设计,提高线上教学效率。

三、课堂有效提问,培养科学思维

科学思维主要包括模型建构、科学推理、科学论证、质疑创新等要素。初中生的科学思维培养是循序渐进的过程,其正处在从形象思维到抽象思维的过渡阶段,抽象逻辑思维进入发展关键期,能够初步理解矛盾对立统一的辩证思维规律。教学过程中通过问题链设计,引起有效的思维活动,可以培养学生的科学思维素养。

【案例】:选取学生拍摄的微视频"为什么捏瘪的乒乓球在热水中会恢复原状?"在视频中,学生通过居家小实验,发现瘪的球在热水中恢复了原状,并在微视频中做出解释,是因热传递使得球吸收了热量从而恢复原状。这是一个很典型的实验,也呈现日常物理学习中学生易混淆的概念和物理相关概念规律的表述是否规范。

该同学在未学习新知的情况下解释球恢复的原因而存在错误，因而在学生学习新知后，以此引发思考判断。在此提出问题，该同学解释的是否正确呢？球恢复原状是谁推球了？是球内的气体还是球外的？气体为什么把球推回去了？气体受热膨胀了吗？气体内能变化了吗？这是改变内能的哪种方式？

通过层层设问，调动学生思维，引导学生利用内能相关知识能够正确分析，巩固新知，经历了质疑、分析、推理的科学思维过程。

四、设计实验作业，进行科学探究

物理学以实验为基础，通过实验探究得出物理规律、完善知识体系。而线上课堂探究通常采用播放视频形式，受到时间空间局限，学生体验不足，对实验感知不够，因而可以通过设计探究活动作业，使得学生在完成作业的过程中，增加探究体验。通过发现问题、解决问题，加深对知识和方法的认识，实现作业为课堂教学的延伸。同时，作业的多元化，可以有效调动学习积极性，且可以扩宽学生思维的广度。

【案例】：《热与能》单元中，基于单元视角，在初始温度的学习中，布置学生完成微视频拍摄单元长作业，关于改变物体的温度。并给足探究时间。学生拍摄时很用心，视频也很精致，甚至有同学通过实验，经过总结归纳提炼，引出了后面知识点的内容，引发深度思考。

学生展示多种方法改变物体温度。在学习内能一节内容时知道温度是内能的宏观体现，通过引导学生思考如何判断内能的改变，得出温度的变化可间接反映内能的变化。进而过渡到展示优秀学生微视频，通过截图部分场景分析得出具体通过什么方式引起内能的改变。如图1所示。

与此同时，多位同学的微视频中提到用烤箱和微波炉加热牛奶，说到是热传递方式。这是在生活经验中感性知识积累的结果。事实上，微波炉是利用微波波段与食物中水分子振动频率接近引起共振，将电磁能转化成内能，因此是做功改变内能的方式。而烤箱，是内部充满了空气或水蒸气，利用了气体对流改变温度，从而改变内能的，所以是热传递方式改变内能。在此，以更科学的方式更正了学生错误的感性经验，养成更规范的科学性思维。

图1 《热与能》单元长作业：改变物体的温度

五、体现情感价值，培养科学态度

物理学中蕴含丰富的育人价值素材，很多素材涉及科学的两面性、科学与人之间的关系等话题，这些话题看似与教学无关，实则在深入感受、引导中，会影响学生世界观、科学观的形成，对学生的终身发展意义重要且深远。

【案例】：科技的发展和进步离不开物理基础科学知识的重要支撑。尤其我国在航空领域的快速发展和技术在国际上的领先，尽显祖国的伟大，民族自豪感油然而生。如视频所示：

火箭升空的原理正是利用了内能转化为机械能的原理。在疫情封闭的时光中，师生一起观看了天宫课堂第二课，"天宫二号"是由长征号火箭运载升空。在课堂中，带领学生观看当时长征号火箭发射升空的场景，极为壮观。可以看到燃料点燃时，产生了大量高温高压气体，气体对火箭做功，将其内能转化为火箭的机械能。天宫二号发射成功，标志着我国进入了空间站时代。

物理核心素养的形成需要较长的过程，无论线上教学还是线下教学，我们初中物理教研组教学立足物理核心素养，选择以教材原先设计的自然章节作为一个单元，依据单元内课时内容的特点和学生的认知能力发展水平，进行整体规划，构建知识框架，注重课时之间的联系，分析承载核心素养的素材。再将单元教学目标细化到每一课时，根据课时分目标进行教学设计，把握好课上与课下、知识和素养的关系。合理关注到学生知识技能、能力、态度等方面的培养，做到以学生为主体，更好地提升学生的核心素养。

智慧赋能，助化学线上教学

顾春丽[*]　陈蔚菁[**]

科学技术的快速发展促进了教育教学的进步，线上教学也在逐步深入到我们的日常教学中。此次上海的疫情，使得线上教学短暂地替代了传统的课堂教学，也让我们开启了化学线上教学的新模式。

三尺讲台，变成了电脑；我们手中的粉笔，变成了手写笔；化学课堂实验，变成了播放器中的微视频，高中化学组同心协力，在短时间内快速更新了手中的装备。并根据学校部署和要求，采用"直播课"的形式，在"腾讯会议"上开展教学，同时使用钉钉、问卷星等网络平台，QQ、微信等聊天交互软件作为线上教学的辅助工具。实现教、学、练的同频共振，增加线上教学的互动性，提升课堂教学效率。

化学是一门以实验为基础的学科，同时也是一门贴近日常生活的学科，虽然相比于课堂教学，线上教学缺少了学生动手实验的机会，但是线上教学却给予我们更多的可能性。一些简单的化学小实验，转移到了厨房中、浴室中，玩得不亦乐乎；一些不善表达的学生，通过网络上的聊天互动、分组讨论，慢慢找回了自己的信心；一些抽象、微观的概念，通过橡皮泥、牙签、折纸，变成了一个个栩栩如生的模型；一些擅长制作小视频的学生，更是充当起了小老师，制作微视频，设计PPT，拓展了学习的时间和空间。

课堂中有丰富多样的呈现方式，课堂外也有形形色色的"诱惑"，线上教学最难的还是激发学生的学习动机和维持学生的学习行为，下面对本次线上教学中所采取的一些较有效的措施进行总结：

---

[*]　顾春丽上海市徐汇中学一级教师
[**]　陈蔚菁，上海市徐汇中学高中化学教研组组长，高级教师

一、创设生活化教学情境，激发学生学习的兴趣

高中化学知识抽象、复杂，但是和我们的日常生活却是息息相关的，很多的化学原理和化学知识都蕴藏在我们所熟悉的日常生活中。创设生活化的情境开展教学，不仅可以提高学生的学习兴趣，更有助于学生对知识的理解和内化。运用化学知识解决生活中的实际问题，拉近了学生与化学知识之间的距离，提高了学生的逻辑思维能力，符合化学学科核心素养的发展要求。如：学习"原电池"概念时，我们无法到化学实验室做实验，通过视频观摩所能达到的效果也有限，可以引导学生利用家中的水果、导线和金属棒自制水果原电池，并拍摄视频进行交流和讲解，加深理解的同时，激发学生的学习兴趣。

二、增加互动方式的多样性，提高学生的注意力

线上教学无法时刻关注到学生的学习状态，因此需要教师在教学中增加师生、生生之间的互动，维持学生的学习行为，提高课堂的教学效率。化学组教师通常会提前2分钟进入课堂，利用学生"签到"的2分钟时间，提醒学生拿取相关的学习用品，聊聊居家学习/办公的趣事，活跃课堂氛围，调动学生情绪，将学习的氛围渲染得轻松、愉快。在教学过程中，以随机抽取和重点提问相结合的方式，尽量关注到所有学生。提供"开麦回答""开视频回答""聊天区打字"等多种方式，满足不同学生的需求，缓解学生线上学习期间可能产生的不良情绪。通过"腾讯会议"中的"屏幕共享""互动批注"等功能，由点及面的关注学生的学习情况，通过"投票"功能，对教学重、难点在课堂中进行及时的检测和反馈。

三、利用线上教学资源，促进学生的自主学习

网络上的教学资源较为丰富，有趣的实验、微观结构的构建、知识点的讲解等，一键搜索都能找到。化学组教师借助微信、钉钉、自适应学习平台等，筛选有用、有趣、短小精干的教学资源，进行上传，方便学生随时随地读取和使用。使学生从传统的学习模式，转向线上的自主学习模式。如：利用微信中多人聊天等功能，分享化学资料和学习网站，让学有余力的学生可以在课后进行更深一步的学习和探讨。通过这种网络平台，教师与学生、学生与学生之间的距离也可拉近，化学教学氛围也能变得更加融洽。同时，微信上也有很多与化学学习相关的公众号，教师也可选择合适的微信公众平台推送给学生，教学相长，共同探讨。

四、精选、精练习题，加强线上教学的课后巩固

　　基于线上教学的特点，教学后的练习和反馈是教师了解学生学习情况的重要途径。老师们根据不同学生的特点，对习题进行精选、精炼，加强线上教学的课后巩固。并根据日常练习中的反馈，及时调整教学设计和教学进度，提高教学的效率。高中化学组教师使用钉钉网络平台进行班级的管理和作业的收发，随时掌握作业递交的情况，及时批阅标记并反馈。利用钉钉班级群，与学生点对点建立联系，解决个体学生的学习疑点、难点。选择题部分会利用问卷星平台收集学生的答题情况，迅速获取学生答题正确率，使习题评讲有据可循。

　　随着社会的不断发展，教育教学方式也在不断地改变。线上教学作为当下重要的教学手段，对高中化学教学起到了非常重要的推动作用。在未来的日子里，我们不仅要创设生活化教学情境，合理利用线上教学资源，更要丰富属于我们自己的微视频资源。同时，改变传统的教学模式，多方式、多渠道拓展学生的知识层面，提升学生自主性、探究性、创造性的学习能力，促进学生的全面发展，培养汇学人。

初中化学线上教学教研的实践

薛 良[*]

2022年3月，上海的疫情再度严峻，为了响应上海疫情防控的号召，我校开展了"听课不停学"的线上教学模式。初中化学教研组的全体教师，在为期3个月的线上教学的过程中，大家集体备课，精心准备网课和作业，并针对任教班级的学生进行个性化辅导。希望通过大家的积极努力，确保教学质量，为中考学生助力！

网课进行过程中，我们以备课组为单位进行线上集体备课，大家分工合作，整合出网课学习资源包供全组老师共享。同时，每位老师可以根据自己所任教班级学生的差异性，对资源包里的内容进行选择性使用，从而实现分层教学。由于班级和班级之间的差异性，不同班级允许采用不同的授课模式：相对薄弱班级，以夯实基础为重点，采取逐步递进的原则；程度相对较好的班级，侧重思维过程和方法的引导，在保证掌握好基础知识的前提条件下，侧重于中、难档题目的讲解。

每次上课前，老师们都精心制作好个性化教案、PPT以及视频，设置好课程录播功能，便于学生课后随时复习、回看用。线上教学过程中，通过讨论区、举手发言、语音连麦等功能和学生互动，重点关注薄弱学生的反应。

课后，通过腾讯课堂和腾讯会议的查看功能，了解学生上课的时间长短，及时了解学生的出勤情况，确保每个学生都能按时上下课。课后学生提交的作业，老师们认真批改，了解学生的答题情况，主要出错点，课上有针对性地进行细致的讲解，带领学生一起总结方法和规律，一起寻找同一个知识点在不同情境下所呈现出的共性和差异性，培养学生能够"透过表面看到本质"的能力。着重关注薄弱学生的作业完成和上交情况，及时进行沟通联系。

---

[*] 薛良，上海市徐汇中学初中化学教研组组长，一级教师

针对课后作业的布置，我们严格执行"双减"政策，每天的作业精选精练，时长不超过 20 分钟，周末作业时长不超过 40 分钟。尤其周末作业，为了训练学生的做题速度，我们要求学生限时完成。考虑到中考化学和物理、跨学科三门科目合卷考试，为了保证学生逐渐适应合卷考试的节奏和时间分配，学校组织全体学生进行每两周一次的合卷练习，帮助学生熟悉合卷考试，找到适合自己的节奏。

一个阶段的学习之后，老师要求学生定期对所做过的题目和错题，涉及的知识点和方法进行及时的消化吸收，通过复习、回顾、总结达到温故而知新的目的。每个班级的任课老师，都将自己课上重点讲解过的题目、学生易错的概念辨析题、一些复杂的实验分析题等内容制作成一个个微视频，上传到自适应平台供学生再学习。

其次，区里化学中心组的老师们，在教研员的带领下，完成 4 套化学试卷的命题和重点知识点整合的微视频制作，提供给各学校使用，我们要充分利用好区里给我们提供的教学资源，老师们先学习，然后带领、指导学生一起学习。切实做到保质保量地利用好这些优质的教学资源。

虽然开展线上教学，但是组内定期的教研活动不能因此而停滞。化学教研组利用腾讯会议，定期召开线上教研活动，针对下一阶段的考纲考点的专题复习进行集体备课讨论；一起交流微视频制作的心得体会；针对学生的线上自评情况，各个班级进行质量分析，找到学生存在的问题，制订接下来的教学策略；同时，为了学校自适应平台的建设，组内老师也将自己的教学资源上传到平台，供老师们学习交流，供学生们复习回看。

最后，充分利用好学校为我们提供的专家资源，邀请专家为老师们、为学生们做报告、做讲座。初中化学教研组在 2022 年 4 月 13 日下午 2：00—3：30，化学中考考纲主编包霞老师通过腾讯课堂，为我校初三学生和初中化学教研组的全体老师做了主题为"初三化学复习指导"的线上讲座。会上，包老师分析了中考化学试卷的特点，提出应以《学科教学基本要求》以及课本作为复习的主要材料，通过思维导图对知识点进行梳理，做题时要注意审题，圈画出题干中的关键词；上复习课时，学生应通过综合类的习题将旧知串联起来，在脑海中形成完整的化学知识的框图；重视基本概念和基本理论的复习，充分利用空中课堂等资源，在夯实基础的同时提高自身综合能力。这对于初三学生在最后的冲刺阶段，确实是一个收获满满的讲座。

线上教学，让学生和老师无法做到真实的面对面，但是我们却通过网络，

管理有一套 >>>

天天相见，疫情虽然让我们无法正常的到校上课，但并不能阻止我们学习的脚步，初三化学教研组的全体教师，大家坚守课堂，为每一位即将中考的学生保驾护航！

多元统整，助力线上有效教学
——生物组线上教学经验总结

陆敏泓* 高 倩**

三月中旬以来，上海疫情之下，全市中小学调整为线上教学，我校师生快速响应，迅速转换教学模式。至今，线上教学已进行两个多月，我校生物组的各位老师同心协力，围绕增强教学实效的主要目标，以增强师生互动、生生互动为总体原则，克服了在线教学中的"距离障碍"，顺利地开展了各项教学活动，取得了不错的成效。

一、调整心态，应对挑战

生物组承担的教学任务年级跨度大，涉及高二与高三的等级考、初三中考跨学科案例分析、高一与初二生命科学、预初初一科学等，教学目标和重点难点各不相同。

线上教学对每个人都是一件不容易的事。在线上教学过程中，教学工作与家庭琐事也似乎比以往更难分离，老师们还要平衡各种时间来完成核酸采样、志愿者服务等。

在这样的挑战下，教研组长陆敏泓老师总会提醒大家：保障身心健康是高效教学的前提，而且你不是一个人在战斗。她精心组织了生物组工作群里每周四下午的全体教研活动以及每日交流，各位老师不仅能够交流教学和教研，互相学习、分享经验，还会经常聊一聊个人近况和身边的困惑，互相鼓励、合作应对一些意想不到的干扰，大家共同营造了一个好的"办公空间"，形成了一定的居家教学惯例。虽然疫情将大家阻隔在了家中，但这个集体显得比以往更团结了。

---

* 陆敏泓，上海市徐汇中学生物教研组组长，一级教师
** 高倩，上海市徐汇中学初三跨学科组备课组长，一级教师

面对很多未知的情况，生物组全体老师调整心态，转变观念，备齐上课设备和网络，熟悉相关操作，集体规划上课内容，从而尽快适应了线上教学模式。

二、用好平台，整合资源

生物组根据各年级的学生特点来进行不同教学平台与教学手段的选择。充分考虑学生居家使用的便利性，利用平台强大的技术功能，组织了灵活多样的教学形式，增强互动性。关注学生的接受度，精简课堂容量，在有限的时间内，剔除次要的内容，做到重难点突出。

高二、高三4个生物等级考班级的授课由三位老师在"腾讯会议"和"钉钉"平台开展。在课堂中，允许学生自由开麦提问，提升互动性。通过师生互动、生生互动，在辨析生命概念、提升科学思维、强化社会责任中提升学生的生命科学学科核心素养。

高一年级6个教学班的生物合格考新教材教学由三位任课老师在"腾讯会议"平台进行授课。在线上课堂中教师通过视频、图片创设贴近生活的真实情境，引起学生的兴趣和共鸣。通过设置问题链展开教学，引导学生逐步思考，形成科学思维方式。学生可以通过举手开麦、自由开麦等来回答问题或在聊天区留言参与互动，还可以通过腾讯会议上的"互动批注"功能参与习题讲评、问题纠错、图形绘制等环节。

初三年级跨学科案例分析由生物组和地理组的七位教师共同承担教学任务，总校与南校共14个班级进行同步统筹安排，每周安排一次授课，在"腾讯课堂"平台集中开展。生物组高倩老师和地理组曹骏骅老师紧扣中考考试要求，每周规划好跨学科教学目标和教学内容，备课组其他成员明确分工，合作完成课件制作、课堂主播和作业收发等工作。每次直播课堂中，都有地理、生物两位老师共同进入直播间，按需讲解，完成了生物—地理跨学科的融合教学。课堂互动主要在讨论区进行，教师关注到学生在讨论区的提问，会予以及时回复，也会有同学之间的讨论和互相答疑解惑。这样的互动形式充分利用了有限的课堂时间，互动中的问答也会被平台记录下来，可以反复回看，成效较好。

初二任课教师都开设了自己的"腾讯课堂"，对10个教学班的课程表进行了同步编排，在上课时间，各个班级的学生分别进入所选老师的"腾讯课堂"，三位教师集中对自己负责的所有学生进行线上教学。在课堂中，学生可以自己选择上台发言，或由教师指定发言人，也可以学生在讨论区实时发言，通过各种手段增强了互动性。

另外，生物组还整合了大量的教学资源，不仅注意资料来源的权威性，还牢牢把握课堂目标，结合学情加入必要的补充，做到主次分明。高中备课组利用空中课堂及网络教学资源制作课件，整合了区平台提供的相关资源进行教学，并积极邀请外区教学专家给学生做相关讲座，丰富了线上教学形式与内容。初中备课组也结合上海空中课堂和网络中优质的短视频，节选精华部分，让教学变得有趣、有效。

三、及时反馈，家校合力

教学必须关注学生，线上教学更需如此。面对当下学生居家学习的主要形态，生物组将课程内容适当精简重构，多种教学方法配合在线自测、线下作业，每一份答卷和作业都积极反馈，确保每一位学生真的在学，真的有进步。

高中备课组特别关注作业类型多样化。根据不同年级特点及不同教学内容，教师布置给学生多样化的作业，包括书面作业、语音作业、视频作业、生活实践类活动等。教师通过作业批阅，了解学生对重难点的掌握情况，并将优秀作业通过线上平台或课堂讲解中进行展示交流。借助学校自适应平台，高一年级学生还在平台上参与了某些重点难点的自测答题，自主完成了相关内容的学习和订正。

初中备课组积极贯彻"双减政策"，减负增效。初三备课组为了更好地引导学生带着问题来听课，每周末首先下发待讲解的案例，学生提前预习案例分析，完成相关训练，然后带着问题进入直播课堂。直播课堂上会展示部分学生的典型作业，结合作业讲解课堂知识点，提高学生听课与作业的积极性。直播课当天晚上和第二天留给学生完善补充和订正，学生还可以反复回看课堂讲解，突破自己的弱项。每周的作业训练都在"腾讯会议作业""晓黑板"等平台上批阅，将优秀作业"点亮"分享，帮助学生找到自己的强项和弱项，同时也方便教师进行个别指导。初二生物组把相关作业基本都融入课堂练习，保证学生做好专课专练，且减少居家学习负担。

线上教学就仿佛飞在空中的风筝，教师需要想办法牵引着，联系师生的风筝线就是及时的反馈、鼓励和小结。密切关注风筝飞得高不高的另一群人，就是学生家长。生物组的老师们参与到多次家长会，将在线教学的基本内容、直播和交流平台的使用、时间节点安排、需要家长给予的支持等一一沟通，提出建议，达成共识。某些作业平台的账号是家长，借此机会家长也可以查看孩子的作业情况，起到监督作用。在"晓黑板"、微信等平台还会收到家长们的咨询，老师们也都认真反馈，耐心答复。

四、选题命题，积极教研

丰富的例题和作业不仅可以训练学生的解题能力，反馈教学实效，更是一个引导学生关注热点新闻和热门话题、提升对真实世界和真实问题的分析和解决能力的良好渠道。在线上教学期间，生物组的教研活动都主要围绕选题和命题展开，精选、精编作业，鼓励原创命题，提升教学品质。

在新冠防疫背景下，"三件套"、"五还要"、核酸检测、抗原检测成为每个人的日常。高中生命科学等级考班级的作业中就布置了让学生了解抗原检测试剂盒的任务，让学生通过阅读说明书、观看相关视频及完成教师自编的习题等过程，结合教材内容深入了解试剂盒原理。这也是高中生物组"结合生活实际的线上情境教学"的一种创设尝试。

初三跨学科备课组在教学第一阶段引导学生系统地复习学科主要知识和技能，第二阶段通过例题的解析，让学生知悉多样化的题型，并培养学生解决多维度问题的能力。每周作业布置4个案例、每两周组织一次在线自评，其中涉及的所有题目都包含了跨学科组老师们对选题、备课、自编题、自命题的辛勤付出。案例中融入冬奥会、清明节、端午节等真实情景，伴随着学生的居家学习日常，让学生倍感亲切。

其实，不论是在面对面的课堂，还是虚拟或远程的环境，以上这些都是永恒的教学主题。我们生物组的全体成员会继续不断研究，反思不足，汲取经验，更好地提升教学实效。

群策群力共备课，师生携手云奋进
——历史教研组线上教学教研经验总结

郝 好[*] 杨红宇[**]

由于新冠疫情反复，为响应市教委"停课不停学"的线上教学政策，在学校的统筹领导下，我校历史教研组基于"群策群力共备课，师生携手云奋进"的教学原则，有序开展线上教学，力争最大限度地减少疫情对教育教学的影响。在2020年线上教学积累的经验与教训的基础上，教研组进一步提升线上教学的质量，以加强线上教学的互动性为核心，激活学生思维，丰富互动模式，有效推进教学。

一、基于教材，整合适切教学资源

教研组针对初高中各年级多样的教学情况，结合任课教师不同的班级学情，在备课组充分沟通与交流的基础上，协作制订了详实的线上教学计划。

鉴于初二和高三即将进行历史学科中考和等级考的特殊性与紧急性，自三月中旬起，两个备课组的相关教师每周依托微信群进行定期交流，集体商讨教学策略，实时反馈各班学情，更新调整教学计划，争取保障线上教学的有序有效。

在教学设计和课件制作方面，各备课组以分工协作的方式，借助"上海微校""徐汇区停课不停学""中学历史教学园地""学科网"等网络平台，基于教材和课标，时刻在群里共享有效教学资源。由备课组长进行梳理和整合，最终制成符合我校学情的多媒体课件、学案、训练测评卷等资料群发给组内老师，保障教学资源的统一与优化。

在学习资源的建设方面，为便于学生在课余时间高效进行本学科的自主复

---

[*] 郝好，上海市徐汇中学一级教师
[**] 杨红宇，上海市徐汇中学历史教研组组长，一级教师

习，初二和高三备课组长基于学科素养和教材单元史实内容，梳理整合了核心考点复习资料。初二年级请各班任课教师按照复习进度通过晓黑板 App 群发给学生，保障复习资源的信度与效度，助推学生实现有效的居家复习。高三年级则将考点进行内化和细化，编辑整理成电子文档，以学案形式发放给学生。学生按要求于课前根据学案整理好考点笔记，再配合教材进行考点复习，课上由任课教师细致讲解。通过教师多为、多做，减少学生盲动、无序，从而更好地调控整体的学习效果。

二、立足学情，设计有效教学互动

线上教学互动并不是空中课堂视频课的简要赘述，其教学内容应包含复习课的教学立意、史实的梳理论述及考点的深度解析，以确保学生历史思维能力的提升。为保障互动的效度，各备课组教师会提前完成空中课堂视频课的观摩，定期在群里商讨每堂互动课的教学目标和教学环节，由备课组长整合后共享统一的互动教学资料。

在直播课互动过程中，组内教师会根据班级学情的不同，适当调试互动教学内容的难易度，并积极撰写互动教学反思。但凡有比较成功的互动模式，会及时反馈分享在备课组微信群，集体优化互动课程。比如创设问题情境，培养学生预习习惯；利用平台功能，调动学生学习热情，如随机开启摄像头、麦克风，利用批注、语音功能，利用会议笔记功能，利用聊天评价功能，进行弹幕互动等，活跃了课堂气氛，提高了教学效率。

此外，针对在线教学的考勤，教研组也明确了统一规范的操作流程。第一是在课前，请各班课代表协助核查本班出勤情况，如遇核酸检测等事宜第一时间在课堂讨论区告知任课老师。第二是每节互动课结束后，任课老师导出当天直播课堂的出席成员名单，对照任课班级电子名条，及时查勤。但凡出现无故缺席或迟到闪退现象，第一时间告知班主任相关情况并要求得到学生及家长的反馈。

三、依托平台，进行多样作业训练

线上教学的缺陷是不能第一时间获取所有学生的即时反馈，这样势必会对后续的教学设计和教学效果造成不利影响。针对学生线上学习效果的检测，教研组统一布置作业训练，精选典型例题，要求学生上传晓黑板等平台进行批阅并做好平时作业的记录。同时在直播课线上互动时，任课教师会通过腾讯课堂、腾讯会议平台的答题卡、举手等功能设置作业训练，真正落实即时互动的教学模式，获取学生对历史知识的普遍掌握情况。

在课后，各班任课教师会通过晓黑板、钉钉等平台，统一转发对中考、等级考能力提升有实效的文章和信息，辅以定时答疑，指导学生做好应考复习。

四、线上观测，开展实效自评测试

为了更好地掌握全体学生在线上教学期间的学情，依据学校要求，初二和高中三个年级于四月运用腾讯会议 App 开展了组织有序的线上自评测试。

初二和高一、高二在 4 月中旬进行了历史学科的双基测试，旨在摸底排查学生对教材基础史实的熟识与掌握。本次测试由备课组长进行命题，题型基础，考点明确。从考情反馈来看，大部分学生能够熟练掌握基础史实，准确运用时空观念、史料实证等核心素养能力去解题答题，史实论述结构明确、逻辑清晰、表述完整。

初二和高三于 4 月 28 日和 29 日分别进行了区级质量自评，旨在观测线上教学开展以来中高考学生对教材考点的理解掌握、学科核心素养能力的提升以及历史思维能力的凝练。在正式测评日到来前的一周，各备课组协同年级组完成了一系列考务准备工作，如监考安排、通知传达、考前演练、学生开启摄像头摆放角度指导等。质量测评当日，教研组相关教师有序完成了线上测评监考和收发卷事宜，并按区级统一的评分标准开展阅卷工作。五一假期期间，各班任课教师完成阅卷和登分工作后，由备课组长进行汇总，完成数据收集测量和试卷质量分析。结合区级质量自评的数据反馈，两个年级的备课组于五月重新调整优化了总复习阶段的教学策略和教学设计，针对我校学情精选典型题例，循序渐进地开展分层训练。在稳扎稳打夯实基础的前提下，精准有序地推进全体学生在应考思维能力上的提升。

五、专家指导，提升复习备考能力

为了提升高三学生的复习效率，4 月 1 日下午，历史教研组邀请区历史教研员方勇老师给高三师生做了题为"有的放矢：基于学业质量水平要求的学习"的云讲座。方老师从 2021 年全国高考卷第 42 题讲起，联系课标要求，强调在历史学习中应注重认识历史发展的总体趋势，应仔细分析每个学习专题的核心概念，对课程内容进行整合，并通过历史情境的设计体验和感受历史。方老师运用教材实例对核心素养（唯物史观、时空观念和史料实证）学业质量水平的具体要求进行了解读。云讲座内容详实，史论结合，学生们深受启发，收获不少。

综上所述，历史教研组在这两个月的线上教学中做到集体备课、定期研讨、

管理有一套 >>>

规范统一、因班施教,顺利、有序地完成线上教学任务。本学期的教学工作已进入关键的攻坚时刻,我们将继续同心求索,引领学生丰富知识,提升能力,取得佳绩。

在云端中学"地"悟"理"

曹骏骅[*]

线上教学是师生在云端的"隔空对话",全新的教学形式对教师的课堂教学提出了新挑战。地理教研组经过了近两个月以来的探索和实践,梳理、总结了关于中学地理线上教学的若干经验。

一、细化教学设计,提升问题品质

在线教学的模式,让师生在地理空间上相隔甚远,如何才能让学生的注意力始终关注在课堂教学上,这需要教师在教学设计上的精雕细琢。

"问题"是思维的起点,也是吸引课堂注意力的关键途径。在线上教学的设计过程中,教师应当格外关注课堂问题的设计,在基于学生认知水平的基础上,提出具有挑战性、有认知冲突的问题,形成学生思维的共鸣、共振,引发学生开展思考,他们的注意力自然就留在了课堂之中。

在高一年级《主题8·海水的性质与运动》一课中,教师将"为什么轮船有多条吃水线"定为了本节课的主干问题,围绕这一现实生活中的地理现象,串联了海水密度、温度、盐度等能够知识点。由于这一问题基于真实情境,有一定复杂性和趣味性,激发学生的好奇心,驱动着学生在课堂上围绕此问题开展学习。

在高一年级《主题10·常见的地貌类型》一课中,当学习"曲流地貌"时,教师提出"曲流的凹岸和凸岸,哪里更适合建设河港?"这一问题,引发了学生激烈的争论。不少学生基于先前所学的"凹岸侵蚀、凸岸堆积"认知逻辑,认为应在凸岸建设河港,以此避免流水侵蚀。但也有同学提出了相反的意见,认为凸岸堆积作用旺盛,河床较浅,难以停泊大型船舶。通过设计这种具有认知冲突的提问,能够极大激发了学生的讨论热情,课堂注意力很难分散。

---

[*] 曹骏骅,上海市徐汇中学地理教研组组长,一级教师

在线上教学的设计过程中，还需要教师在教学资源上的精挑细选。上海市教委教研室组织拍摄的空中课堂中，有诸多课程的教学设计极具巧思，是十分优质的教学资源。然而，若教师单纯地播放空中课堂视频，形式较单调，长此以往，学生学习效率不高。如何用好、用足空中课堂资源？

备课组可按教学进度，组织教师提前至少一周观看空中课堂视频，对其中教学设计精巧的课例开展学习，借鉴其中优质的课堂问题、活动、任务、资源等，优化自己的教学设计。另外，由于线上教学缺乏地理实践的条件，教师可以从空中课堂中寻找一些模拟实验、科普纪录片的段，进行视频切片处理，作为教学资源嵌入到自己的线上课堂之中。例如在高一年级《主题11·土壤》一课中，教师将空中课堂中关于"土壤蓄水性"的实验视频进行剪辑切片，并在线上课堂中作为课堂资源播放，实验视频在一定程度上弥补了线上教学缺失地理实践的遗憾。

对于初一和高二年级而言，由于即将面临初中学业水平考试及高中等级考试，师生承担了较重的复习任务，在空中课堂中有关于复习方法指导的系列复习课，教师可针对自己学生的薄弱点，挑选部分复习课，在课堂上一同观看学习，帮助学生构建知识体系，掌握复习方法，解决学生的共性问题。

二、强化课堂交互，丰富学习体验

线上课堂的"隔空对话"，令师生、生生交流受到不小的制约，由于设备和网络不稳定、线上教学经验不足等原因，往往会出现诸多问题，如线上交流节奏延迟，难以完成课堂教学任务；又或是教学方式回归"一言堂"，学生缺少参与感；再有就是难以获得学生的及时反馈，教学效果不佳等。这需要教师们灵活使用线上教学平台的交互功能，强化课堂交互，丰富学生的学习体验。

以"腾讯会议"平台为例，地理组教师们对平台的交互功能进行了深入探索，总结了不少交互经验。在腾讯会议中，涉及课堂交互的功能主要是：讨论区、音频/视频连线、答题卡、互动批注等，教师们通过自身的实践，梳理了这些交互功能各自的优势与局限：

表1 腾讯会议中课堂交互功能的特点比较

交互功能	优势	局限
讨论区	互动形式简便；互动范围广。	限于文字交流；答案碎片化；需要学生主动参与；讨论内容容易偏离主题。
音频/视频连线	便于学生详细表达；可检测学生上课专注度。	互动滞后、拖沓；互动的参与面小；难以让学生主动参与。
答题卡	学生参与度高；可检测学生上课专注度；可及时获得全体学生反馈。	仅限于客观答题；难以获知具体学情及答题过程。
互动批注	可实现圈画、标注、绘图等功能，增强学生的地图技能；提高学生的信息提取和处理能力，反映学习过程。	互动耗时较长；参与度不广；使用场景受限。

由于不同交互功能特点各异，这要求教师应当针对具体的教学内容、环节，设计适切的教学交互形式，减轻"一讲到底"的现象，采用多样的交互形式，丰富线上课堂活动，动静结合，变化课堂节奏，如利用答题卡、讨论区功能，扩大交互广度；利用音频连线、互动批注功能，增加交互深度。通过多样的交互形式，来减少学生听课疲劳感。

在高二年级的《洋流》复习课中，教师首先呈现"洋流"概念的描述，随后组织学生通过答题卡判断概念描述的对错，随后通过音频连线，请同学详细阐述自己的判断依据。在初一年级《中国区域地理》复习课中，教师充分利用"互动批注"这一功能，组织学生"补全"新疆复习思维导图，以此考查学生对区域地理中地理要素联系的理解，构建区域地理的复习框架。

为了促进学生们在线交互的积极性，教师对于学生参与的课堂交互，尤其是讨论区的主动讨论，应给予及时、具体、正向、有效的评价，教师也可以制定线上互动的课堂评价机制，如至少在讨论区内发言一次、积极回答增加平时分数等，以此来激励学生参与课堂互动。

线上教学缺少面对面的交流，因此，教师需要更关注教学语言的锤炼。一方面用语要规范严谨，简洁干净，另一方面在讲课时要有激情和感染力，让学生有一种身临课堂的感觉。此外，针对地理的学科特征，教师在教学过程中应尽可能采用图表、视频等资源，直观展现地理原理及地理事项，避免冗长、抽象的讲解。例如在高一年级《主题9·常见的海洋灾害》一课中，教师呈现风暴潮分布地图、风暴潮灾害新闻视频、风暴潮成因示意图等多种图表资源，组织学生开展学习。

三、优化作业评价，促进学习效能

在作业设计与布置方面，不同学段应结合学生实际情况，对作业进行优化设计，拒绝题海战术，提高作业效果。例如初中学段的作业主要来自配套练习册，并尽可能结合课内时间完成，减轻学生课后的作业负担。高一年级可精选配套练习册的题目进行作业布置，并结合主题内容，设计具有居家特点的线上拓展作业。高二年级主要围绕等级考复习，精选指向学生易错的重点内容开展作业设计，同时，借助平台及相关工具实现部分作业智能化推送。

在作业的批改和反馈方面，客观题作业可借助平台设置系统自动批阅。主观题、填图题作业可采用拍照上传的方式进行批阅。部分拓展作业可通过平台分享，并利用平台工具，发起投票、互评打分等。以此减轻教师因线上批阅所带来的用眼过度问题。

在作业批改的过程中，教师也可以留下针对性的评语，对优秀的作业表示鼓励并通过平台进行展示，对有欠缺的作业及时指出问题，并提出思考的方向，以此促进学生的学习效能。

通过本次线上教学的实践，地理组深感信息技术对未来教学的意义和价值。线上教学形式与线下传统课堂差异颇大，如何进一步优化线上教学，将线上与线下教学巧妙融合，这是未来有待进一步探索的方向。

高中政治线上教学的实践与思考

王小良[*]

线上教学是指教师利用信息科技和互联网技术以班级为单位对学习内容组织授课和学生双向互动，学生借助互联网快速学习的方式。对于学生和老师来说，线上教学可谓挑战与机遇并存。

一、高中政治线上教学存在的挑战

线上教学面临着教学新空间转变的挑战，对于教学新空间，首先面对的就是适应"师生隔空"的状态，教师可能要面临教案中预设的线上师生互动演变成因学生设备限制的无法连麦、互动延迟的滞后回复而导致的"冷冰冰"人机互动。因为线上教学是教师面对着电脑，学生在另一设备端接收信息，无法满足线下教学教师观察学生的反应而及时调整课堂教学内容。尤其是在高三政治复习因为都是对高中阶段所有知识的模块化整理复习，架构知识之间的内在逻辑，线下教学中教师的讲授需要与学生及时的互动相结合，在线教学不确定因素较多，例如网络延迟、学生连麦不畅，上传图片模糊等，导致教学节奏难把控；其次复习课中作业的讲评练习，线上教学会出现无法确保满足教师个别辅导的情况。

二、高中政治线上复习教学存在的机遇

（一）丰富了政治学习的途径

疫情的发生，促进教师转变传统的教学途径，由线下教学转战至线上教学，借助网络及电子设备的线上教学让学生有了更多的学习途径。比如传统的高三政治复习主要是通过教师的课堂讲授和作业练习进行复习，传统模式与途径在学生看来显得有些乏味。高三政治线上复习的途径主要有教师直播、空中课堂

---

[*] 王小良，上海市徐汇中学高中政治教研组组长，高级教师

直播课、录播课及区里"听课不停学"录播课、视频微课。直播课主要用于教师的日常教学，空中课堂、"听课不停学"的资源进一步拓宽了学生的视野、补充教师日常教学。多类型的线上课程可以满足不同层次学生的需求，学生可以根据自己的需求去选择学习资源。

（二）丰富的线上教学手段和资源为教学成效助力

线上教学通过网络将教、学战场转移至线上，教、学的相关数据通过大数据记录，对师生皆可提供有效的数据参考。利用问卷星做选择题一方面减轻了教师批阅选择题中的重复劳动，另一方面能快速准确了解学生的准确率及共性问题、个性化问题所在；线上讲评主观题时，可以将学生在作业中出现的典型问题通过图片的形式集中展示点评，有效提醒学生对错误情况的深刻认知与理解，提升他们对主观题答题误区的把握程度，根据自己的掌握情况进行反复有针对性地学习。教师能更及时、准确把握学生的学习动态，提升了教学的有效性。

三、高中政治线上教学实施策略

（一）坚持"议题式"教学，实现"课程内容活动化"

"转识成智"是思想政治课的终极目标，要使教学内容和教学过程更有智慧需要载体，而议题式教学通过引领学生在真实的情境中去思考和解决真实的问题，探索与自己、他人、社会及世界的关系，让学生的学更有智慧。高中思想政治新课标（2020年修订）指出："本课程力求构建学科逻辑与实践逻辑、理论知识与生活关切相结合的活动型学科课程。"要实现"课程内容活动化""活动内容课程化"，需要开展议题教学。通过利用线上丰富的教学资源以及符合当下学生兴趣的线上教学平台，精选教学议题，通过序列化的问题解决真实情境下的问题，提升学生素养，培养正确的价值观。

（二）精选教学资源，推进线上教学有序开展

无论是情境资料的选择，还是录播课的使用，都要结合班级学生实际，实施有针对性的教学方法，如高三教学中尝试"作业反馈→梳理知识结构→重难点突破→相关链接综合→作业及思考"的教学模式，将知识点的夯实、知识联系的梳理与知识结构的构建、重难点突破、巩固性练习纳入。

（三）加强与学生沟通，提升学生的学习兴趣

"亲其师，信其道"，教师通过微信、钉钉等加强与学生的沟通，拉近与学生的距离，对态度不端正的同学进行及时劝导，督促其端正学习态度；对有特

殊情况的学生多加关爱和呵护，让其感受老师的温暖；对有疑问的学生，教师可从思路点拨、学习资源补充、技巧方法引导等方面与学生讨论、探究问题，引导学生自发形成答案。

教有"道"、学有"法"的线上教学

吴艳萍[*]

面对突如其来的疫情，徐汇中学初中政治组的所有教师积极响应市、区及学校的工作要求，通力合作，不断探索线上教学之法，用心授课，努力做到教有"道"，学有"法"，力争打造高质高效的道法课堂，提升线上教学的质量，发挥课程立德树人的显性作用。

一、云端相聚齐教研——教有"道"

扎实的教研是推动线上有效教学的助推器。自线上教学以来，初中政治组的教师们始终坚持以备课组为单位进行集体备课，精心制定教学计划，深入挖掘疫情中的线上教学资源，围绕各年级教学任务，开展主题研讨，实现资源共享、经验共享、智慧共享。微信群中，腾讯课堂里，时常留下组内教师智慧的火花，时常可见"老"带"新"，"新"帮"老"的温馨场景。

预初、初一年级依托市里空中课堂教学资源，结合本校学生实际情况，积极创设情境，帮助学生在发现问题、分析问题、解决问题的过程中建构学科知识与生活现象之间的关联。组内教师在教学中，特别注重培育学生的必备品格，如敬畏生命、热爱集体、法治观念等。

初二年级整合网络资源，引用国家或市里提供的优质课堂设计或者节选精华部分，结合学情加入必要的补充。牢牢把握课堂目标，做到主次分明。教师在课堂中注重营造良好的学习氛围，增加课堂仪式感。加强与学生的互动交流，尽力关注每位同学，给学生充分展示自己的机会，并且多表扬及认同他们，以激发学生在线上学习的热情。

初三年级处于紧张的复习迎考阶段，集体备课中，组内教师做了大量的一、二模试卷，结合学情和过往有效经验，将自主命题和各区的模卷相结合，并根

---

[*] 吴艳萍，上海市徐汇中学初中政治教研组组长，一级教师

据学科的核心知识分类，形成一份份专项练习卷，供线上教学使用。教师在选题、命题上下功夫，复习讲评时，学生提交的作业全部附上批注批改，借助线上图文批注作业的特点，清晰反馈问题，有针对性地指出问题所在，指明改进方向，实现重难点的突破，进而帮助学生在短期之内对同一类型的知识内容实现掌握并达到灵活运用的程度。备课组严格执行"双减"政策，每次的作业精选精练，单次时长不超过10分钟，增设分层作业，从而解决优秀学生"吃不饱"的问题。

二、线上齐聚共成长——学有"法"

无论线下还是线上，学生始终是课堂的主人，如何才能充分调动起学生在线上学习的能动性与积极性，教研组一直在积极探索。把课堂还给学生，首先要让学生多动嘴、多动手、多动脑。为了让学生参与课堂讨论更具趣味性，教师适时引入点名小程序，在"玩的就是心跳"的氛围中，更加吸引学生的注意力；为了鼓励学生能够更多地参与到课堂讨论中，组内教师在线上教学时会放开讨论区权限，充分发挥在线课堂的即时性优势，采用"一对一"（如语音连线、点名互动等方式）和"一对多"（如利用课堂讨论区）相结合的方式，倾听学生心声，通过情境的创设，问题的设置，来培养学生的学科思维。同时组内教师也会及时对学生在开放教学环境中——讨论区里交流时出现的两面性问题进行积极引导，彰显学科育人功效，提升师生、生生互动的有效性。

初三备课组在线讲评作业时，将更多的舞台交给学生，通过展示不同层面学生的作业，让更多的学生参与到课堂自主讲题中来，让学生来当"小老师"。学生通过点评他人的作业的方式，来发现自身作业中存在的问题，从而思考如何改进。在这个过程中，教师有意识地展示更多的优秀作业与进步作业，来提振学生的自信心，生生在分享学习心得的过程中，逐渐学会向优秀靠拢。

作为线上教学的延伸，不少学生在组内教师的引导下开始制作微课。将一道题讲清楚，既是对自己学习的一种检验，也是彰显个性，提升兴趣与信心的好方法。在微课制作过程中，师生都收获良多，学有"法"，事半功倍。

因材施教，构建线上生本学堂
——信息科技教研组线上教学实践总结

胡闵爱[*]　李　俊[**]　王肖莲[***]

一、教研组基本情况

上海市徐汇中学是上海市规模最大质量最好的完全中学之一，有初、高中两个学段。信息科技教研组现有教师 3 人，均为教龄 15 年以上的成熟教师，均在高一和预初年级承担基础课程教学。

社会正在快速发展，国家正在大力推动教育数字化转型；同时初、高中也正在开展新课程标准实施，教学理念和教学方式需要与时俱进，要通过信息技术因材施教，转变育人方式。徐汇中学一直倡导以学生为主体的生本学堂理念，此次疫情防控期间的在线教学，我校信息科技教研组基于学科特点，结合生本学堂理念，开展了构建线上生本学堂为目标的教研活动和教学实践。

二、线上教学的问题和应对策略

目前线上教学，信息学科老师普遍感受到师生沟通不畅，教师无法把控到每一个学生的学习情况，作业完成困难较多，练习评价有诸多不便；对于学生而言，在线学习脱离真实课堂情境，参与的积极性和主动性不高。针对这些困难，我们主张线上教学也要以学生的学习为中心，创设学生学习输出的数字途径，倡导主动探究合作的学习方式，让学生成为学习的主人。具体的方法措施是学生来授课，学生来整理复习资料等方式让学生成为在线学习的主人，建设和利用在线测评提高在线教学有效性，师生制作微视频等方法。

---

[*]　胡闵爱，上海市徐汇中学信息教研组组长，高级教师
[**]　李俊，上海市徐汇中学一级教师
[***]　王肖莲，上海市徐汇中学一级教师

三、构建线上生本学堂的实践

（一）让学生成为在线学习的主人

此次疫情，恰逢初中学业考试复习阶段，最初的复习阶段是以教师主讲为主，学生跟随教师的指挥进行演练操作，预初学生的自控力较弱，从课堂反馈中可以感受到不少学生游离于课堂之外，那么如何提高学生的学习积极性呢？基于生本学堂理念，改变以老师主讲的方式，开展学生做主讲，优秀的学生非常踊跃报名，中等学生和学困生对自己同学的讲课更有兴趣，同学们的课堂积极性很高，在线教学中老师和学生都可以是课堂的主持人，都可以共享屏幕上台主讲。

在高中复习阶段，常规复习是由老师提供给学生复习资料，线上的学习作业转变为布置学生来绘制单元知识思维导图，自主构建学科知识体系。学生的学习相当于是一个信息系统，信息系统通常由输入、存储、加工和输出。常规的输出是由教师输出，学生获得输入。但是这种学习学生没有足够的加工处理过程，往往学过就忘记了，因此通过学生来自主学习、加工和输出思维导图，是一种深度学习的方法，通过一轮实践，学生的作业总体超出了教师的预期，学生们对于思维导图自行整理复习资料的积极性颇高，是在线作业中完成率最高的作业。部分学生的思维导图作业如图1所示。

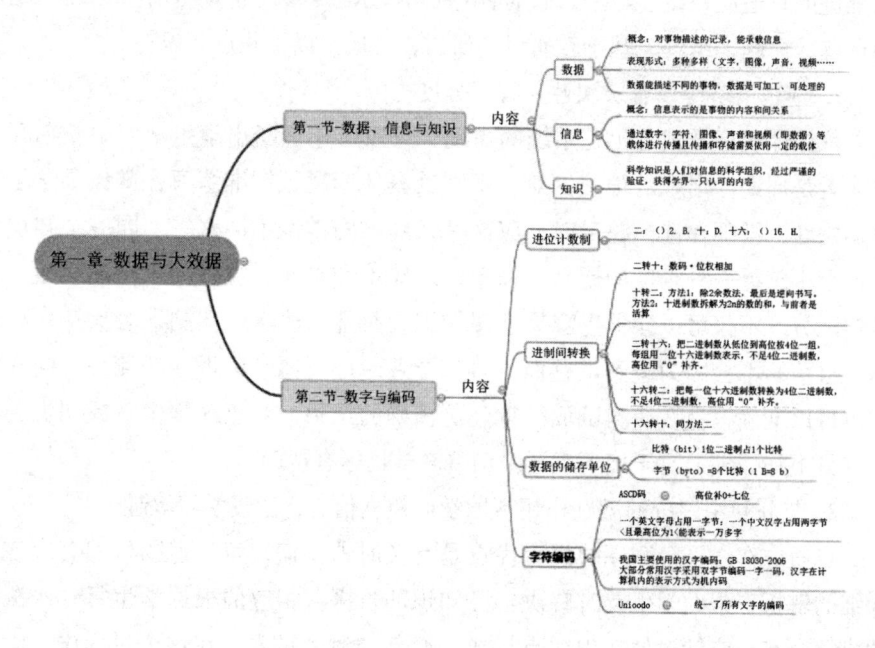

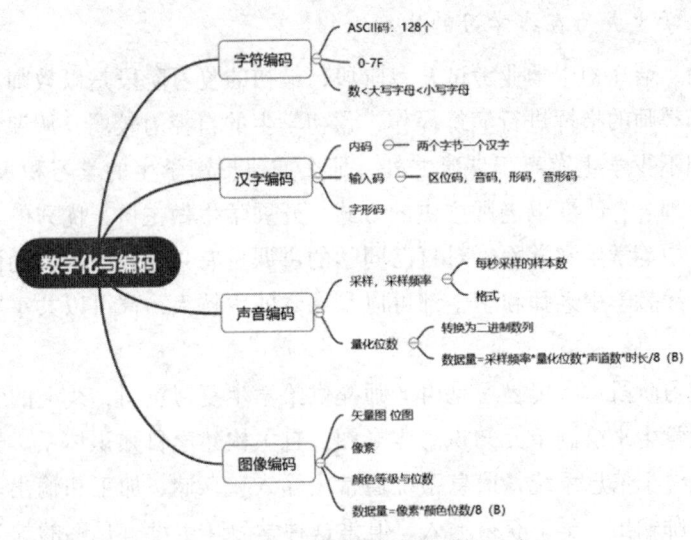

图1 部分学生思维导图作业

(二) 有效利用自适应在线测评

随着信息化应用加速，传统的纸笔测评已经不能适应在线教学了。学校正在推进的自适应在线学习平台包含网络测评功能。新一轮教研的重点在于题库的选题、命题、组题，基于教研组的研讨，达成了以下几点共识：

1. 选题策略应该有层次性，有区分度

依据课程标准规范化有系统的命题，可以迅速诊断出学生学习中长期存在的或者是周期性出现的学习困难，探究其具体问题。精准练习，避免了学生过多的刷题。教师在选择题目时，应该考虑到不同学生不同水平，同一个知识点应该至少选择三种难度的题目，简单、比较难和难来适应不同水平的学生。这样的区分度不仅可以让学生容易掌握知识，而且能让学生在测评时保持一种做题的自信，不会因为碰到难题而畏难，导致后面不愿意去做在线测评。同样老师也可以准确根据在线测试成绩得到更精确的结果，对班级学生掌握知识程度了解得更加详细，对于接下来及时调整教学目标有帮助。

2. 充分利用评价的激励作用帮助学生树立信心，激发学习兴趣

自适应在线平台测评的最大优点是有及时地反馈，每一道题目配套应该有详细的解析，帮助学生及时解决自己知识的盲区。相应的根据学生每一次测试的成绩会有相应针对他知识弱点形成一套新的测评试卷。在这个过程中，学生

的知识盲区不断被解决，自信心也不断增强，学习兴趣更加浓厚，就会形成学习的良性循环。

3. 基于测评数据加强在线学习方法指导

在线学习时老师感受到的最大困难在于不知道学生学得怎么样，同时学生也不一定知道自己学得怎么样。通过自适应在线平台测评的数据，可以将通过题库测评的数据，来了解学生的学情，帮助教师达成教学反馈。通过测评环节，强化教学目标的达成。同时，基于自适应学习平台的自主评价学习策略，特别是考前复习能帮助学生找出学习中存在的疑点和盲点，可以为每个学生构建数字的诊断画像。教师基于数据及时跟踪学困生的学习情况，并提供必要的帮助指导，从模糊的经验教学逐步转变到精准的数据评价。基于数据的评价学习策略要以学生视角开展评价，不宜全方位的铺开，建议分单元分步组卷推进，生成不同单元的学习数据，便于学生自查自学。

（三）师生共建在线微视频资源

科学技术的发展推动着教学模式的转变。视频已经成为最高效的信息传播方式，图像、声音、互动刺激着人们感官，为学习带来了全新的体验。微课、慕课等视频资源在线上与线下学习中深受一线教师与学生的推崇与喜爱。因此我们加大在学校自适应平台上的视频资源模块的建设，为线下教学提供学习资料的补充，也为特殊疫情时期的在线教学做好必要的准备。

1. 学生是课程资源的创造者、使用者

在线教学中的学习资源不一定是老师提供，学生也可以是学习资源的创建者。在生本学堂的理念下，我们尝试让学生从被动地接收学习资源，到主动地发现、提出问题、主张见解、解决问题，学生成为知识的输出者与分享者。在疫情防控期间，在初中教学中，学生使用所学的电子表格工具分析疫情数据，推测疫情的发展趋势，并将此制作成小视频，从而引发许多同学的共鸣，并进一步探索数据的奥秘。同时，学生与教师都是资源的使用者，都能够在任何时间、地点查看、查看发布的视频，实现移动学习。

2. 基于微视频单元作业，解决碎片化问题

短视频门槛低，短小精悍、有个性化地表达、有不同的场景、可能还具有一定社交属性。为了避免视频资源的碎片化，我们规范了视频制作的要求：（1）限定主题，内容分为课内与课外。课内以单元教学为主线组织制作视频，在进行某一个单元教学过程中，收集共性的问题，针对某一个主题创作资源。而课外视频则建议创建系列专题。（2）形式统一。建议采用PPT录屏的方式进行录

制，也可以是在某一个场景下的真人录制，引用他人的视频需要注明出处。(3) 组织展示交流活动，提高视频制作的质量。

3. 充分利用视频资源丰富学习方式

视频资源是课堂资源的延伸与补充，是对知识的高度提纯，具有生动形象的场景设置，幽默风趣的呈现方式，它方便灵活而且可以重复使用。利用视频浓缩、精炼的特点呈现概念、定义；利用视频的场景化、代入感去呈现问题情境，以及抽象的难以理解的问题；

同时课堂中可以组织师生互动、交流、展示等活动来弥补视频的互动性短板。作为课程资源的补充，视频的可重复性能够有效帮助学生在课后通过线上进行预习、巩固的学习。在线上教学中，视频教学是主要的教学形式。为了提高在线教学的成效，可以录制、加工在线课程，裁剪为短小精悍的小视频，提供给学生进行回看与复习。

四、结论与反思

教研组的力量在于凝结教研组内教师的智慧，共同成长。生本学堂的重点在于关注学生怎样学，教师用何种方式帮助学生更好地学习。在线上教学环境下，我们更需要尝试开拓新的手段，帮助学生更好的领悟学习相关的学科知识。

当然在实践过程中，还是会有一些问题的，以题库建设为例，原计划是开展师生共建题库，但是实际上学生的命题能力还是偏弱的，但是我们也发现在做微视频方面，学生的积极性和制作的水准是超乎我们的想象。因此，大胆地放手，让学生主动去建构，去理解知识，这是生本学堂倡导的方法和思路。

信息技术为艺术插上翅膀，展现数字音乐的魅力

史莉莉*　曲效弘**　孙樱露***

音乐教研组立足音乐教学本身，利用线上教学的契机，带领学生探索剪映等一系列视频制作软件，了解音虫、库乐队等音乐制作软件的相关功能和操作方法，以兴趣为先导，引导学生逐步深入地探索音乐，鼓励学生制作微视频、创编音乐，展现数字音乐的魅力，科技为艺术插上翅膀，提升学生艺术综合能力。

一、微视频制作创编创作用数字音乐居家抗疫

鼓励校艺术团的学生在排练中积极进行艺术创造，艺术组教师指导国乐团、舞蹈团、合唱团、西乐队的学生学习编创技巧，并且付诸行动。学生们积极参与，以居家抗疫为主题，用手机记录自己创编的舞蹈，并用视频制作软件进行后期制作，在自己最擅长的领域，表达抗疫的决心，致敬默默付出的人们。并以制作抗疫合集"艺展身手共演晴天""乐器联奏奏出快乐""原创舞蹈共抗疫""以乐抗疫"等发布于汇学公众号。

孩子们还分享了自己的音乐制作过程、居家抗疫做法、同学间的线上云合

---

*　史莉莉，上海市徐汇中学科研与课程发展中心主任，音乐艺术教研组组长、正高级教师、特级教师。
**　曲效弘，上海市徐汇中学初中音乐备课组组长，一级教师。
***　孙樱露，上海市徐汇中学南校音乐备课组组长，一级教师。

作过程，润物细无声地锻炼了孩子们的专业能力、创新能力、组织能力、策划能力等等。

在艺术团的线上学习中，鼓励各类艺术创造与线上合作。同时以抗疫为主题，鼓励学生利用视频剪辑软件制作微视频，器乐联奏、舞蹈编舞、云合唱等，在学习和创作的过程中，展示创作作品《如愿》《晴天》等，学生真切地了解，奋斗在抗疫一线的"勇士们"如同昔日的战士，毅然决然的信念，置生死于度外的勇气，舍小家为大家的格局，敬重、感动、感恩、希望，比任何说教都具有说服力，给学生极大的震撼。

二、App库乐队和音虫软件在中学音乐教学中的有效运用

中学生对电子产品及各类App的探究兴趣是超出教师想象的，库乐队和音虫软件就是学生推荐给教师使用的软件之一。它们均是拥有虚拟乐器、多轨合成器等功能的音乐制作软件。在对其深入了解与实际操作运用后，老师们认为将该软件应用到中学音乐教学中可以提升教学质量。在基础教学中，学习单旋律打谱、声部叠加、创编加花旋律、加入柱式和弦、半分解和弦、分解和弦等伴奏织体、增加低音声部、打击乐声部，到进行旋律的不同风格的改编和创编、通过和弦连接进行旋律原创，由浅入深，层层递进地让学生深切感受到音乐制作的整个过程，声部叠加的操作步骤，逐步引导学生建立音乐原创的思考和行动。

下面从三个方面分别阐述具体运用库乐队和音虫软件的方法与取得的成效。

（一）辅助基础教学，激发学生学习兴趣

1. 在"玩"中学：用库乐队和音虫软件了解各类乐器

传统中学音乐教学一般以学生聆听音乐、感受其音色特点为主，教师展示乐器图片与观看演奏视频为辅。西汉文学家刘向认为，"耳闻之不如目见之，目见之不如足践之"。意思是听别人说不如亲眼所见，亲眼所见不如亲自实践。因条件有限，课堂上往往无法展示真实乐器的演奏，库乐队和音虫软件的使用能突破这种限制，并使每个学生都参与其中，从而提升学生参与度，激发学生的学习兴趣。

库乐队和音虫软件拥有多种乐器音色，有西洋管弦乐器，如小提琴、中提琴、大提琴、低音提琴、长笛、单簧管、圆号等，也有中国民族乐器，如琵琶、二胡、古筝等，甚至还有外国的民族乐器，如日本筝、太鼓等。在该软件中，少部分音色用虚拟钢琴键盘奏出，大部分以虚拟乐器形式出现。也就是屏幕中呈现的是真实乐器的形状与构造，利用好这一功能，教师就能在教学过程中引导学生更好地认识乐器、了解乐器。

案例1：少年儿童出版社出版的《音乐》六年级第四单元《倾听亚洲的声音》中的《樱花》一课为日本乐曲，教师请全体学生尝试利用库乐队和音虫软件体验虚拟日本筝演奏，引发了学生的好奇心与学习热情。学生通过亲身实践，发现日本筝与中国古筝不仅音色、形制有区别，调式音阶更是大不相同：中国古筝是中国五声调式，而日本筝是都节调式。老师抓住了青少年的身心特点，运用现代信息技术，充分激发了学生学习的主动性，从而提高了教学质量，最终实现了教学目标。

2. 在"乐"中学：用库乐队和音虫软件掌握乐理知识

库乐队和音虫软件中的虚拟钢琴功能有着很强的实操性，尤其是在学习基础乐理相关的内容时，它的合理运用能使教学过程化繁为简，同时使学生不再抗拒学习枯燥的乐理，转而主动探究并乐于运用所学知识，形成良性循环。

案例2：少年儿童出版社出版的《音乐》七年级第二单元中的《音乐诉说的民间故事》一课已引入自然大调音阶的概念，教师一般会使用钢琴奏出自然大调音阶，并指出 mi 和 fa、si 和 do 之间是半音关系，其他相邻两音均为全音。这是相对较抽象的理论知识，学生不仅难以理解，更难以运用。这时候，教师可以利用库乐队和音虫软件中的虚拟钢琴功能来提升课堂教学效率。

教师先请学生观察平板电脑上虚拟键盘中黑白琴键的排列规则。学生不难发现 mi 与 fa、si 与 do 之间没有黑键，从而理解了 mi 与 fa、si 与 do 之间是半音关系，其余相邻两键中间只要被隔开一个琴键的则为全音关系。这时，教师引出自然大调中音符排列的关系依次为：两个全音、一个半音、三个全音、一个半音。请学生以 C 大调音阶 do 为主音，根据排列规则自行弹奏出 C 大调音阶，同时请学生边奏边唱音阶，以加深记忆。随后教师提出拓展问题，引导学生深入探究：《愿望》属于什么调式音阶？你能奏出大 F 调或 G 调音阶吗？班级音乐会有同学想演唱《愿望》，但是需要升为 F 调或 G 调，你能用平板电脑为他伴奏吗？这样的教学灵活有效，能帮助学生真正理解、掌握自然大调式音阶的概念。学生在教师的引导下，把概念化的知识变得易于理解、易于运用。库乐队和音虫软件在课堂中的合理运用，提升了课堂效率，增添了教学趣味性，培养了学生积极参与实践活动的主动性。它操作简便，即使是没有演奏基础的学生也同样能玩转音乐。另外，各类型音源还能在软件内部免费下载，音色较为丰富，故其用途与使用场景也较为广泛。

（二）辅助音乐创编教学，提升学生音乐素养

音乐是一门极富创造性的艺术。在音乐课堂教学中开展创编拓展活动有利于培养学生的创新能力。教师可以引导学生利用库乐队和音虫软件的功能开展旋律和节奏的创编活动。

为了培养学生的创编能力，教师建议课后可以就运用库乐队和音虫软件进行一次创编活动。学生从最初利用音乐教材中适合创编的内容进行二度创作，循序渐进至根据特定音乐主题与情景进行创编。

在初一年级开展的创编活动有：为《水墨兰亭》的旋律编配合适的打击乐器伴奏，从而感受附点节奏与切分节奏带来的动感与热情；尝试将《幽默曲》的四拍子旋律改编成三拍子，并改变其演奏速度，从而体验节拍、速度的变化带来的音乐形象与情感的改变等。

创编多元化，也有了更多的积累，学生以一首《让世界充满爱》为原型，自己用音乐制作软件库乐队，为歌曲编写了伴奏，有丰富的声部层次、不同的伴奏织体、同时加入了自己的竖笛演奏，和动情的演唱，同时还针对本次突发的疫情，结合自己的所见所感，进行了歌词的改编，并且利用视频制作软件进行了后期制作，以抗疫为主题，表达了自己对一线医护人员和志愿者们的致敬和感恩。

再如把喜欢的音乐《余年》用打谱软件记录下来的作品，一个从未有过课外音乐学习的学生，从上网搜谱、课下请教、研究各种自己没有接触过的音符、装饰音、反复记号等乐理知识，到彻底搞懂了平时上课没有把握好的各种基础乐理，掌握了创编音乐必备的知识积累，超前探索了软件的各种功能；从刚开始随处可见的音准、节奏的错误，到多声部、多段落的完整作品；从完成一部完整作品的成就感，到课堂分享中受到同学们的赞赏和崇拜。整个过程可以感受到学生自驱力的明显提升，学生逐渐明白创编音乐不再是神圣不可触碰的领域。

在这样的循循善诱下，学生会对希腊作曲家雅尼的作品《夜莺》产生浓厚的兴趣。当教师告诉学生，雅尼大部分作品都利用了古典乐器与现代合成器，是他开创了"New Age"乐派（雅尼本人称之为"现代器乐"），学生便对创作音乐跃跃欲试。一部分学生在课堂上呈现了用库乐队和音虫软件独立创作的"小作"，虽然篇幅不大，音轨也不丰富，但是他们开启了音乐创作的大门，感受到了音乐创作带来的快乐与成就感，培养了审美力、感受力、表现力和创造力，从而全面提升了音乐素养。

（三）辅助课外拓展教学，实现学生创作愿望

音乐教师鼓励学生开展音乐创作，而利用库乐队和音虫软件进行创作，不仅是音乐课堂拓展与延伸的体现，也为社会培养更多创造性人才奠定了基础。在课堂以外，库乐队和音虫软件中的多轨合成器功能可以帮助学生实现自由创作的愿望。

库乐队和音虫软件不仅可以用于现场演奏，还能够用来录音编辑，学生可以根据自己设定的节拍、速度与乐器音色，分轨录制编辑，最后合成音乐。

在信息化时代的大背景下，我们的生活越来越离不开信息技术。库乐队和音虫软件都是便捷、实用的音乐制作软件，将其运用到中学音乐教学中，可辅助教师开展音乐基础知识教学、音乐创编教学以及课外拓展教学。

疫情期间的居家线上学习，引导学生学习了各类音乐制作软件，提升兴趣

的同时掌握了初步的音乐创作能力。线上教学是挑战也是机遇,我们实现了以往教学难以实现的教学模式,在教学方式的转变中,拓宽了教学方法,同时还有太多的空间等我们去探索,为了让孩子们有更有效的音乐学习体验,实现美育的真正价值,仍需要不断地研究和探讨。信息科技为艺术插上翅膀,让孩子们在有趣的艺术学习中展现数字音乐的魅力。

生兴趣　成习惯　获健康

——汇学在线体育教学新探索

夏喆倩[*]

2022年3月12日，上海市中小学师生踏上了居家线上教学的征程。突如其来的教学变化让老师们手足无措。结合2020年的居家线上教学经验，汇学体育组迅速调整状态，投身于备课、磨课、线上授课的战场，将"还原线下校园体育"作为目标进行探索。

在线体育教学存在这很多难点：第一，体育的交互性在线上难以实现；第二，原本线下的教学进度和校园体育活动计划无法完全实现；第三，学生的锻炼情况难以跟踪和评价；面对以上几个难点，我们将"生兴趣、成习惯、获健康"作为线上教学的关键词，开展课程和活动的设计。

一、深度教研促高效

在线教研是保证课堂有效性和线上校园体育活动开展的前提。体育组以"应变化、集智慧、齐共进"为关键词进行高质量、高频率的深度教研。所有云端教研活动均依托腾讯会议开展，通过腾讯会议的周期设置，选取参与教师和开展教研活动的时间，即可实现会议前15分钟提醒功能，以确保教师们都能准时进入会议室。会后导出"会议记录"和聊天区的互动文字，轻松地实现了过程性材料的积累。

为确保在线课堂教学的一致性和有效性，每个备课组按两周为单位制定教学进度，根据教学进度每节课前一天进行统一备课和磨课，确保每位教师进入课堂时都能运用规范的教学课件进行教学。在课件制作和备课上充分体现了专业互补、老少互助、通力合作、以生为本，每次教研会进行课程设计的分工，然后利用腾讯会议的"分组讨论"功能，实现分组教研，老师们分别进入自己

---

[*] 夏喆倩，上海市徐汇中学体育教研组组长，高级教师

的小组进行规定部分的研讨和制作，有效提升了课程设计的效率。通过整合空中课堂、汇学自适应平台、网络资源、自制资源等，高质量地完成每一节课的备课。在网络资源的选取上，利用腾讯会议的"共享屏幕"功能进行资源的共同浏览和筛选。两个月来梳理出了一套教研流程，各备课组根据教研流程进行规范化的教研备课。

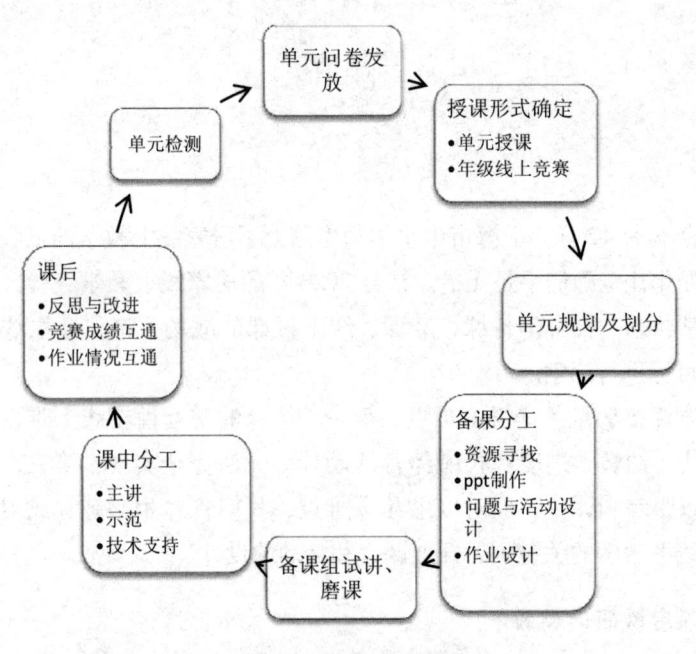

图1 单元教研流程图

在线上深度教研的背景下，硕果累累。申报市级优秀课例2项；3节区级研讨课；区级讲座交流3项；校级公开课10节；成套的课件：7个单元46个；单元理论检测题库3套；学生自制微课50余节。这些两栖资源全部上传学校自适应学习平台，供日后教学选用。

二、居家体育欢乐多

最大限度地还原线下体育，让更多的学生参与运动、感受体育，我们展开了丰富多样的体育课堂教学、线上体育竞赛和线上特色项目训练。

1. 在线体育课——动一动

居家体育课最重要的就是让孩子们能在家动起来，这个"动"包括了身体的动，也有思维的动。动的前提便是兴趣，学生对学习的内容和形式感兴趣才能积极地参与到动中。在每个单元设计前我们会利用腾讯会议"应用"模块中的"投票"功能进行问卷调查，配合问卷星进行问卷统计，确保问卷信效度的同时，轻松了解了学生的兴趣趋向，结合居家情况设计教学内容和方法。两个月来我们根据学生的学习需求，分别设计了篮球、足球、乒乓球、羽毛球、健身健美、平衡能力、拳击、高尔夫、野外生存等单元并实施了教学。每节课从情境和问题导入，引导学生跟着老师一起学练、思考、讨论……

课中我们充分利用"应用"功能内的事实文档编辑收集学生的听课笔记和建议，帮助学生记录技术重点的同时，也启发教师改进后续课程的设计。课后学生可以根据回看课堂、下载共享文档等功能回忆练习内容和动作要点，有效提升了课内外的学练联动。

2. 线上体育竞赛——比一比

在每个单元的课程结束，我们均采用比一比的形式进行单元测试。

（1）初、高中篮球规则的知识竞赛；初中乒乓球知识竞赛。利用腾讯课堂的"投票"功能实现知识竞赛、"举手"功能实现抢答、聊天区域前十名统计进行评比，最终选出前三名班级作为获胜班进行表彰和颁发奖状。

（2）初三学生篮球、跳绳、乒乓球比赛；初二学生的平板支撑比赛。充分利用腾讯会议的"计时"功能，实现摄像头前的云端比拼。在规定时间内完成个数最多和坚持时间最长的为获胜者。每个年级评选出单项前三进行表彰和颁发奖状。

（3）高中五子棋线上比赛。运用腾讯会议的"互动批注"功能有效地实现了在线下棋。老师下载五子棋盘，通过"共享屏幕"进行显示，学生运用"互动批注"中的"画笔"功能点击想要落子的区域，便可实现两人对战。观赛学生在"共享文档"功能内进行过程记录和点评。赛后学生们表示对五子棋的规则和战术有了新的认识。

（4）预初、初一、初二学生体育教学微视频评选。老师收集学生们的制作的微视频，通过共享屏幕进行展示，学生们进行互动和投票，选出了年级前10名微视频优秀制作奖。

这些比赛检验了单元教学效果、促进了学生居家锻炼、丰富了线上体育活动。

3. 特色项目——练一练

在线学习这段时间，体育训练和竞赛未曾停歇。校女子篮球队每日进行线上训练打卡。疫情居家期间，正值中国职业男子篮球联赛（CBA）的季后赛激战正酣之际，汇学女篮队员们在教练的带领下，通过腾讯会议共享直播或录播画面，教练创设相关比赛情境提出实际问题，学生结合自身在队伍中承担的角色进行换位思考实时回答。这样贴近实战形式的分析比赛是线下难得的理论学习机会，不仅提升了女篮队员们的比赛分析能力，也有助于提高队员们日后比赛场上的战术执行力。

汇学飞镖队的训练也不曾间断，在居家的背景下，飞镖项目的优势有一定凸显，孩子们不但没有耽误训练，还参加了上海市飞镖协会举办的一系列飞镖竞赛。以腾讯会议为终端媒介，学生们将手机架在合适的位置，裁判员适时切换主画面播报比赛，运用腾讯会议的共享文档进行实时成绩录入。通过分享主会场直播链接，给到更多飞镖爱好者观赛的机会。实现了云端市级系列飞镖赛。

两个月的居家，学生在动一动、赛一赛和练一练中逐步养成锻炼习惯、从而促进健康成长。守护学生健康成长的同时教师也在迅速蜕变。教师的信息技术赋能、团队凝聚力、团队两栖资源的系统性整合等都有了跨越式的提升。我们还将继续探索，逐步提升，最大限度地模拟线下的体育课堂，传递健康和能量。

数字化转型背景下美术线上教学的实践探索

陈春燕[*]

随着人类社会从工业时代进入数字时代,学校教育也在围绕"更新教育理念,变革教育模式"发生变革。当前疫情的发生,让我们从线下过渡到线上教学的同时,越来越急迫地需要思考如何运用好数字化技术找准本学科教与学的支撑点,适时实践,变被动为主动,提高美术线上教学水平。

由于美术学科的教学目的是提高学生整体审美素养,所以,线上教学的着眼点需要着重放在"云空间学习"和"技术与美术教育"上,教师要思考和探索如何开展云空间学习,设计什么样的学习方法与教学形式,如何在教学中结合技术支撑,结合哪些技术支撑等。

一、"云空间"美术教学

相较于线下教育教学的"临场感、面对面交流、社会化育人空间"的优势,而线上教学在这些方面无法做到。这就需要我们对教学内容、教学方法、教学形式、教学设计、作业设计都要适时对应线上教学进行整合,在线教学的教学策略直接决定了学习的效果,要求教师要有的放矢地展开教与学。当然,线上教学也有自己特有的优势,它有着"互联互通、时空无限、海量资源、路径多样、交互评价"等优势,我们要抓住这些优势来做好线上美术课教学。

(一) 美术线上教学的重新设计

教师居家三个月,开启了"云空间"美术教学。由于美术线上教学课时少,教师们的实战经验并不丰富,我们在边实践边探索中寻求和体验新的教学模式,也做了应对措施:要求初中美术、初中艺术、高中艺术以备课组为单位进行集体备课,集中确定每课时的教学方案,单元教学方案,及时应对、讨论线上教学问题;总结线上教学方法、经验记录、线上教学问题记录,及时调整、修正

---

[*] 陈春燕,上海市徐汇中学美术教研组组长,正高级教师

和完善教学内容；教师之间以及师生之间都要做到及时沟通与交流，并探索出积极有效的师生互动的方法和形式。

基于网络的美术课堂学习，我们要设计区别于线下教学的教学策略，鼓励教师在线上教学过程中边学习边实践地达成以下内容：

第一，要构建好教学实施的框架；

第二，教学中要充分使用数字资源；

第三，要有技术整合的呈现；

第四，要凸显美术学科特色；

第五，要凸显学生为主体的课堂；

第六，及时评价要伴随教学过程；

第七，不忘渗透学科核心素养。

在美术线上教学的前期准备中，先要梳理问题：哪些是空中课堂的视频资源，哪一些内容可以进行现场演示？哪一些内容可以进行线上互动活动？设计的哪一些问题可以让学生思考回答？哪一些是利用线上资源进行课后完成的活动或者作业？所以，教师在备课时可以通过情境引入、新课讲授、巩固应用、总结作业、提问反馈等环节来进行设计教案，并将以上问题结合解决的方法融入进去。

（二）聚焦美术线上教学设计的重点

1. 制定教学目标、分析教材学情

多种方式明确学习目标。一节课的学习目标，一个单元的学习目标都需要明确，才能更有助于学习者参与其中。特别是在线教学，要充分运用多种方式，包括PPT展现、语言表达、学习任务单辅助等，尽可能地采用多种途径告知学生明确的学习目标。在线上教学的过程中，由于学生学习在不同的空间，在供同学明确学习目标的情况下，教师要设计可以使学习者更主动、更自主、更明确地展开美术学习的学习内容和学习任务。

比如：以高中艺术备课组为例，通过制定线上教学的目标，以及分析教材学情设计的线上教学方法及对应策略，见下表。

填表人	陈春燕	年级	高一	学校	徐汇中学
线上教学方法及策略设计	\multicolumn{5}{l	}{1. 选用市级线上高一《空中课堂》艺术/美术在线教学内容； 2. 选择高一艺术/美术必修新教材《美术鉴赏》《艺术与生活》《艺术与文化上》等教科书； 3. 综合学校情况筛选、整合《空中课堂》与《新教材》教学内容； 4. 备课组集体研讨、备课第一单元四周期的单元教学设计； 5. 每周上完课后进行线上研讨教学反馈，及时调整、完善； 6. 一节课讲解一个内容，引导学生观察、联系生活，并进行拓展探寻、研究考察本地相关案例； 7. 每课时内容采用边讲解边提问互动的方式，及时了解学生学习反馈； 8. 每次课前复习前一课时内容，设计一定时间和提问，针对性地引导学生回忆、思考、回答，提高学习有效性和学生参与度； 9. 解读《空中课堂》中优秀案例拓展探究的方法，调动学生学习与实践的积极性。}
针对以上方法去解决的问题	\multicolumn{5}{l	}{1. 增加在线教学的互动性； 2. 提升学生的学习参与率和参与度； 3. 提高空中课堂视频资源使用的有效性； 4. 加强对学生在线学习状态和学习程度的把握； 5. 布置几项不固定时间的、多形式的拓展探究作业，学生可以针对教学内容有选择性地、结合各自疫情间具体情况去完成，可以于线上或线下课恢复之后师生共同交流。}

2. 解析资源、选取资源

　　线上教学资源很多，包括市级资源区级资源，校级资源，其他平台的资源等。在准备资源这一块，教师自制 PPT、自制视频、空中课堂的资源、其他视频资源、模拟课堂白版即时演示等资源都要尽可能运用起来，然后选取优质资源运用到相应教学的环节中。

　　比如：以高一《美术鉴赏——源远流长的中国美术-砖石拱筑》教学为例，见下表。

	教学资源上的问题	拟解决问题的对策
解析资源	以《砖石拱筑》教学为例，整合《空中课堂》和《美术鉴赏》《艺术与生活》《艺术与文化（上）》等3本教材内容，教学一开始选定的内容集中且不深入，学生难以及时领悟并反馈，也挤压了互动的环节。	做出调整，将内容按时间发展脉络分层，并设计互动活动环节，整合和确立了"古埃及古罗马建筑的发展与影响""拱券廊柱几何、自然的线条之美""古典建筑的人文内涵"等三个方面的教学内容，让学生学会鉴赏外国古典建筑各时期的风格特点，感受外国古典建筑的艺术魅力。
选取资源	深入整合和设计教学内容，讲清楚或激发学习激情需要大量的图片或视频教学资源，而已有教材资源是不够的。	《空中课堂》主线清晰但由于时间限制，教学内容不够深入，教师可以以此为基础进行适当调整，在网上和相关书籍中搜集、筛选、整理教学范图或视频，选取重点，及时补充、完善教学设计，解决教学问题。

二、技术支持美术教育

在美术线上教学阶段，需要教师多学习、多讨论、多参考，集思广益，分析美术线上课教学需要运用的技术支持，思考如何融合和选取更多的数字技术提升教学有效性。

（一）优化教学活动，着重设计针对性、互动性强的问题和策略

第一，熟练操作互动工具，提升课堂效率。教师要增加互动工具的运用类型和运用次数，提升线上教学能力。比如，教师讲课时，除了点名、举手工具与学生视频、语音以外，可以提示学生运用"讨论区"工具进行互动，及时了解学生反馈以及对学习的理解，而教师在讲完之后的互动环节就可以有针对性地及时解答，并做出评价。

第二，现场即时演示实现在线探究，提升线上课堂效率。比如：1. 教师运用《空中课堂》资源，一边播放一边进行实时补充讲解；2. 教师和学生都可以运用"PPT""剪映""PS"绘图制图等软件进行即时演示、示范和展示等。

第三，多维路径助力素养提升。比如：1. 教师对学生的回答、提交的作业及时评价或呈现；2. 运用电子软件对学生的即时操作进行在线交流、点评学习成效等。因此，设计好的教学针对性、互动性的问题以及相应的策略，能够得到学生的积极响应。在线上教学的实践中，运用以上教学策略学生互动热烈，

愉快地投入学习活动中；同时，设计针对性、互动性强的策略既可以帮助教师及时掌握教学情况和学生反馈，又可以优化教学活动，构建智慧的在线课堂。

（二）教学课后探究是美术线上课的优势

美术教育提升学生素养，是需要一个长期体验、积累学习经验的过程，而线上教学"时空无限、海量资源"等优势正符合学科特质。教师可以跟踪完善线上课堂，开展课后自主探究学习、师生跨网络合作，拓展学习其他开放课程以及移动学习等多种形式。我们可以开展自主探究学习，将学习规模开放，拓展多种学习形式。

主要体现在：1. 课堂录制的视频、教师筛选的其他课程内容优质视频等，将资源有选择地放在共享文件夹里，给予学生一定的指引，促进学生们自主使用学习资源，展开学习。2. 充分意识到在线教学除了同步同时的部分，也有很多时候是异步非同时的。鼓励学生课后运用自己的学习方式展开知识的获取、信息的回顾、有价值的学习探索，然后以在线发送或邮箱发送的形式交给教师进行反馈和互动。3. 提供一个多种学习资源支持的在线学习环境非常重要，也是在培养学生们素质、素养、数字化学习的功能，以及自主学习的能力。

三、总结反思

我们将继续深化线上教学方法，突出美术学科特色，对不太完善的技能和工具要继续探索实践为我所用。为了更好地深入线上教学，要在备课时思考多种方式明确教学的目的；坚持提供多种的学习资源支持，鼓励学生多发言；做到即时评价与鼓励，多样灵活的互动；多实践操作板书教学、电子白板即时演示等功能的使用。

另外，在平台开发商完善工具的前提下，学习使用其他工具，调动学生学习积极性，提高线上教学的互动和效果。如：利用批注的功能及时进行解答、批注或者评价；在线教学直播平台需要有板书功能，特别是数字板书，以及图片截取、视频线路重复利用、放大缩小；另外还有答题器，计时器，计票器等。

总之，进入全新的数字化转型时代，美术教师要多多使用交互工具，熟练运用，积累数字技术的教学素养；发挥学科优势，将学习资源情境化，学习情境资源化，发挥在线教学育人功能，突显出美术线上教学交互互动上的特色，才能与时俱进。

线上劳动的居家生活

林 芳[*]

基于防疫需要。3月起学校再次开启居家线上教学。综合师生、家庭和社会等各方面因素，劳动技术学习从基于教材主导的技术学习，转为着力身边事、家庭事的劳动习惯和劳动素养的培养，让学生在居家期间有限的小范围内开展力所能及、充满温情的实践体验，进行生活劳动教育。

一、精选劳动内容，保障教学顺利开展

劳技课的学习重在工具、材料和技能的掌握与运用。劳动内容不同、学习技术种类不同，用到的工具和材料就不同。为了顺利开展劳动教育、让学生学好劳动技术，学校对学习材料、专业工具和学习场地等方面都做了充分保障。但是疫情下的居家学习期间，学生无法准备原先教材中的学习内容所涉及的学习工具和材料。俗话说：巧妇难为无米之炊。没有材料和工具，技术实践操作无法进行，学习就只能纸上谈兵。因为疫情骤起停课突然，除了六年级纸艺部分的材料在校期间已经分发、居家学习没有受到影响外，七八年级学生都没有与教材配套的材料，学生无法实践操作。因此劳技组老师们经过讨论后，决定以掌握生活技能为主，开发培养生活自理能力的劳动课程内容。具体开发的课程内容有以下几类：

食品加工类。我们在七年级开展了煎、蒸、煮、炒等烹饪技术教学，学习营养学知识，实践了花式蛋饼、清蒸食品、八宝饭、煮水饺馄饨和炒三丝等食品加工内容，让学生每天自制早餐、为自己和家人做饭菜。

蔬菜培育类。根据疫情封控期间蔬菜缺乏的问题，开展了家庭土培与水培蔬菜的学习，学发黄豆芽、种植土豆和培育绿叶菜，在庭院里、阳台和窗台上打造小小菜园，教育学生在特殊环境下设法自给自足。

---

[*] 林芳，上海市徐汇中学劳技教研组组长，高级教师

实用绳结类。学习捆扎物品、急救逃生等实用结内容，开展生活常识和安全教育。八年级突出了安全用电和家用配电系统等电工知识技能学习，让学生了解家用电器及家庭用电安全知识，能处理家庭简单用电问题。

手工劳作类。六、七年级开展纸艺教学，制作小收纳盒、纸花、纸花瓶等；学做布艺草莓挂件、香囊、牙签贴画和中国结盘扣等的内容，以工艺品的创作来美化生活、增添色彩。

这些教学内容涉及的材料和工具一般家庭都备有，使学习活动能顺利开展，且贴合疫情期间居家生活，使学生学会日常生活技能，通过为自己为家人的劳动付出获得成就与幸福感，增加了与家人的纽带亲情，居家学习不枯燥还能感受到生活的美好。

二、用好教学资源，线上线下协同学习

1. 巧用教学资源，提高学习效能

劳技课注重实践，操作练习占了课时的 2/3 或 1/2，教师亲自演示技能操作并根据学生实践情况及时指导纠正。线上教学后，虽然也能通过线上教学平台开视频做直播，但清晰度不够，且连线受到网速等限制，教学演示和示范及对学生的操作指导都受到限制。《空中课堂》平台劳动课资源丰富，制作精良，动画、实验操作和情境展示给学生带来了真实、有趣的体验感受。尤其是操作视频清晰直观，科学性和指导性强，是优质资源。因此我们通过录屏软件截取操作视频后在课堂上分段引用，弥补教师无法清晰演示示范的缺陷。对于《空中课堂》中的教学我们不采用"拿来主义"，而是认真学习，巧妙引用，不断加工，学习制作，这样既提高了课堂教学的有效性，也提高了教师们的教学与资源制作水平。

除了《空中课堂》的资源，围绕徐汇区教育局学科带头人林芳老师的项目《基于核心素养自主学习目标的劳动技术课程资源包建设》制作了若干主题内容课程资源，如布艺针法、纸花制作、木工画线、锯割和拼接方法等等内容，这些资源在这次疫情线上教学中恰好试用，检验资源制作质量。作为课堂学习的补充与延伸，这些资源通过自适应学习平台资源库向学生开放，老师们在课堂上介绍使用方法鼓励学生自主学习，根据自己的喜好发展个性化学习。为了建设好资源，教师经常向学生了解兴趣爱好制作有针对性的学习资源，通过自己的特长与研究制作学习资源；为了用好教学资源，劳技组每两周研讨交流课堂教学和资源建设情况，不断补充线上教学的资源，并通过组内交流分工使资源类型多样、资源使用便利，促进了劳技学习的丰富性。

2. 变换互动形式，促进师生交流

线上教学使学生和教师在同一时间处于不同的空间，拉开了师生之间的距离。为了拉近距离，让师生能够相互感知神情、促进情感沟通，劳技组教师尽量每堂课开启摄像头，增加亲切感；学生在腾讯课堂"上台"质疑与答题时尽量开启视频，增加上课参与的真实感受；头像画面的开启使师生相互了解课堂上的状态，更有利于交流沟通。

为吸引学生注意力，使学生保持良好学习状态，劳技组课堂教学突出师生讨论与经验分享的特点。采用"屏幕分享"，使用了"讨论区""答题卡"学生"举手上台""画中画"等功能开展师生互动。为了快速切换课件、图片与视频，提前打开课堂上需要用到的资源，上课时采用屏幕分享快速调出，缩短切换时间，把握好课堂教学节奏。

学生成果交流时，针对图片、视频共享易卡顿的问题，教师们进行了灵活变动，主要采取了三种方法：一、让学生通过讨论区发图片，教师点击并放大图片，使得全体学生能很好看到图片；二、分享学习经验的学生事先拍摄视频发送教师微信，教师课堂播放使全体学生观看；三、学生课前预习做好的PPT发给老师，上课时邀请学生上台发言，教师协助播放PPT，使讲与播同步，情境更自然，同时学生可以上台提问，形成良好的互动。

为了让学生能课堂上动手操作，每次课的结尾先告知学生下节课的内容，或是通过"晓黑板"发布通知，让学生能有时间提前预备材料和工具，使学生劳动课堂上能动起手来。

三、多元作业形式，加强作品分享

根据学习内容，劳技组设计了形式丰富的作业，不仅有作品图片，还有体现整个操作过程的微视频。有思维导图形式的课堂笔记与学习总结，还有制作过程的经验美文分享。学生通过腾讯课堂作业、晓黑板等平台上传，教师及时批改。劳动技术的作业大多为操作实践，学生将自己的劳动过程拍照或拍视频，有的学生将照片配以文字做成了小报，有的把照片和视频连接起来做成，配以音乐和文字做成微视频。有些作业里面不仅有学生操作，还出现了家人的身影，看到了家庭共同参与，其乐融融的劳动场景。

为了分享学生们的居家学习成果，教师们在每节课的前5分钟安排了作业和答疑环节，由教师或学生展示优秀作品或是晒出课堂笔记和思维导图，并运用批改功能，在线指正存在的问题。晓黑板的优秀作业展示功能也使学生们的作品有了更多的交流，不仅同学之间互相观看，家长们也看到了别的孩子的学习成果，对自己孩子的学习情况有了更恰当的了解。劳技的学习内容与生活密切相关，"蔬菜培育——土豆穴播""发豆芽""水培蔬菜""灵芝草的培养和食用""拉糕制作""花式饭"这些主题的学习也引起家长们的兴趣，吸引他们积极参与到作业中来，协助孩子拍摄视频，给孩子的操作提建议，帮助孩子更好地完成作业。线下教学时家长很少关注学生的劳技作业，在线上学习的这段日子里，家长们的热心关注与积极参与也提升了学生们的劳动热情，在家长的鼓励下对自己有了更高的要求，同时在相互的交流中，家庭关系更和谐，体现出浓浓的亲情。

四、开展线上活动，丰富劳动生活

为了丰富学生的居家生活，提高劳动学习的兴趣，劳技教研组从5月中旬至6月举行"迎端午缝香囊"香料知识与香囊制作线上学科竞赛和"为父亲献礼"活动。为了竞赛的顺利举行，4月初开始着手准备线上竞赛的相关资料。邀请了高一参加过中医药知识培训的学生录制香囊知识讲座视频，林芳和龚韶华老师制作了香囊缝制的学习课件和操作视频，朱传芬老师为香囊知识竞赛出题。在校园网自适应学习平台工作人员的指导下，5月初竞赛资源通过校园网平台顺利发布。为了学生们更好地开展香囊制作学习和参与竞赛，劳技组制作了导学和参赛的思维导图以便学生对参赛流程更为明确，每位老师利用课堂两分钟进行竞赛宣传，同学们积极响应参赛，有的家长也热情参与，通过晓黑板向老师询问香囊制作材料和式样。尽管疫情期间制作材料受到限制，但学生们发挥想象、利用身边的材料，旧衣料、口罩、卡纸、发泡网袋等做出来了精美的香囊。

除了线上学科竞赛外，根据以往市教研室的要求，教师们以"劳动小达人"为主题做好线上学习优秀作业征集工作，通过学校自适应平台或市区网络平台举办线上学习作品展，展示疫情期间学生们的劳动成果和出色技能。

五、加强课堂延伸，促成习惯养成

积极的劳动实践活动有利于帮助学生养成良好的劳动习惯。线上教学期间，教师们强调对学生在实践操作中的习惯培养。如课前操作空间和操作用材的准备，操作中工具的安全使用，操作完成后工具材料的及时整理和垃圾的清理等等。尤其是烹饪和园艺等教学内容，学生操作时投入，做完后一甩手离开把"善后"工作留给家长。因此，教师们在每堂课反复强调要养成良好的劳动事后工作习惯。教师们还在课堂上进行"定期"分享，每周早餐食谱分享、每周美食分享、菜园小景分享、居室美景分享等,通过分享促进学生关注劳动实践,自我创新劳动内容,加强劳动体验,将劳动从课堂延伸成日常劳动。通过"晓黑板"功能促进家校沟通,协助家长督促孩子的劳动习惯的养成,帮助家长与教师一起成为孩子疫情期间居家劳动学习过程中的"指导者""养成者""促进者",在家中构建积极、主动的劳动氛围,将劳动精神内化到学生的日常起居生活中,从而积极塑造学生的人生观、价值观。

数字化时代的到来和疫情时期等线上居家学习加速了数字化教育教学进程,不同学科和课程的线上教学有共性又有差异性。线上教学的这段时期,劳技组教师们相互学习、向其他学科教师学习,结合学科自身特点使线上教学手段更加多样,教师们的信息技术能力得到了提升。虽然线上劳技教学存在着材料和工具缺乏的困难,但劳技组将积极动脑,了解学生需求,学习市区兄弟学校先进教学经验,拓展思路,提高线上教学模式中的教学能力,为学生提供更好的劳动教育。

曾宪一校长设计的流程图

1. 课堂教学系列流程图

(1) 好课三个条件

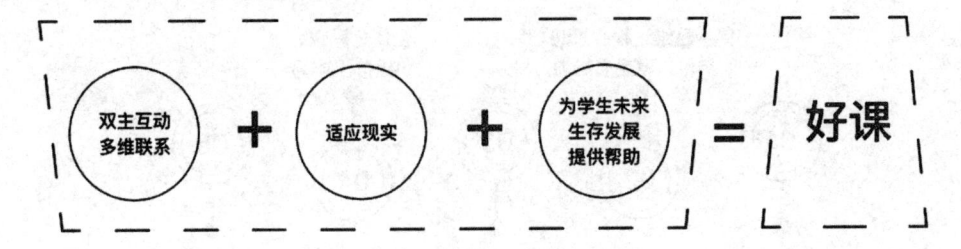

双主互动多维联系 ＋ 适应现实 ＋ 为学生未来生存发展提供帮助 ＝ 好课

(2) 好课四个改变

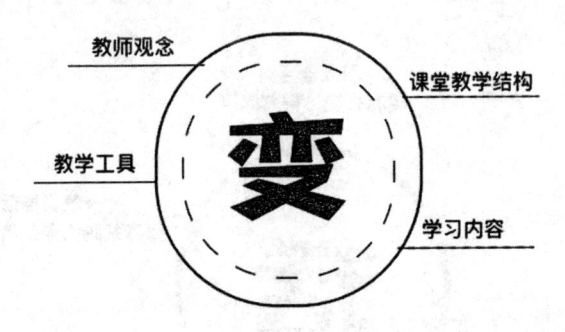

变：教师观念、课堂教学结构、教学工具、学习内容

(3)"以学为本"的认知启动式的教学原则

- 以学为本
  - 预学再教
  - 能学缓教
  - 自学少教
  - 观学思教
  - 以学评教

(4)五种课堂教学"活"思想

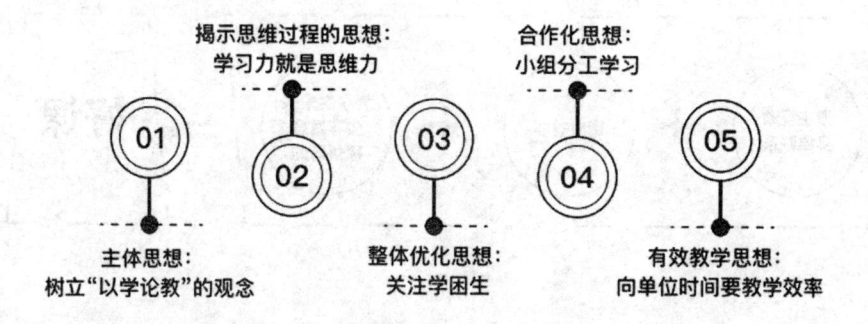

01 主体思想：树立"以学论教"的观念
02 揭示思维过程的思想：学习力就是思维力
03 整体优化思想：关注学困生
04 合作化思想：小组分工学习
05 有效教学思想：向单位时间要教学效率

(5)课堂要"五活"

活：
- 引入含活势：带着兴趣，带着问题
- 气氛要活跃：情意共鸣沟通，信息反馈通畅
- 结尾留活意：留着激情，留着悬念
- 探索有活力：思维有深广度，见解有创新度
- 形式求活泼：方法多样化，手段现代化

(6) 互动开发型课堂教学

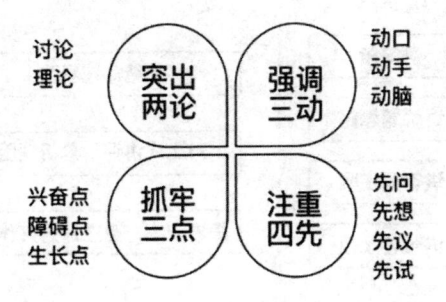

讨论　突出　强调　动口
理论　两论　三动　动手
　　　　　　　　　　动脑

兴奋点　抓牢　注重　先问
障碍点　三点　四先　先想
生长点　　　　　　　先议
　　　　　　　　　　先试

(7) 师生通用的决胜学习（提高学习力）策略

激发控制　调整平衡　催发引导
学习动机　学习态度　学习兴趣

适时调整　培养正确　磨练强化
学习情绪　学习方法　学习意志

(8) 作业设计的典型案例及借鉴

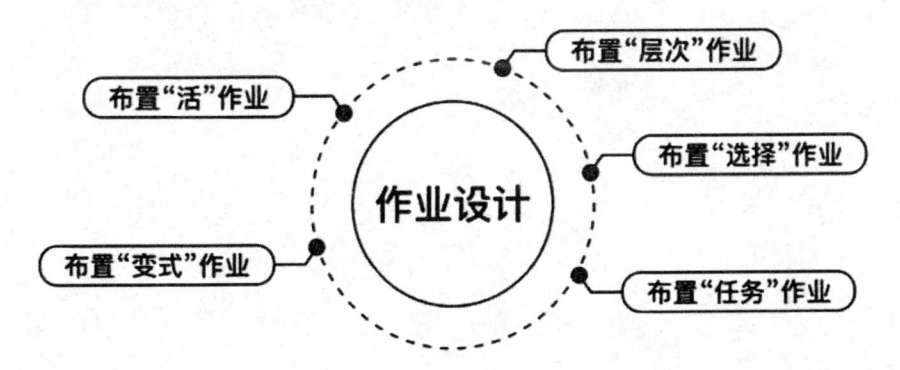

作业设计
- 布置"活"作业
- 布置"层次"作业
- 布置"选择"作业
- 布置"变式"作业
- 布置"任务"作业

(9) 讲评课的高效务实

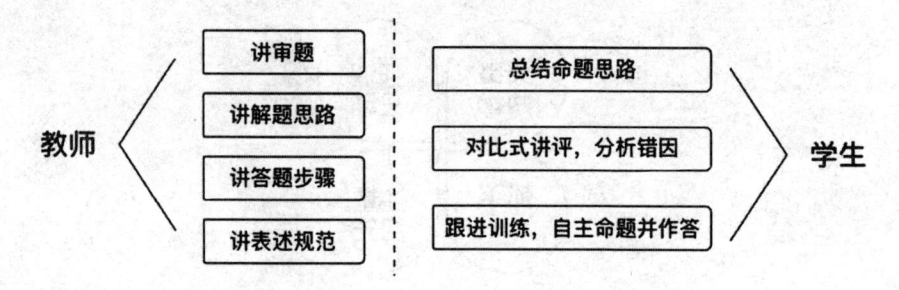

教师 → 讲审题 / 讲解题思路 / 讲答题步骤 / 讲表述规范

学生 ← 总结命题思路 / 对比式讲评，分析错因 / 跟进训练，自主命题并作答

2. 教学科研系列流程图

（1）选题

研究的目标取向　　研究的具体范围　　有争鸣性

（2）教研文章写作"三先三后"原则

先列提纲后补材料　　先提要点后作分析　　先列错误后讲道理

（3）教研文章的写法

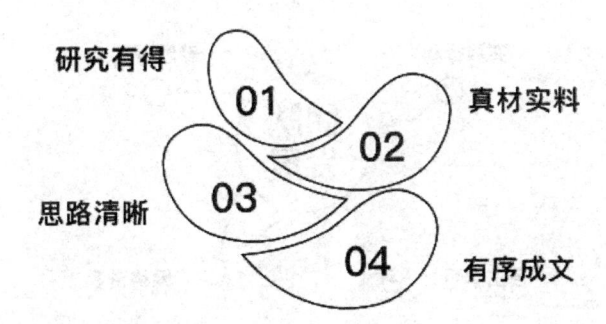

研究有得　01
真材实料　02
思路清晰　03
有序成文　04

(4) 如何提高投稿的命中率

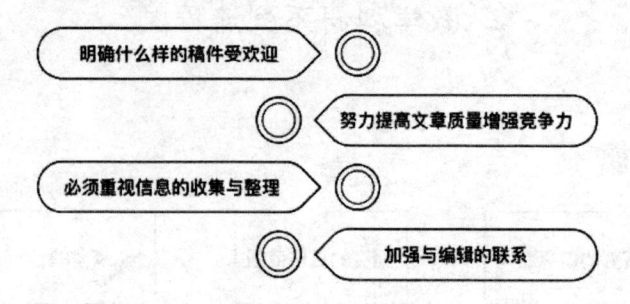

- 明确什么样的稿件受欢迎
- 努力提高文章质量增强竞争力
- 必须重视信息的收集与整理
- 加强与编辑的联系

(5) 团队发展策略

| 01 自学研究 | 02 头脑风暴 | 03 考察取经 | 04 专题研究 | 05 主题论坛 | 06 课题研究 | 07 协同带教 |

(6) 团队发展模块

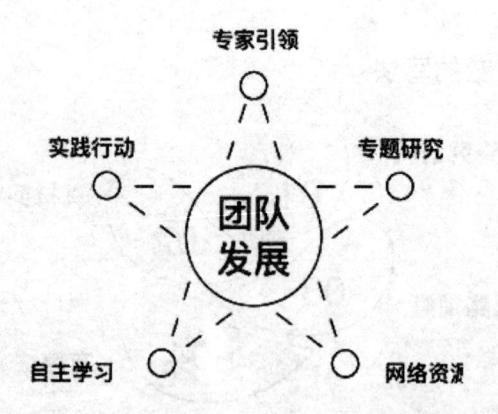

团队发展
- 专家引领
- 实践行动
- 专题研究
- 自主学习
- 网络资源

(7) 课题选择途径

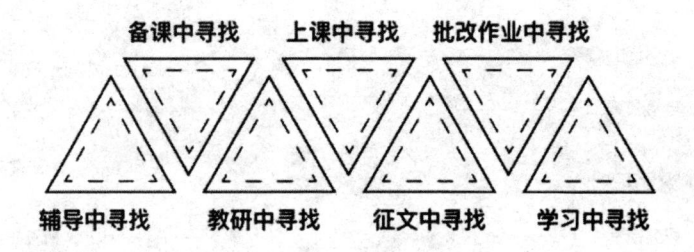

备课中寻找　上课中寻找　批改作业中寻找

辅导中寻找　教研中寻找　征文中寻找　学习中寻找

(8) 课题选择思维

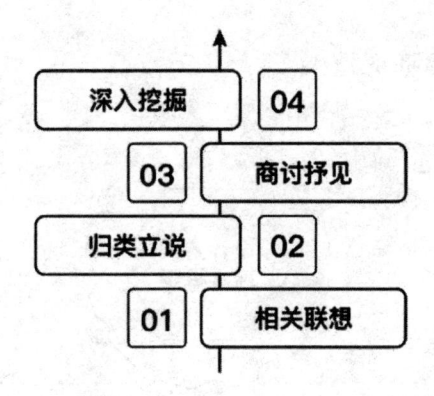

04	深入挖掘
03	商讨抒见
02	归类立说
01	相关联想

(9) 选题的操作

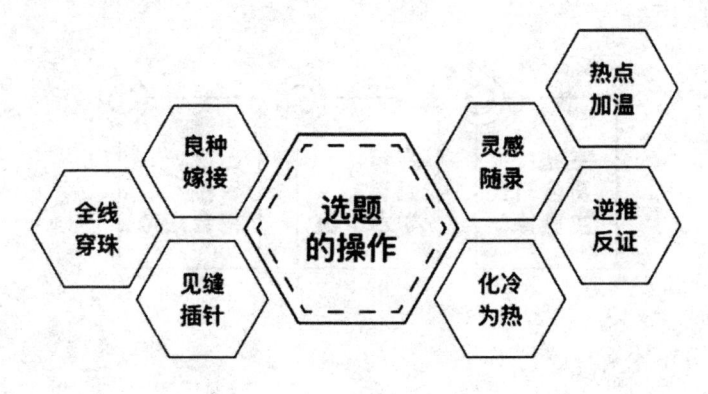

- 全线穿珠
- 良种嫁接
- 见缝插针
- 选题的操作
- 灵感随录
- 热点加温
- 逆推反证
- 化冷为热

(10) 设计方案基本框架

- 课题名称
- 问题的提出
- 研究的依据和假设
- 研究内容
- 研究方法
- 研究对象
- 研究步骤
- 研究保障
- 成果预测
- 课题组的组成及分工
- 经费预算
- 资料附录

设计方案基本框架

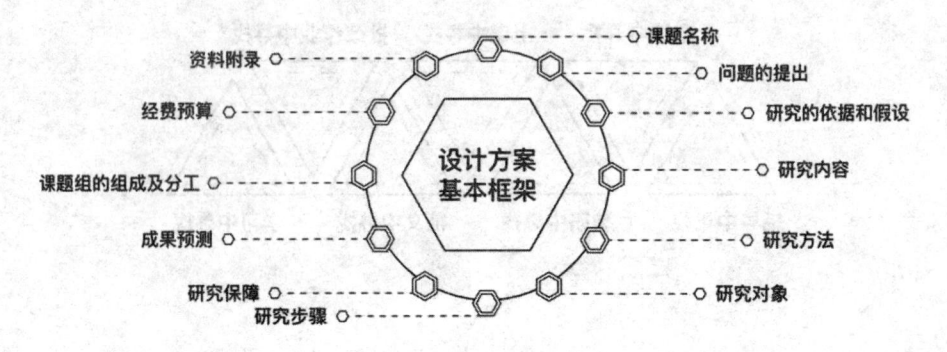

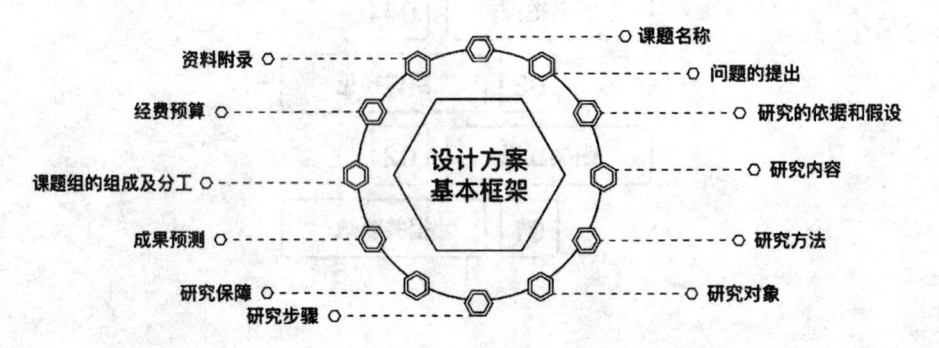

(11) 设计方案基本框架

- 课题名称
- 问题的提出
- 研究的依据和假设
- 研究内容
- 研究方法
- 研究对象
- 研究步骤
- 研究保障
- 成果预测
- 课题组的组成及分工
- 经费预算
- 资料附录

设计方案基本框架

(12) 出好专著

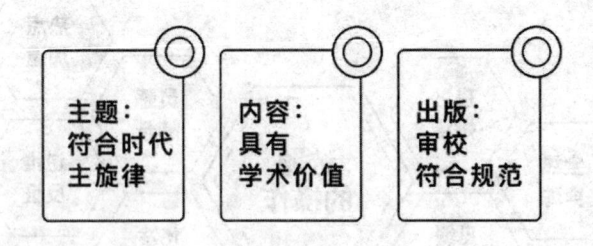

| 主题：符合时代主旋律 | 内容：具有学术价值 | 出版：审校符合规范 |

3. 命题研判系列流程图

(1) 三位一体复习模式

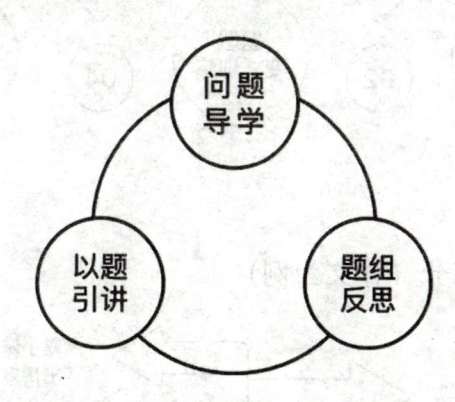

- 问题导学
- 以题引讲
- 题组反思

(2) 题目选取原则

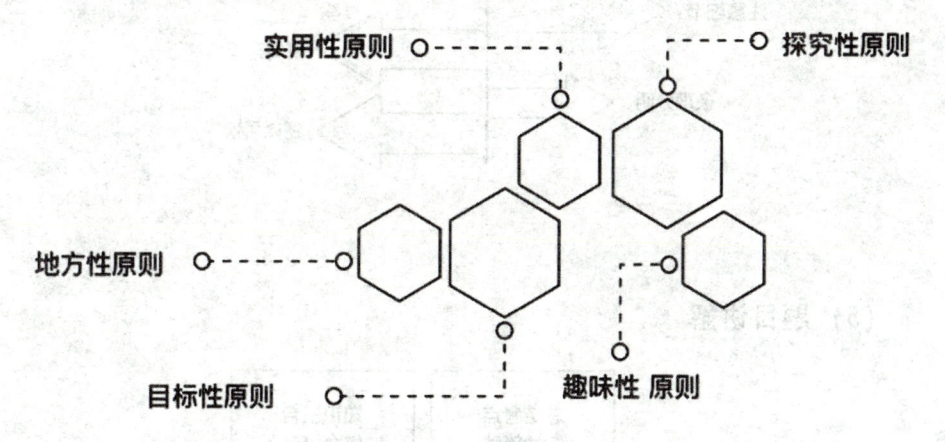

- 实用性原则
- 探究性原则
- 地方性原则
- 目标性原则
- 趣味性原则

(3) 考情梳理

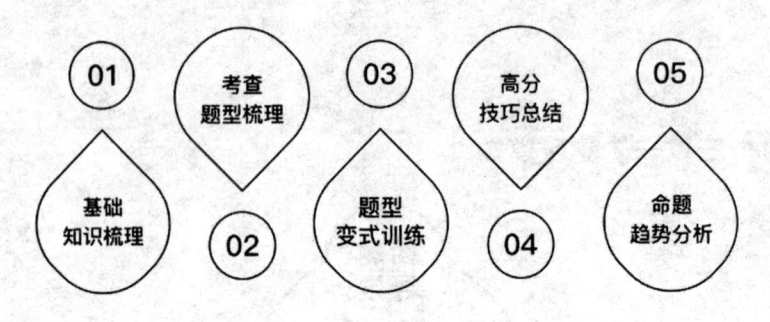

- 01 基础知识梳理
- 02 考查题型梳理
- 03 题型变式训练
- 04 高分技巧总结
- 05 命题趋势分析

(4) 如何拿高分（作文为例）

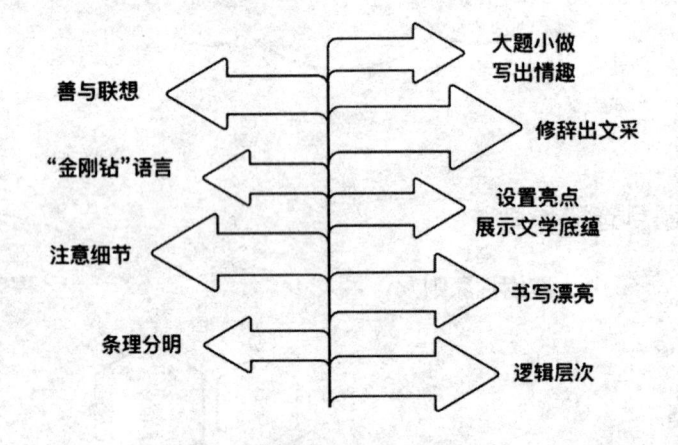

- 大题小做 写出情趣
- 善于联想
- 修辞出文采
- "金刚钻"语言
- 设置亮点 展示文学底蕴
- 注意细节
- 书写漂亮
- 条理分明
- 逻辑层次

(5) 题目讲解

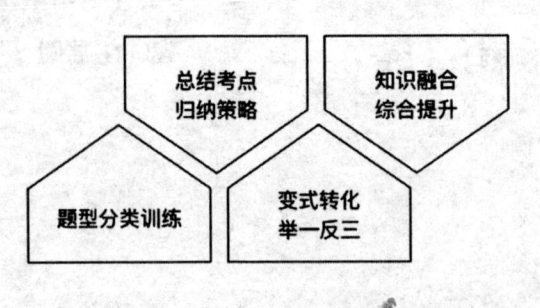

- 总结考点 归纳策略
- 知识融合 综合提升
- 题型分类训练
- 变式转化 举一反三

(6) 说题一般模式

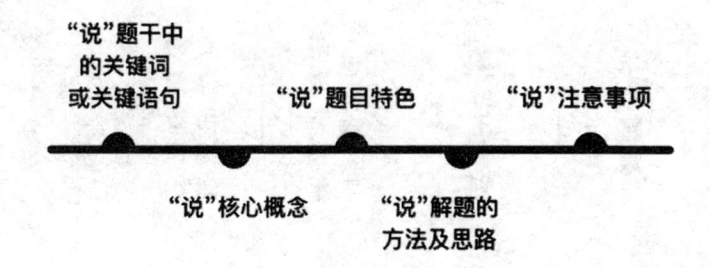

"说"题干中的关键词或关键语句　　"说"题目特色　　"说"注意事项

"说"核心概念　　"说"解题的方法及思路

(7) 命题能力提升

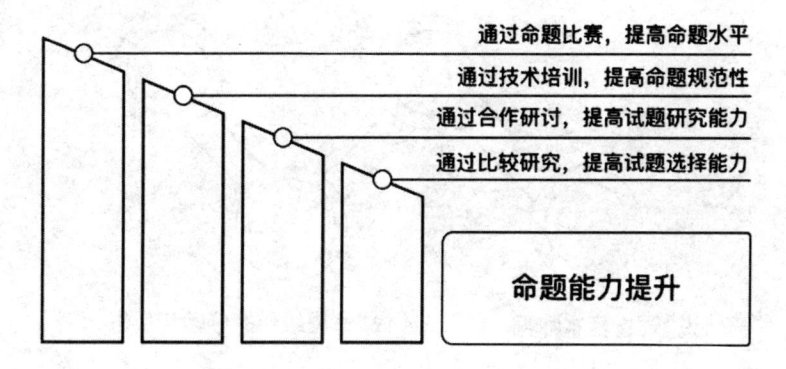

通过命题比赛，提高命题水平
通过技术培训，提高命题规范性
通过合作研讨，提高试题研究能力
通过比较研究，提高试题选择能力

命题能力提升

(8) 命题基本程序

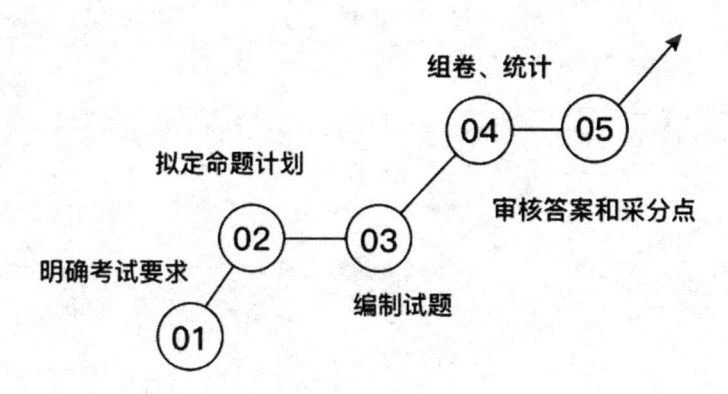

明确考试要求　01
02　拟定命题计划
03　编制试题
04　组卷、统计
05　审核答案和采分点

(9) 考前说卷

"说"命题依据 ▷▶ "说"命题难度 ▷▶ "说"分工计划 ▷▶ 听取备课组老师意见 ▷▶ 教师自编题 ▷▶ 收集备课组 ▷▶ 校对答案采分点 ▷▶

(10) 考后说卷

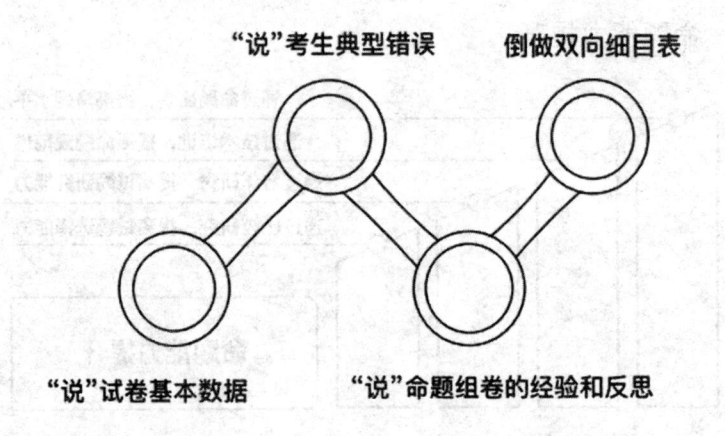

"说"考生典型错误　　倒做双向细目表

"说"试卷基本数据　　"说"命题组卷的经验和反思

(11) 共生体系图

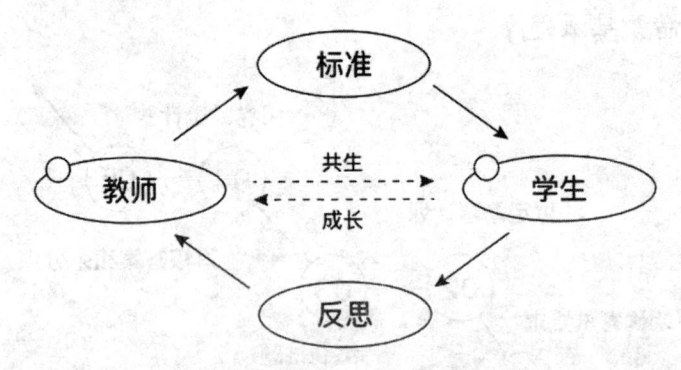

教师 — 标准 — 学生 — 反思 — 教师

共生 成长

4. 课程开发系列流程图

(1) 基础型课程校本化实施

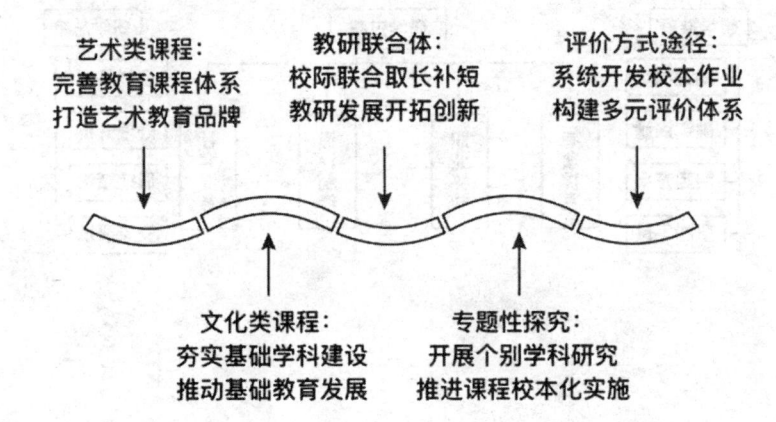

艺术类课程：
完善教育课程体系
打造艺术教育品牌

教研联合体：
校际联合取长补短
教研发展开拓创新

评价方式途径：
系统开发校本作业
构建多元评价体系

文化类课程：
夯实基础学科建设
推动基础教育发展

专题性探究：
开展个别学科研究
推进课程校本化实施

(2) 基于国家课程标准的 STEM 教育校本课程规划

01 课题选择：注重现实情境下真实问题的研究与解决

02 内容组合：注重学科核心概念及学科间的理解与掌握

03 知识结构：注重多元化、多样性

04 目标达成：注重培养高阶思维能力

(3)区域性中小学研学课程建设

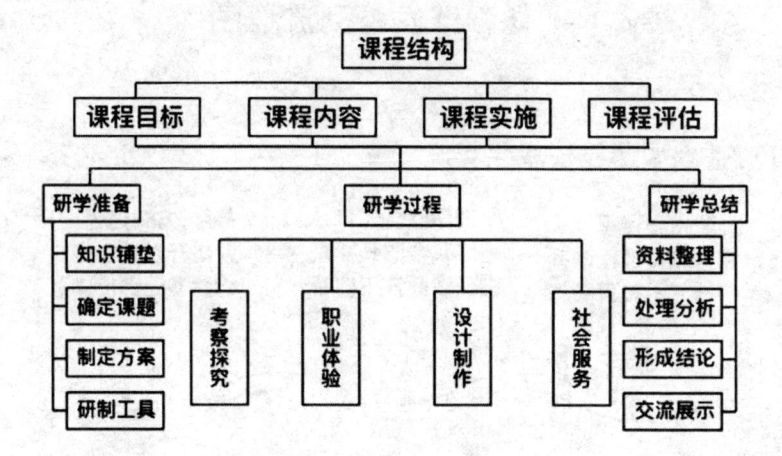

```
                           课程结构
            ┌─────────────┼─────────────┐
         课程目标      课程内容     课程实施    课程评估

         研学准备         研学过程            研学总结
         ┌知识铺垫┐    ┌─────┬─────┬─────┐   ┌资料整理┐
         │确定课题│    考察  职业  设计  社会    │处理分析│
         │制定方案│    探究  体验  制作  服务    │形成结论│
         └研制工具┘                            └交流展示┘
```

5. 班级管理系列流程图

(1) 构建学生管理班级的常规模式——"444工程"

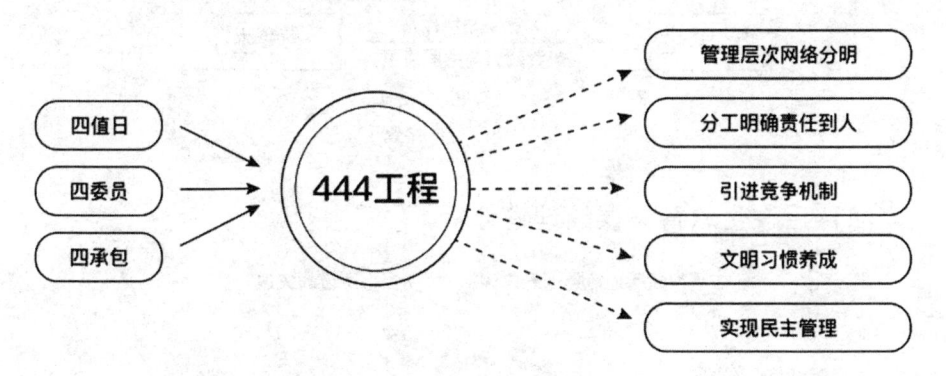

```
四值日  ┐
四委员  ──→  444工程  ┈→ 管理层次网络分明
四承包  ┘              ┈→ 分工明确责任到人
                       ┈→ 引进竞争机制
                       ┈→ 文明习惯养成
                       ┈→ 实现民主管理
```

(2) 学习型班级四要素

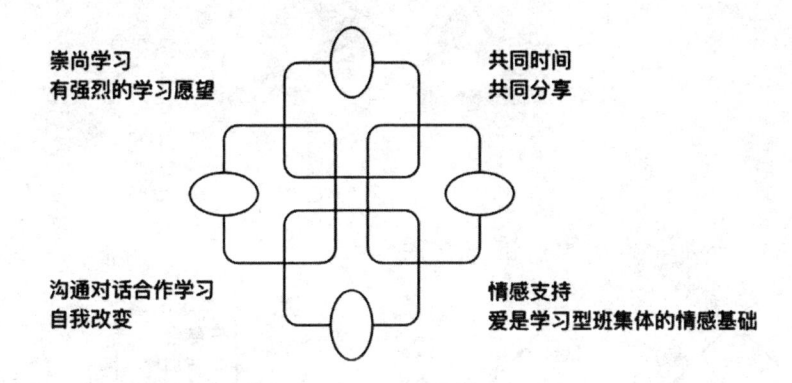

崇尚学习
有强烈的学习愿望

共同时间
共同分享

沟通对话合作学习
自我改变

情感支持
爱是学习型班集体的情感基础

(3) 高效学习模型

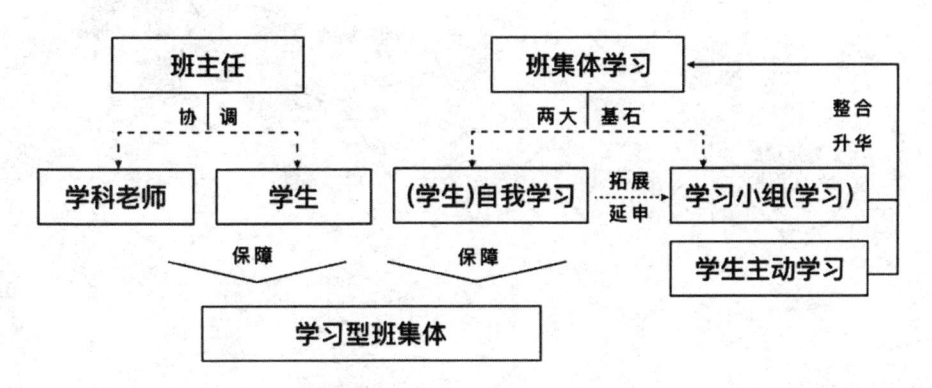

```
        班主任
         │协调│
    ┌────┴────┐         班集体学习 ←────┐
  学科老师   学生       两大│基石         │整合
         │保障│      (学生)自我学习 ─拓展→ 学习小组(学习)  升华
                               延申      学生主动学习
              学习型班集体
```

(4) 学习型班集体人际关系

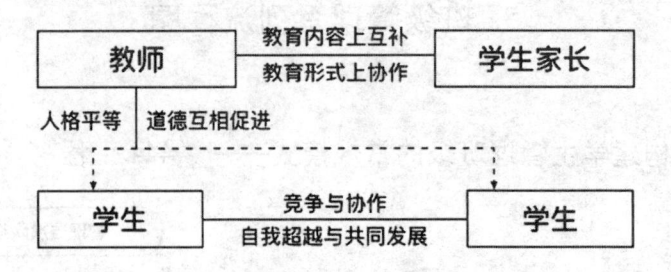

```
教师 ──教育内容上互补── 学生家长
     ──教育形式上协作──
  │人格平等  道德互相促进│
  ↓                    ↓
 学生 ──竞争与协作────── 学生
      ──自我超越与共同发展──
```

(5) 后进生教育失误的理性分析

- 判断后进行类别的失误
- 目标定位的失误
- 教育方式选择的失误
- 评价的失误

(6) 后进生转化的对策与方法

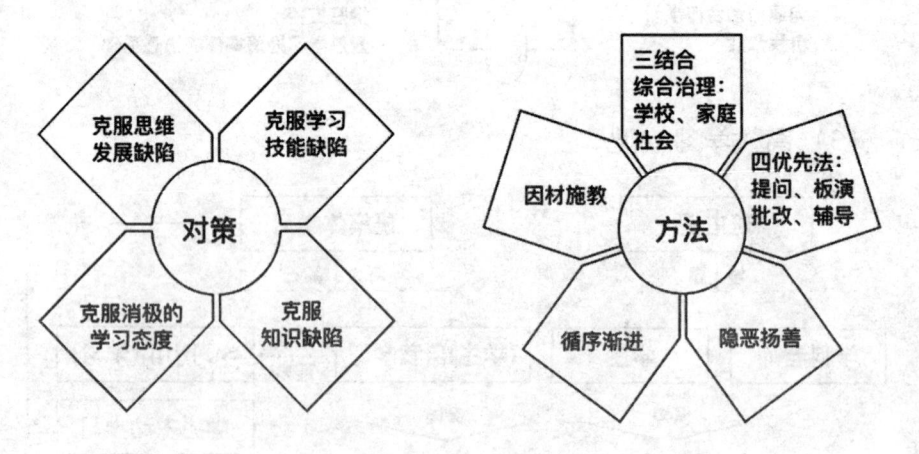

对策：
- 克服思维发展缺陷
- 克服学习技能缺陷
- 克服消极的学习态度
- 克服知识缺陷

方法：
- 三结合综合治理：学校、家庭、社会
- 四优先法：提问、板演、批改、辅导
- 因材施教
- 循序渐进
- 隐恶扬善

（7）主题班会形式

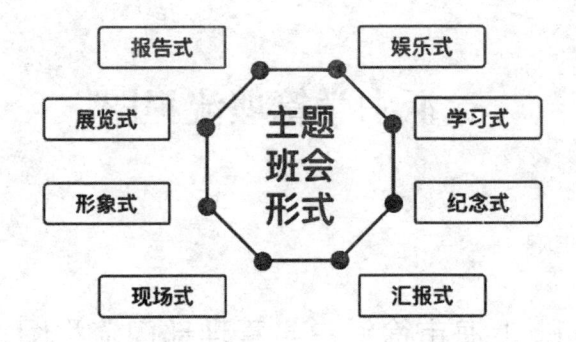

- 报告式
- 娱乐式
- 展览式
- 学习式
- 形象式
- 纪念式
- 现场式
- 汇报式

主题班会形式

（8）完善班会制度

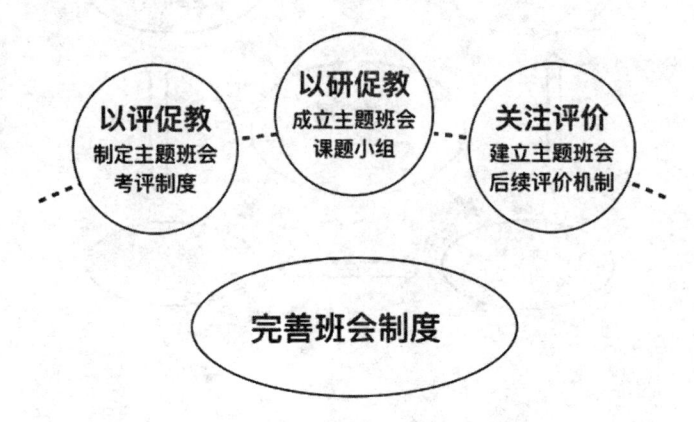

- 以评促教 制定主题班会考评制度
- 以研促教 成立主题班会课题小组
- 关注评价 建立主题班会后续评价机制

完善班会制度

（9）有效开展主题班会

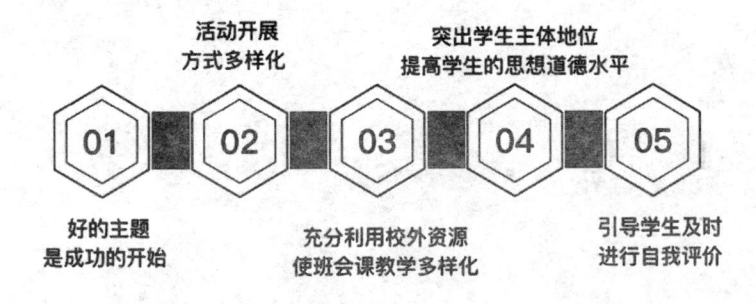

01 好的主题是成功的开始

02 活动开展方式多样化

03 充分利用校外资源使班会课教学多样化

04 突出学生主体地位提高学生的思想道德水平

05 引导学生及时进行自我评价

徐汇中学管理流程图

1. 上海市徐汇中学管理部门流程图

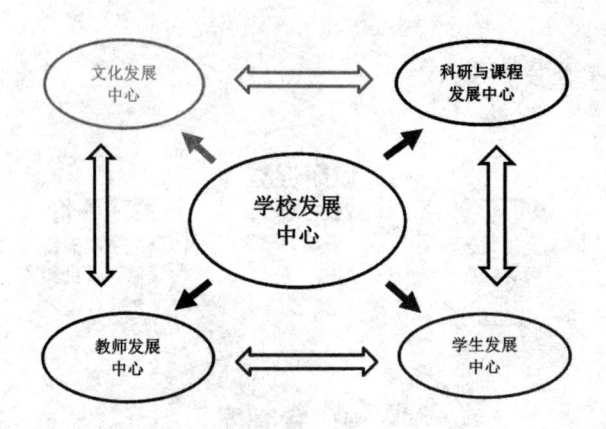

2. 上海市徐汇中学招聘录用流程简图

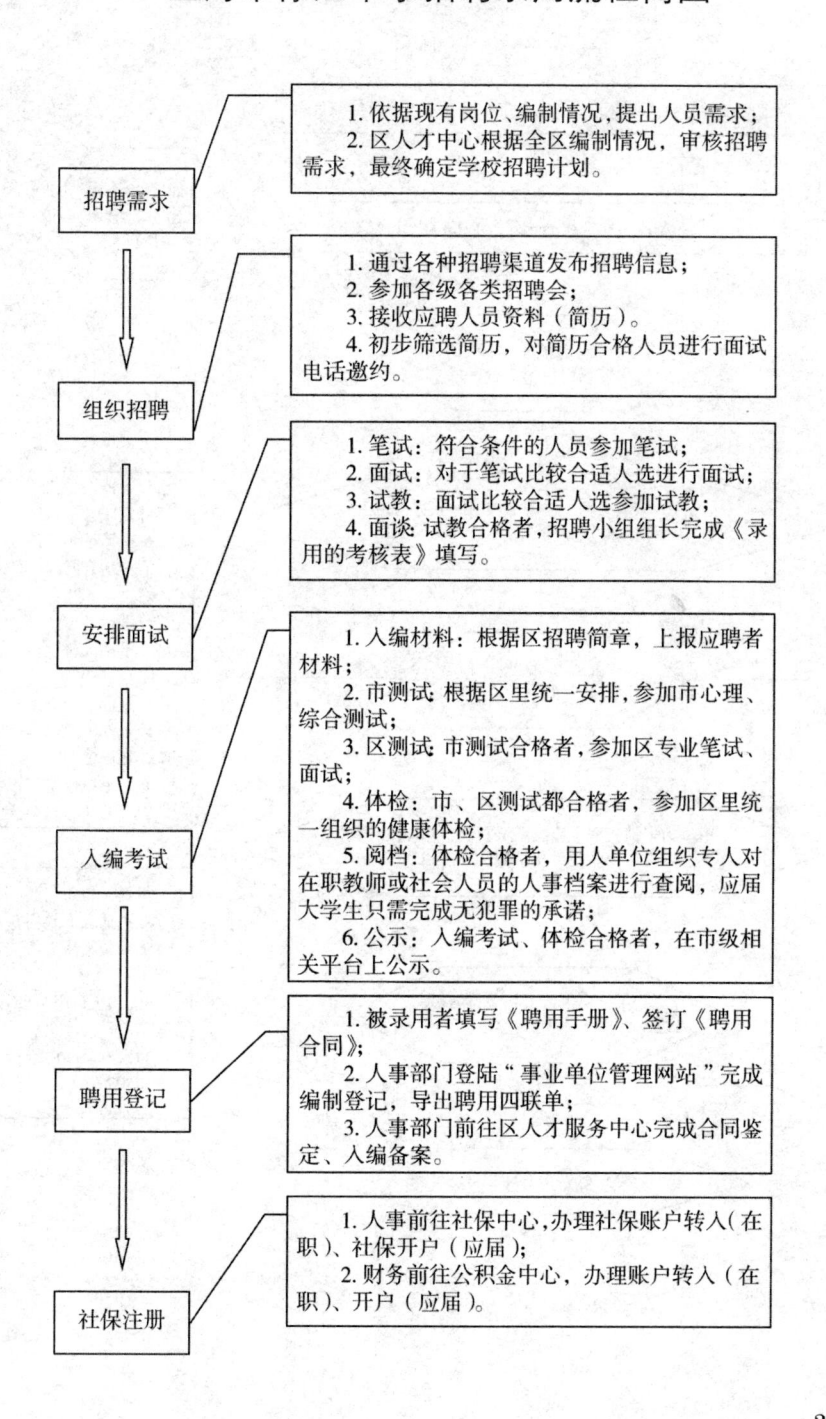

招聘需求
1. 依据现有岗位、编制情况，提出人员需求；
2. 区人才中心根据全区编制情况，审核招聘需求，最终确定学校招聘计划。

组织招聘
1. 通过各种招聘渠道发布招聘信息；
2. 参加各级各类招聘会；
3. 接收应聘人员资料（简历）。
4. 初步筛选简历，对简历合格人员进行面试电话邀约。

安排面试
1. 笔试：符合条件的人员参加笔试；
2. 面试：对于笔试比较合适人选进行面试；
3. 试教：面试比较合适人选参加试教；
4. 面谈：试教合格者，招聘小组组长完成《录用的考核表》填写。

入编考试
1. 入编材料：根据区招聘简章，上报应聘者材料；
2. 市测试：根据区里统一安排，参加市心理、综合测试；
3. 区测试：市测试合格者，参加区专业笔试、面试；
4. 体检：市、区测试都合格者，参加区里统一组织的健康体检；
5. 阅档：体检合格者，用人单位组织专人对在职教师或社会人员的人事档案进行查阅，应届大学生只需完成无犯罪的承诺；
6. 公示：入编考试、体检合格者，在市级相关平台上公示。

聘用登记
1. 被录用者填写《聘用手册》、签订《聘用合同》；
2. 人事部门登陆"事业单位管理网站"完成编制登记，导出聘用四联单；
3. 人事部门前往区人才服务中心完成合同鉴定、入编备案。

社保注册
1. 人事前往社保中心，办理社保账户转入（在职）、社保开户（应届）；
2. 财务前往公积金中心，办理账户转入（在职）、开户（应届）。

225

3. 上海市居住证积分申请流程图

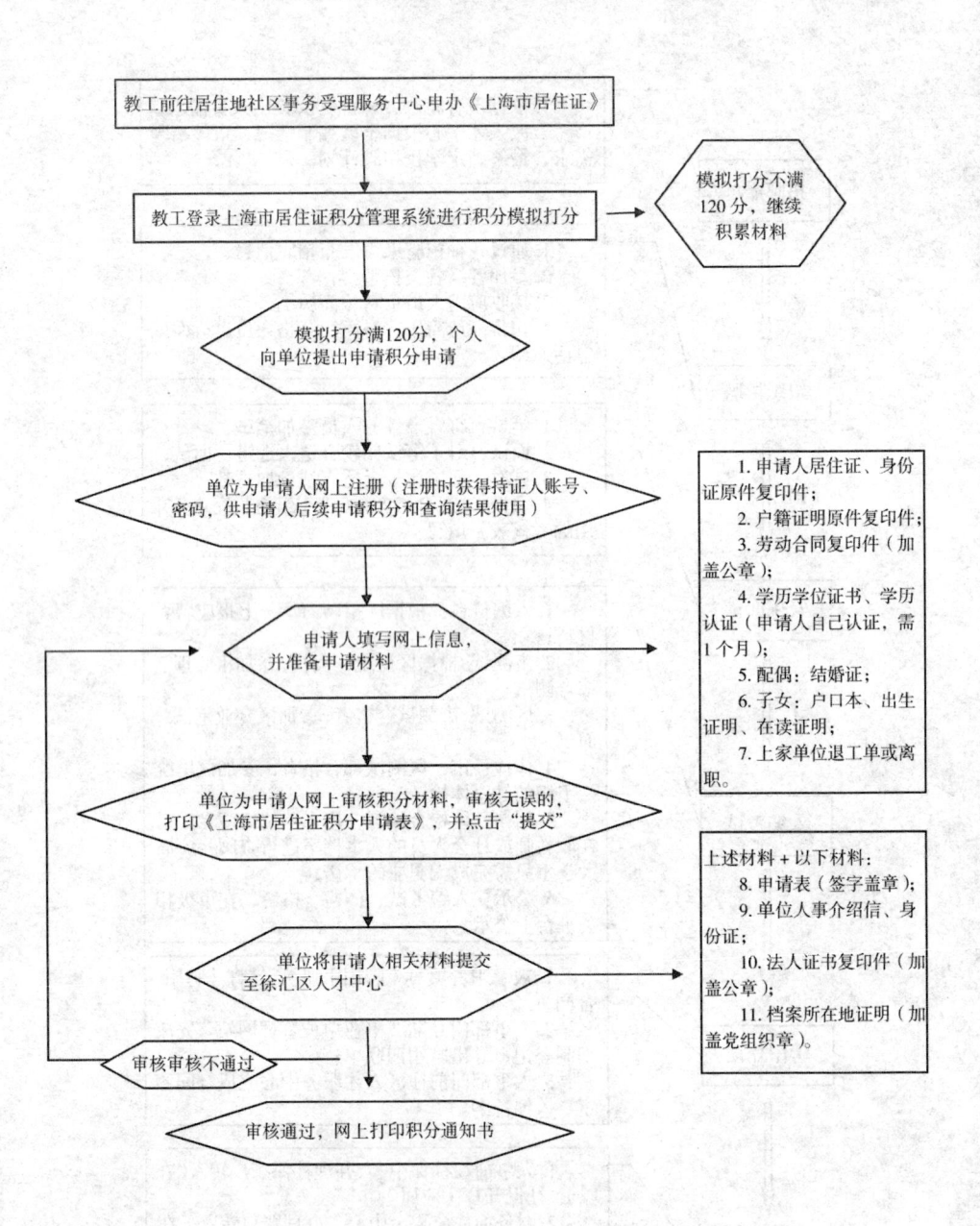

```
教工前往居住地社区事务受理服务中心申办《上海市居住证》
                    ↓
教工登录上海市居住证积分管理系统进行积分模拟打分 → 模拟打分不满120分，继续积累材料
                    ↓
        模拟打分满120分，个人向单位提出申请积分申请
                    ↓
单位为申请人网上注册（注册时获得持证人账号、密码，供申请人后续申请积分和查询结果使用）
                    ↓
            申请人填写网上信息，并准备申请材料
                    ↓
单位为申请人网上审核积分材料，审核无误的，打印《上海市居住证积分申请表》，并点击"提交"
                    ↓
        单位将申请人相关材料提交至徐汇区人才中心
                    ↓（审核审核不通过 ↺）
            审核通过，网上打印积分通知书
```

材料清单：
1. 申请人居住证、身份证原件复印件；
2. 户籍证明原件复印件；
3. 劳动合同复印件（加盖公章）；
4. 学历学位证书、学历认证（申请人自己认证，需1个月）；
5. 配偶：结婚证；
6. 子女：户口本、出生证明、在读证明；
7. 上家单位退工单或离职。

上述材料 + 以下材料：
8. 申请表（签字盖章）；
9. 单位人事介绍信、身份证；
10. 法人证书复印件（加盖公章）；
11. 档案所在地证明（加盖党组织章）。

4. 非上海生源应届毕业生落户申请流程图

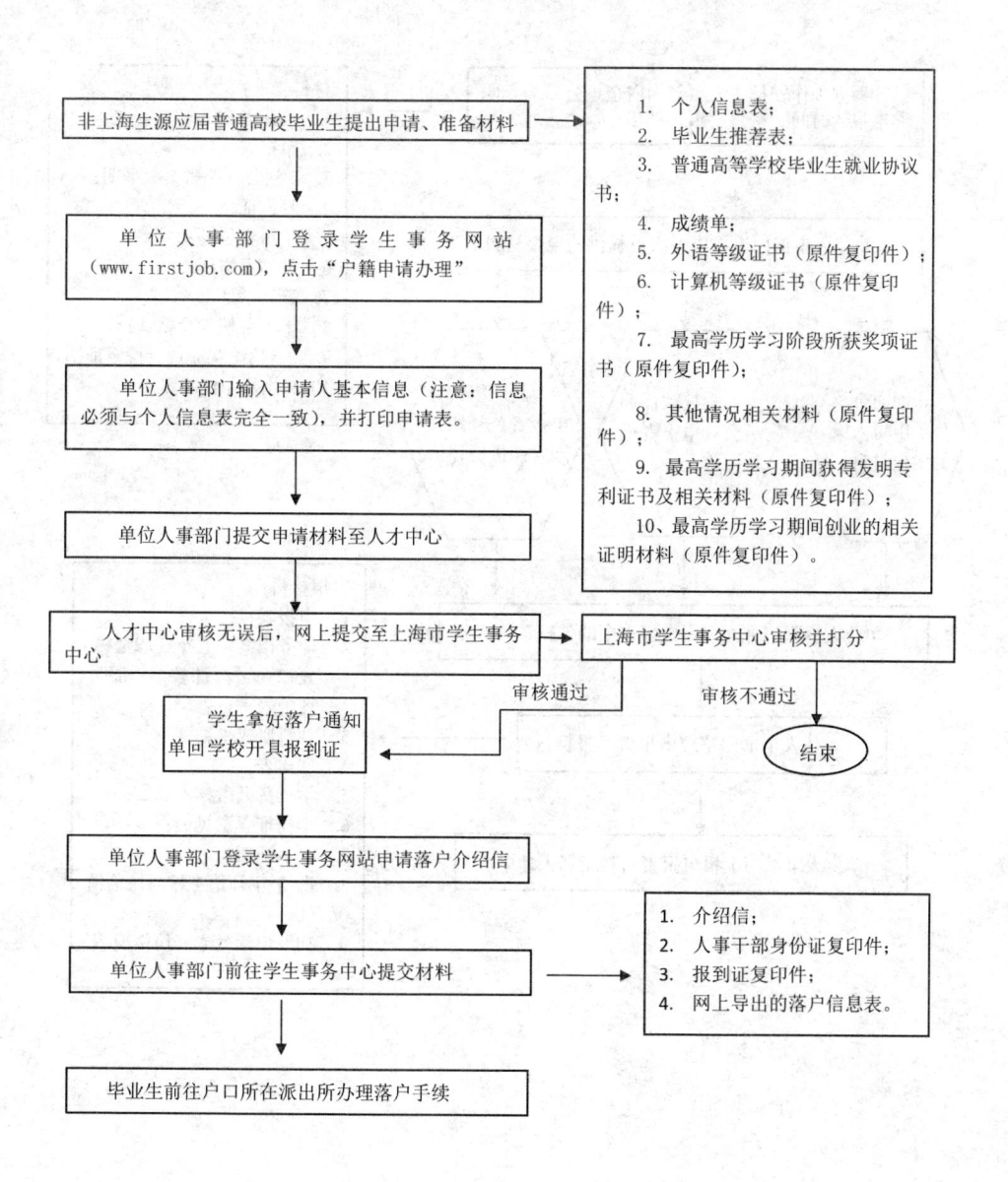

```
┌─────────────────────────────────────┐        ┌──────────────────────────────┐
│ 非上海生源应届普通高校毕业生提出申请、│───────>│ 1. 个人信息表；              │
│ 准备材料                            │        │ 2. 毕业生推荐表；            │
└─────────────────────────────────────┘        │ 3. 普通高等学校毕业生就业协议│
                 │                              │    书；                      │
                 ▼                              │ 4. 成绩单；                  │
┌─────────────────────────────────────┐        │ 5. 外语等级证书（原件复印件）；│
│ 单位人事部门登录学生事务网站        │        │ 6. 计算机等级证书（原件复印 │
│ (www.firstjob.com)，点击"户籍申请办理"│       │    件）；                    │
└─────────────────────────────────────┘        │ 7. 最高学历学习阶段所获奖项证│
                 │                              │    书（原件复印件）；        │
                 ▼                              │ 8. 其他情况相关材料（原件复印│
┌─────────────────────────────────────┐        │    件）；                    │
│ 单位人事部门输入申请人基本信息（注意：│       │ 9. 最高学历学习期间获得发明专│
│ 信息必须与个人信息表完全一致），并   │        │    利证书及相关材料（原件复印│
│ 打印申请表。                        │        │    件）；                    │
└─────────────────────────────────────┘        │ 10、最高学历学习期间创业的相关│
                 │                              │    证明材料（原件复印件）。  │
                 ▼                              └──────────────────────────────┘
┌─────────────────────────────────────┐
│ 单位人事部门提交申请材料至人才中心  │
└─────────────────────────────────────┘
                 │
                 ▼
┌─────────────────────────────────────┐        ┌──────────────────────────────┐
│ 人才中心审核无误后，网上提交至上海市 │───────>│ 上海市学生事务中心审核并打分 │
│ 学生事务中心                        │        └──────────────────────────────┘
└─────────────────────────────────────┘           审核通过    审核不通过
                                                     │            │
                 ┌───────────────────────────────────┘            ▼
                 ▼                                            ( 结束 )
┌─────────────────────────────────────┐
│ 学生拿好落户通知单回学校开具报到证  │
└─────────────────────────────────────┘
                 │
                 ▼
┌─────────────────────────────────────┐
│ 单位人事部门登录学生事务网站申请落户│
│ 介绍信                              │
└─────────────────────────────────────┘
                 │                              ┌──────────────────────────────┐
                 ▼                              │ 1. 介绍信；                  │
┌─────────────────────────────────────┐        │ 2. 人事干部身份证复印件；    │
│ 单位人事部门前往学生事务中心提交材料│───────>│ 3. 报到证复印件；            │
└─────────────────────────────────────┘        │ 4. 网上导出的落户信息表。    │
                 │                              └──────────────────────────────┘
                 ▼
┌─────────────────────────────────────┐
│ 毕业生前往户口所在派出所办理落户手续│
└─────────────────────────────────────┘
```

5. 上海市徐汇中学职称申报线下流程

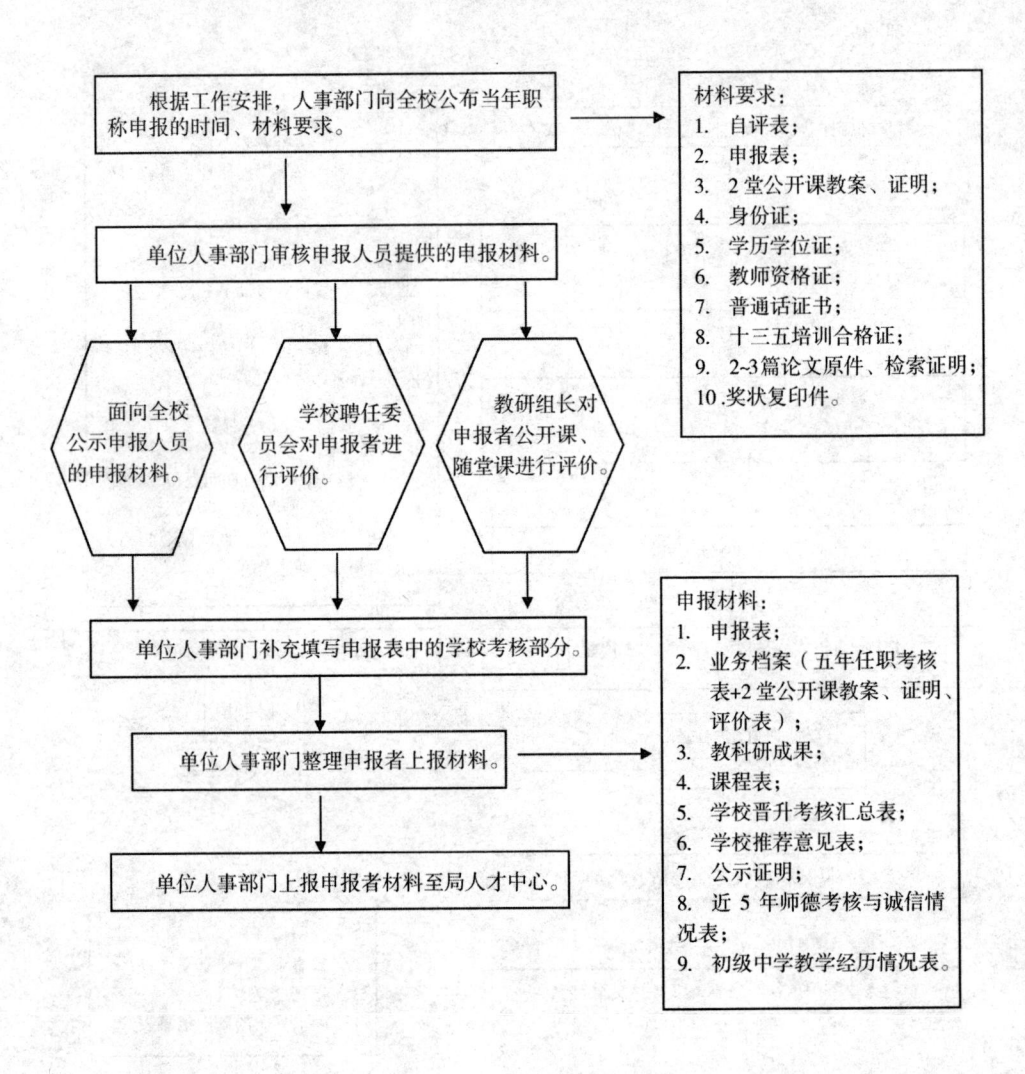

```
根据工作安排，人事部门向全校公布当年职
称申报的时间、材料要求。
            ↓
单位人事部门审核申报人员提供的申报材料。
            ↓
┌─────────┬─────────┬─────────┐
面向全校    学校聘任委   教研组长对
公示申报人   员会对申报者  申报者公开课、
员的申报材   进行评价。   随堂课进行评价。
料。
└─────────┴─────────┴─────────┘
            ↓
单位人事部门补充填写申报表中的学校考核部分。
            ↓
单位人事部门整理申报者上报材料。
            ↓
单位人事部门上报申报者材料至局人才中心。
```

材料要求：
1. 自评表；
2. 申报表；
3. 2堂公开课教案、证明；
4. 身份证；
5. 学历学位证；
6. 教师资格证；
7. 普通话证书；
8. 十三五培训合格证；
9. 2~3篇论文原件、检索证明；
10. 奖状复印件。

申报材料：
1. 申报表；
2. 业务档案（五年任职考核表+2堂公开课教案、证明、评价表）；
3. 教科研成果；
4. 课程表；
5. 学校晋升考核汇总表；
6. 学校推荐意见表；
7. 公示证明；
8. 近5年师德考核与诚信情况表；
9. 初级中学教学经历情况表。

6. 上海市徐汇中学高级职称申报线上流程图

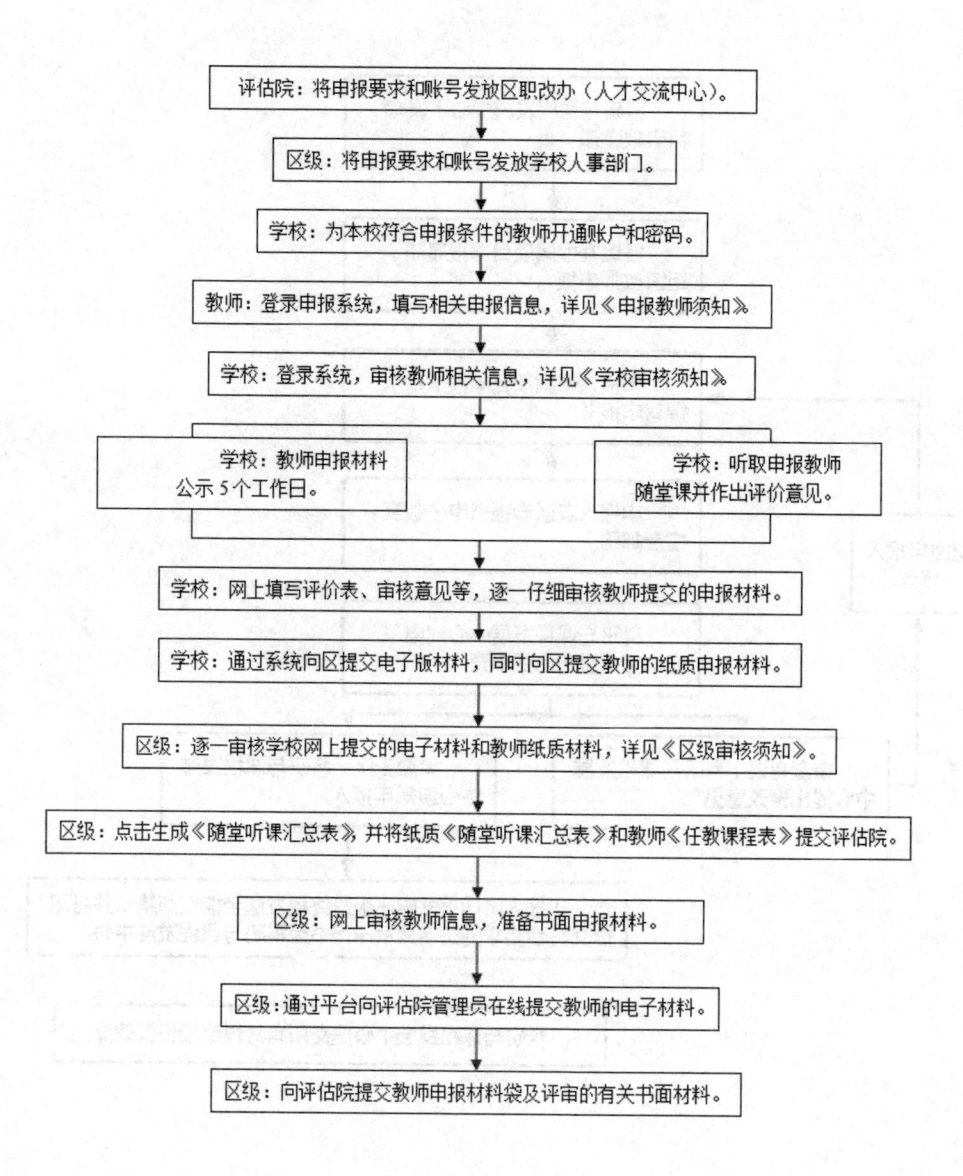

```
评估院：将申报要求和账号发放区职改办（人才交流中心）。
        ↓
区级：将申报要求和账号发放学校人事部门。
        ↓
学校：为本校符合申报条件的教师开通账户和密码。
        ↓
教师：登录申报系统，填写相关申报信息，详见《申报教师须知》
        ↓
学校：登录系统，审核教师相关信息，详见《学校审核须知》
        ↓
学校：教师申报材料           学校：听取申报教师
公示5个工作日。              随堂课并作出评价意见。
        ↓
学校：网上填写评价表、审核意见等，逐一仔细审核教师提交的申报材料。
        ↓
学校：通过系统向区提交电子版材料，同时向区提交教师的纸质申报材料。
        ↓
区级：逐一审核学校网上提交的电子材料和教师纸质材料，详见《区级审核须知》。
        ↓
区级：点击生成《随堂听课汇总表》，并将纸质《随堂听课汇总表》和教师《任教课程表》提交评估院。
        ↓
区级：网上审核教师信息，准备书面申报材料。
        ↓
区级：通过平台向评估院管理员在线提交教师的电子材料。
        ↓
区级：向评估院提交教师申报材料袋及评审的有关书面材料。
```

229

管理有一套 >>>

7. 上海市徐汇中学课题项目申报流程图

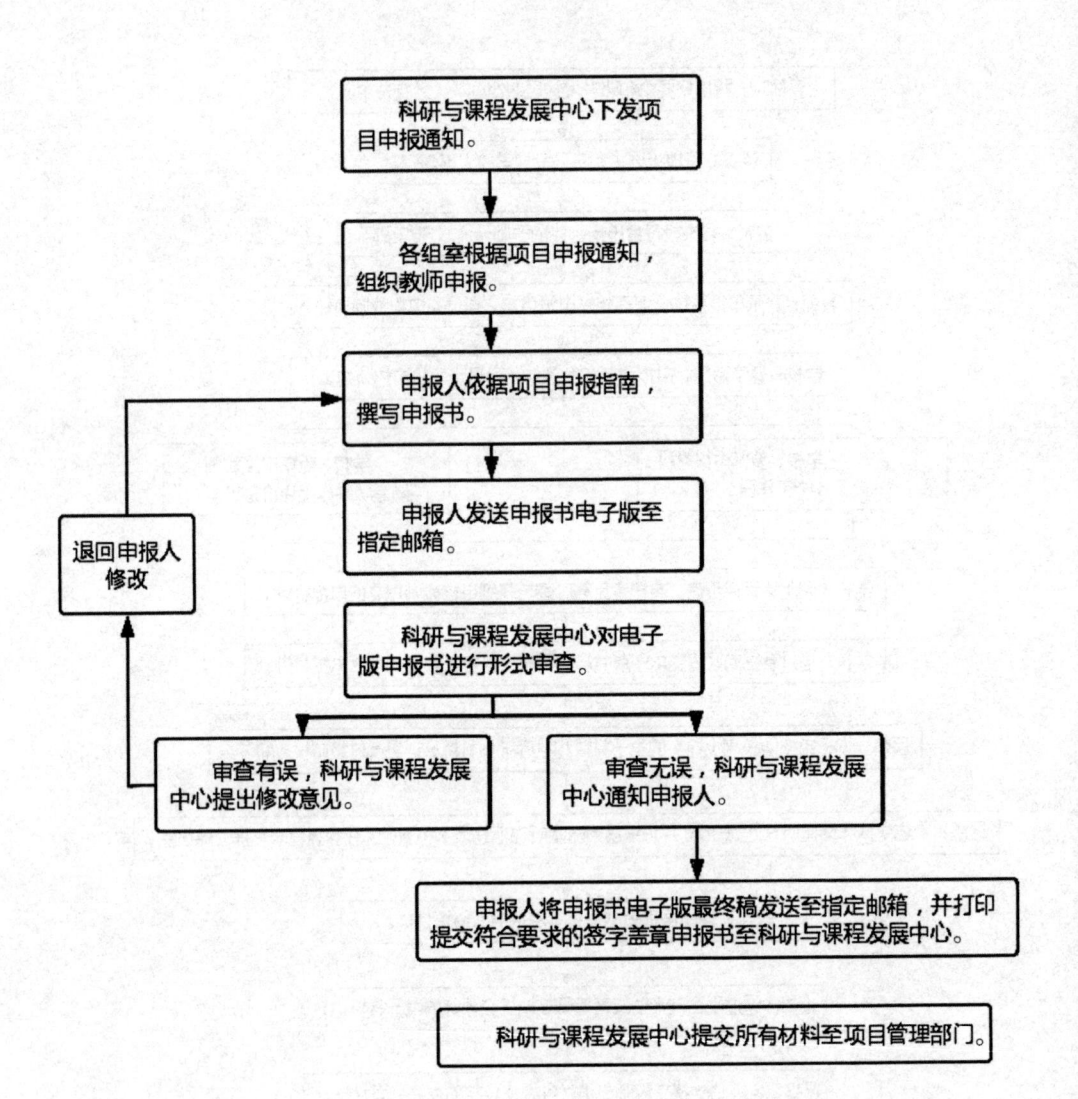

```
科研与课程发展中心下发项目申报通知。
          ↓
各组室根据项目申报通知，组织教师申报。
          ↓
申报人依据项目申报指南，撰写申报书。
          ↓
申报人发送申报书电子版至指定邮箱。
          ↓
科研与课程发展中心对电子版申报书进行形式审查。
          ↓                              ↓
审查有误，科研与课程发展          审查无误，科研与课程发展
中心提出修改意见。                中心通知申报人。
    ↓                                    ↓
退回申报人修改                    申报人将申报书电子版最终稿发送至指定邮箱，并打印
 (返回至"撰写申报书")              提交符合要求的签字盖章申报书至科研与课程发展中心。
                                         ↓
                              科研与课程发展中心提交所有材料至项目管理部门。
```

8. 上海市徐汇中学课题管理流程图

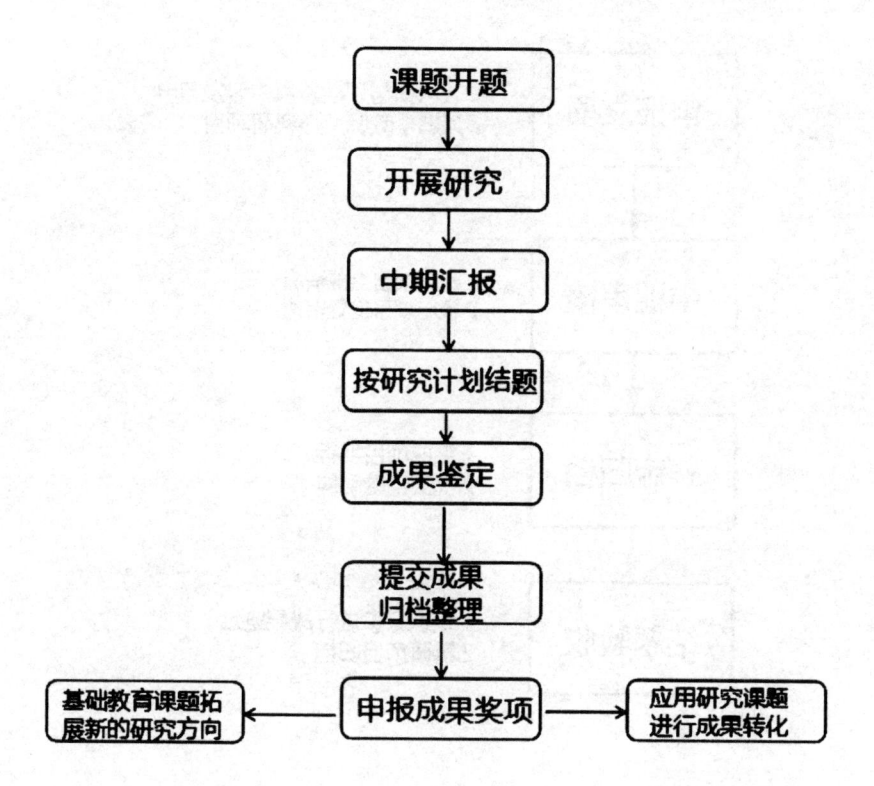

```
课题开题
   ↓
开展研究
   ↓
中期汇报
   ↓
按研究计划结题
   ↓
成果鉴定
   ↓
提交成果
归档整理
   ↓
基础教育课题拓 ← 申报成果奖项 → 应用研究课题
展新的研究方向              进行成果转化
```

9. 上海市徐汇中学科研项目管理流程图

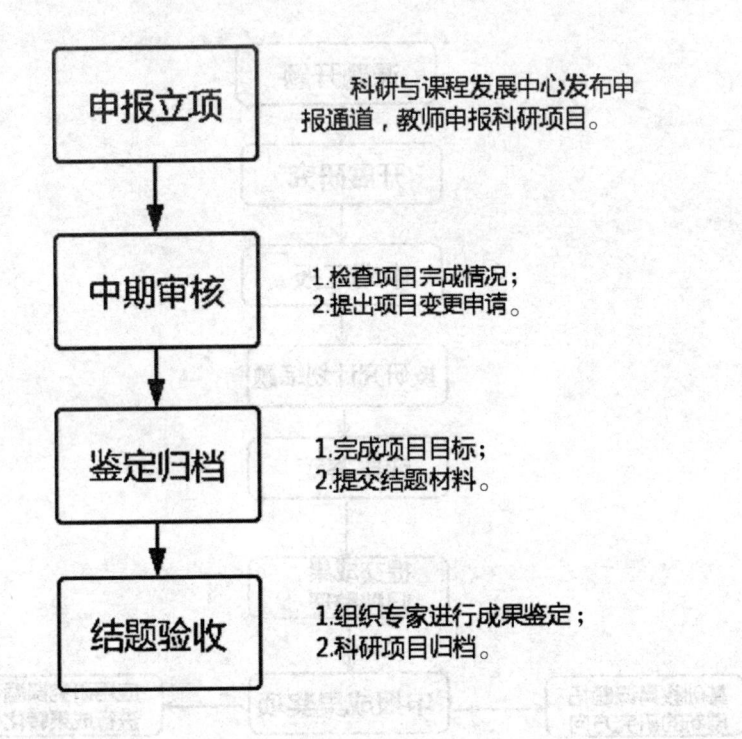

```
申报立项  ──  科研与课程发展中心发布申
              报通道，教师申报科研项目。
   ↓
中期审核  ──  1.检查项目完成情况；
              2.提出项目变更申请。
   ↓
鉴定归档  ──  1.完成项目目标；
              2.提交结题材料。
   ↓
结题验收  ──  1.组织专家进行成果鉴定；
              2.科研项目归档。
```

10. 上海市徐汇中学教师优秀论文评审流程

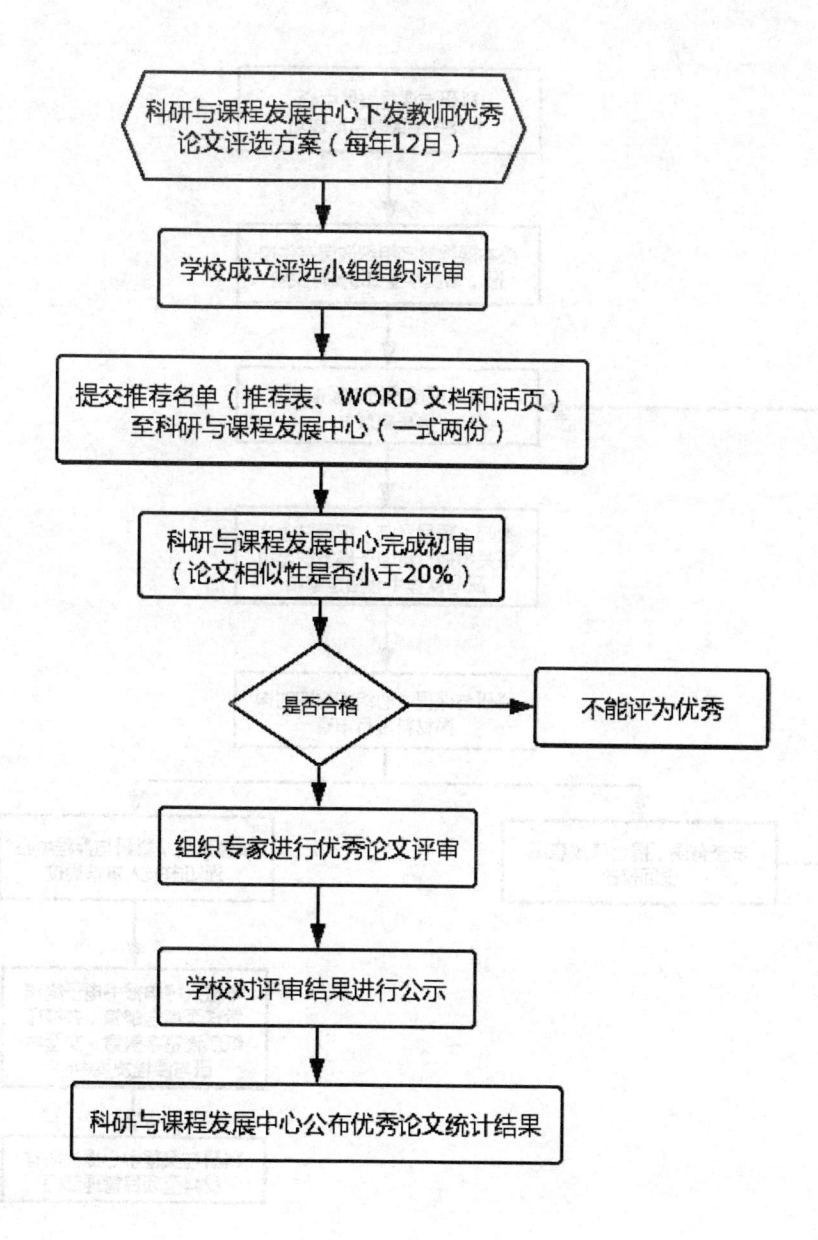

```
科研与课程发展中心下发教师优秀
论文评选方案（每年12月）
        ↓
学校成立评选小组组织评审
        ↓
提交推荐名单（推荐表、WORD文档和活页）
至科研与课程发展中心（一式两份）
        ↓
科研与课程发展中心完成初审
（论文相似性是否小于20%）
        ↓
   <是否合格> ——→ 不能评为优秀
        ↓
组织专家进行优秀论文评审
        ↓
学校对评审结果进行公示
        ↓
科研与课程发展中心公布优秀论文统计结果
```

11. 上海市徐汇中学学生课题申报流程图

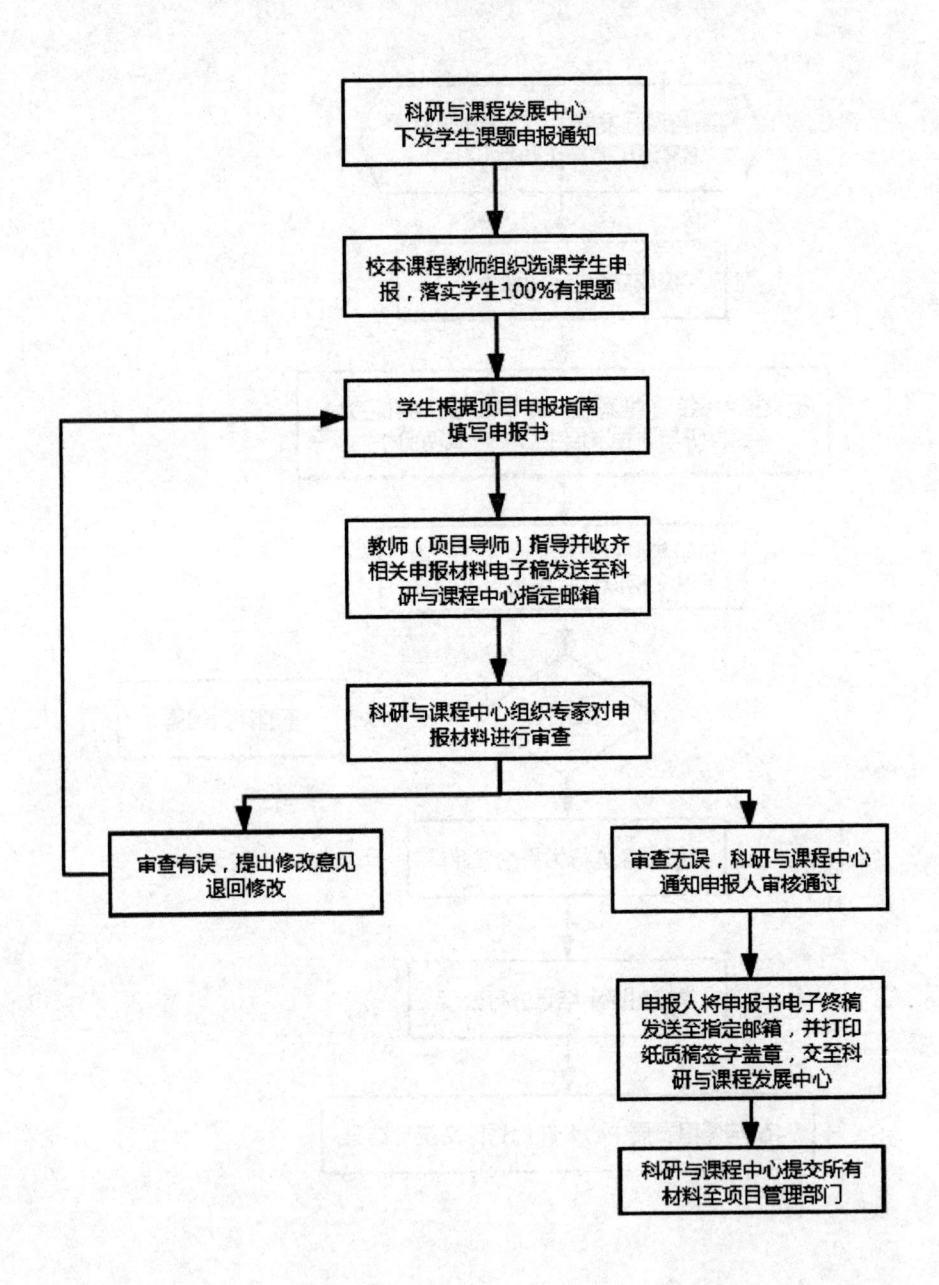

```
科研与课程发展中心下发学生课题申报通知
        ↓
校本课程教师组织选课学生申报，落实学生100%有课题
        ↓
学生根据项目申报指南填写申报书 ←──────┐
        ↓                              │
教师（项目导师）指导并收齐相关申报材料电子稿发送至科研与课程中心指定邮箱
        ↓                              │
科研与课程中心组织专家对申报材料进行审查
        ↓                              │
   ┌────┴────┐                         │
审查有误，提出修改意见退回修改 ─────────┘
          审查无误，科研与课程中心通知申报人审核通过
              ↓
申报人将申报书电子终稿发送至指定邮箱，并打印纸质稿签字盖章，交至科研与课程发展中心
              ↓
科研与课程中心提交所有材料至项目管理部门
```

12. 上海市徐汇中学校本课程申报管理流程图

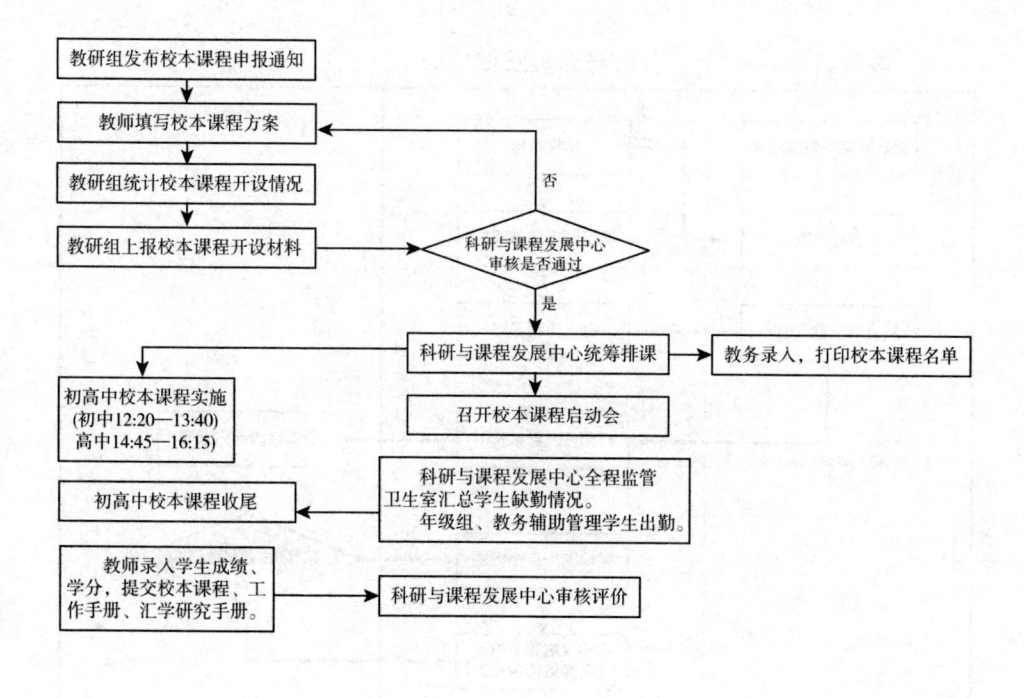

```
教研组发布校本课程申报通知
        ↓
教师填写校本课程方案 ──────────┐
        ↓                      │
教研组统计校本课程开设情况       │ 否
        ↓                      │
教研组上报校本课程开设材料       │
        ↓                      ↓
                    ┌─ 科研与课程发展中心 ─┐
                    │   审核是否通过       │
                    └──────────┬──────────┘
                              │ 是
                              ↓
        ┌──── 科研与课程发展中心统筹排课 ────→ 教务录入，打印校本课程名单
        │              ↓
        │      召开校本课程启动会
        ↓              ↓
初高中校本课程实施      科研与课程发展中心全程监管
(初中12:20—13:40)      卫生室汇总学生缺勤情况。
高中14:45—16:15)       年级组、教务辅助管理学生出勤。
        ↓
初高中校本课程收尾
        ↓
教师录入学生成绩、
学分，提交校本课程、工 ────→ 科研与课程发展中心审核评价
作手册、汇学研究手册。
```

13. 上海市徐汇中学选课流程图

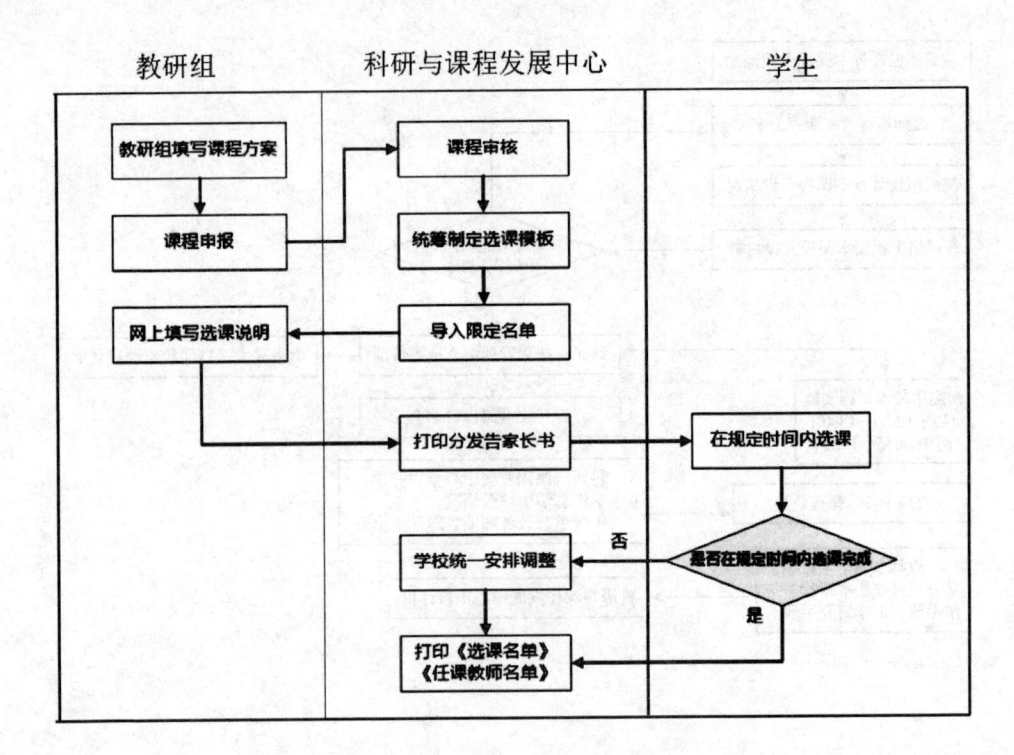

教研组	科研与课程发展中心	学生

教研组填写课程方案 → 课程申报 → 网上填写选课说明

课程审核 → 统筹制定选课模板 → 导入限定名单 → 打印分发告家长书 → 学校统一安排调整 → 打印《选课名单》《任课教师名单》

在规定时间内选课 → 是否在规定时间内选课完成（否：学校统一安排调整；是：打印《选课名单》《任课教师名单》）

14. 上海市徐汇中学中学生创业项目流程图

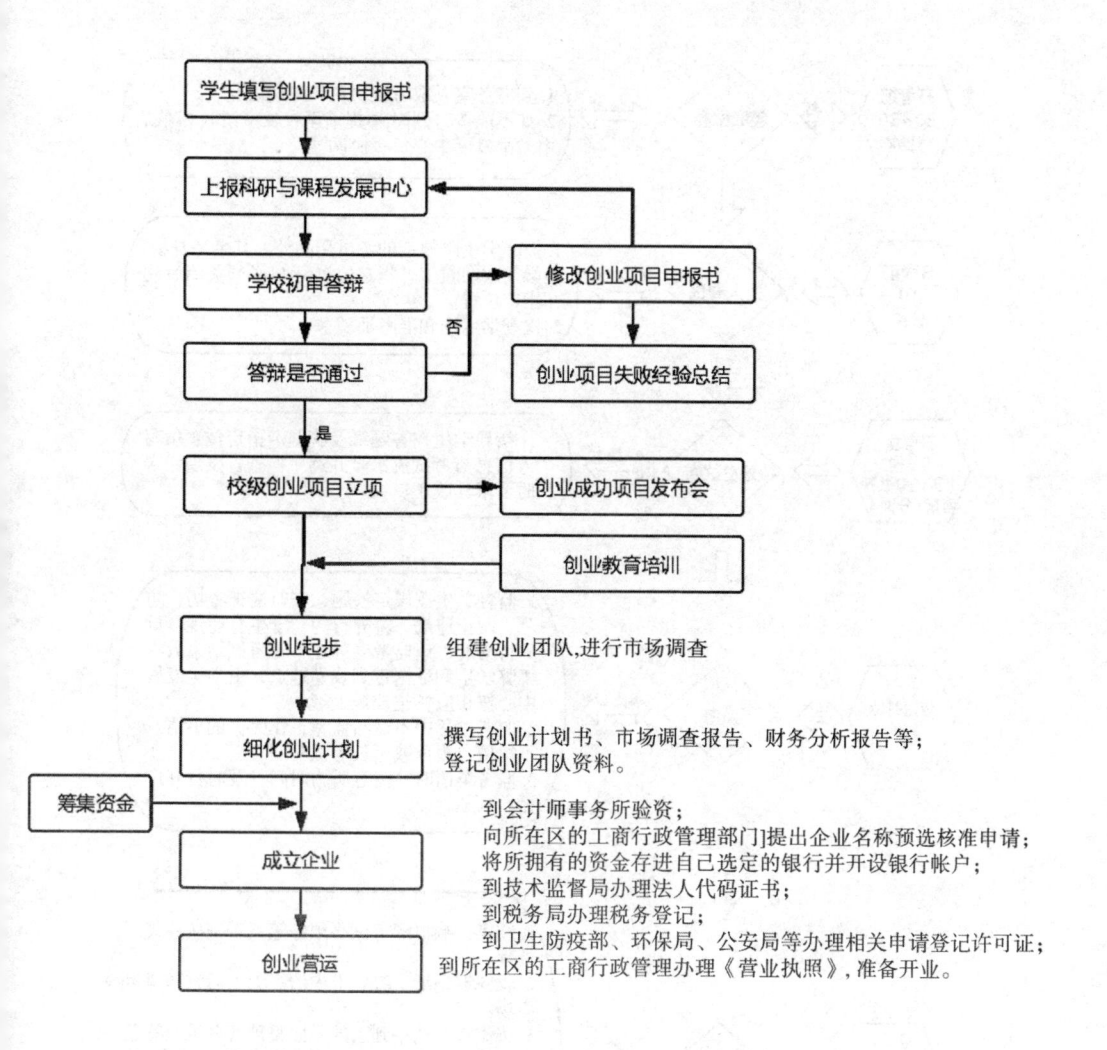

```
学生填写创业项目申报书
        ↓
上报科研与课程发展中心 ←──────────┐
        ↓                        │
   学校初审答辩          修改创业项目申报书
        ↓                        ↑
   答辩是否通过 ──否──→ 创业项目失败经验总结
        ↓是
  校级创业项目立项 ──→ 创业成功项目发布会
        ↓                        ↓
        ←──────────── 创业教育培训
        ↓
    创业起步          组建创业团队,进行市场调查
        ↓
   细化创业计划        撰写创业计划书、市场调查报告、财务分析报告等;
        ↓             登记创业团队资料。
筹集资金 →
        ↓                到会计师事务所验资;
    成立企业            向所在区的工商行政管理部门提出企业名称预选核准申请;
        ↓               将所拥有的资金存进自己选定的银行并开设银行帐户;
                       到技术监督局办理法人代码证书;
                       到税务局办理税务登记;
    创业营运            到卫生防疫部、环保局、公安局等办理相关申请登记许可证;
                       到所在区的工商行政管理办理《营业执照》,准备开业。
```

15. 上海市徐汇中学监考流程图

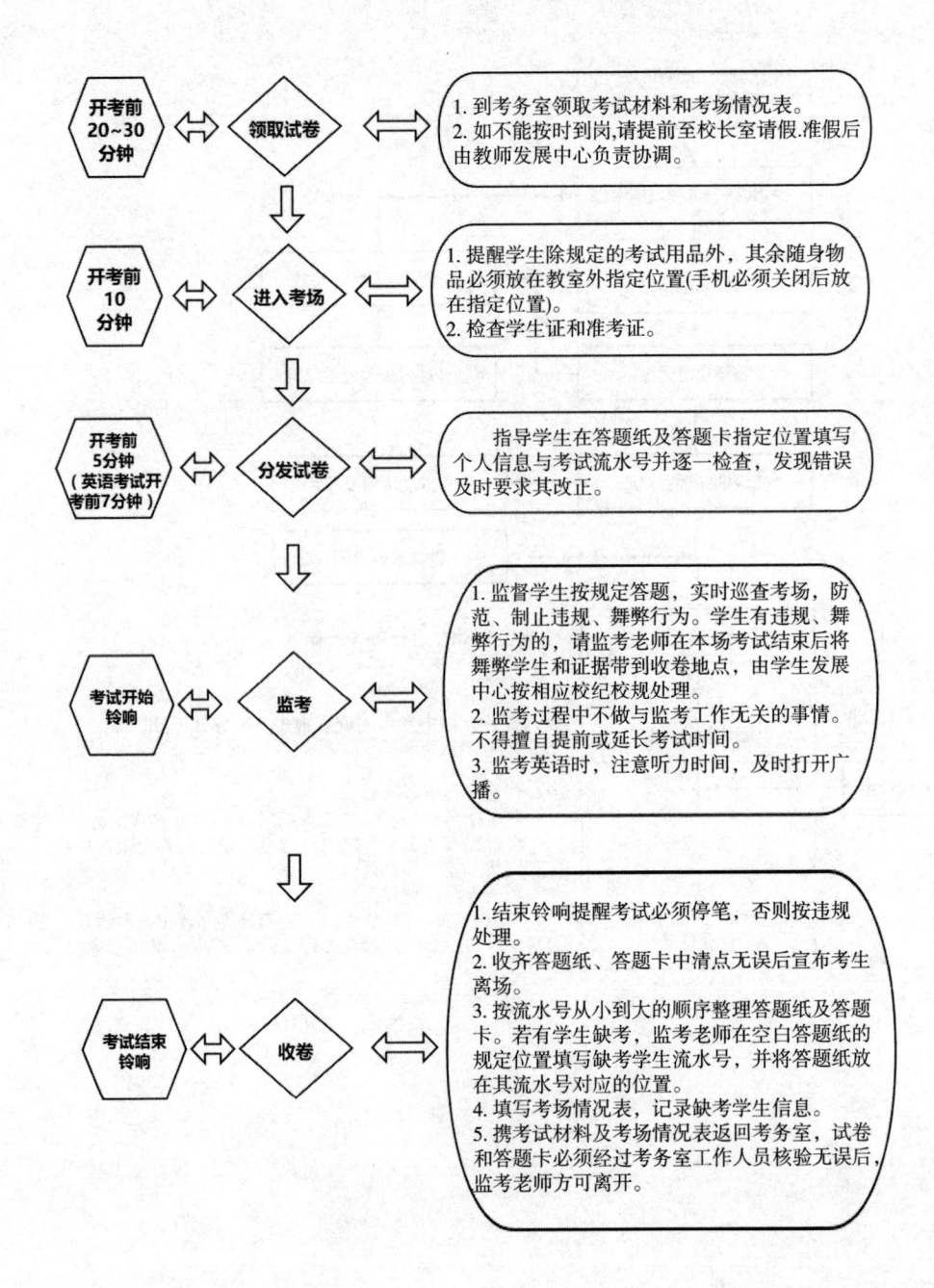

开考前 20~30 分钟 ⇄ **领取试卷** ⇄
1. 到考务室领取考试材料和考场情况表。
2. 如不能按时到岗,请提前至校长室请假.准假后由教师发展中心负责协调。

⇩

开考前 10 分钟 ⇄ **进入考场** ⇄
1. 提醒学生除规定的考试用品外,其余随身物品必须放在教室外指定位置(手机必须关闭后放在指定位置)。
2. 检查学生证和准考证。

⇩

开考前 5分钟（英语考试开考前7分钟） ⇄ **分发试卷** ⇄
指导学生在答题纸及答题卡指定位置填写个人信息与考试流水号并逐一检查,发现错误及时要求其改正。

⇩

考试开始铃响 ⇄ **监考** ⇄
1. 监督学生按规定答题,实时巡查考场,防范、制止违规、舞弊行为。学生有违规、舞弊行为的,请监考老师在本场考试结束后将舞弊学生和证据带到收卷地点,由学生发展中心按相应校纪校规处理。
2. 监考过程中不做与监考工作无关的事情。不得擅自提前或延长考试时间。
3. 监考英语时,注意听力时间,及时打开广播。

⇩

考试结束铃响 ⇄ **收卷** ⇄
1. 结束铃响提醒考试必须停笔,否则按违规处理。
2. 收齐答题纸、答题卡中清点无误后宣布考生离场。
3. 按流水号从小到大的顺序整理答题纸及答题卡。若有学生缺考,监考老师在空白答题纸的规定位置填写缺考学生流水号,并将答题纸放在其流水号对应的位置。
4. 填写考场情况表,记录缺考学生信息。
5. 携考试材料及考场情况表返回考务室,试卷和答题卡必须经过考务室工作人员核验无误后,监考老师方可离开。

16. 上海市徐汇中学考试流程图

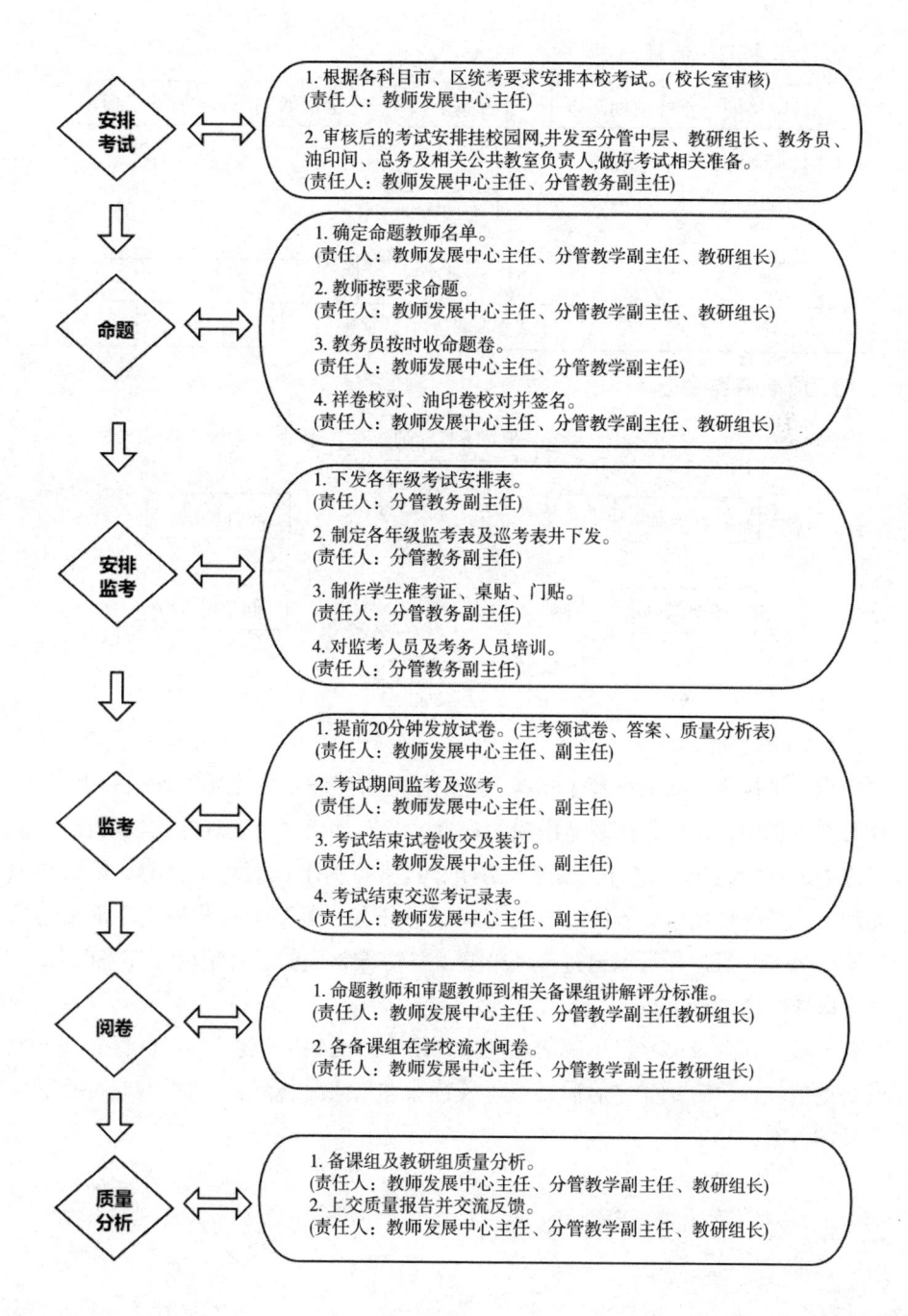

安排考试 ⇔
1. 根据各科目市、区统考要求安排本校考试。(校长室审核)
(责任人：教师发展中心主任)
2. 审核后的考试安排挂校园网，并发至分管中层、教研组长、教务员、油印间、总务及相关公共教室负责人，做好考试相关准备。
(责任人：教师发展中心主任、分管教务副主任)

⇩

命题 ⇔
1. 确定命题教师名单。
(责任人：教师发展中心主任、分管教学副主任、教研组长)
2. 教师按要求命题。
(责任人：教师发展中心主任、分管教学副主任、教研组长)
3. 教务员按时收命题卷。
(责任人：教师发展中心主任、分管教学副主任)
4. 样卷校对、油印卷校对并签名。
(责任人：教师发展中心主任、分管教学副主任、教研组长)

⇩

安排监考 ⇔
1. 下发各年级考试安排表。
(责任人：分管教务副主任)
2. 制定各年级监考表及巡考表并下发。
(责任人：分管教务副主任)
3. 制作学生准考证、桌贴、门贴。
(责任人：分管教务副主任)
4. 对监考人员及考务人员培训。
(责任人：分管教务副主任)

⇩

监考 ⇔
1. 提前20分钟发放试卷。(主考领试卷、答案、质量分析表)
(责任人：教师发展中心主任、副主任)
2. 考试期间监考及巡考。
(责任人：教师发展中心主任、副主任)
3. 考试结束试卷收交及装订。
(责任人：教师发展中心主任、副主任)
4. 考试结束交巡考记录表。
(责任人：教师发展中心主任、副主任)

⇩

阅卷 ⇔
1. 命题教师和审题教师到相关备课讲解评分标准。
(责任人：教师发展中心主任、分管教学副主任教研组长)
2. 各备课组在学校流水阅卷。
(责任人：教师发展中心主任、分管教学副主任教研组长)

⇩

质量分析 ⇔
1. 备课组及教研组质量分析。
(责任人：教师发展中心主任、分管教学副主任、教研组长)
2. 上交质量报告并交流反馈。
(责任人：教师发展中心主任、分管教学副主任、教研组长)

17. 上海市徐汇中学特殊教育学生工作机制及流程

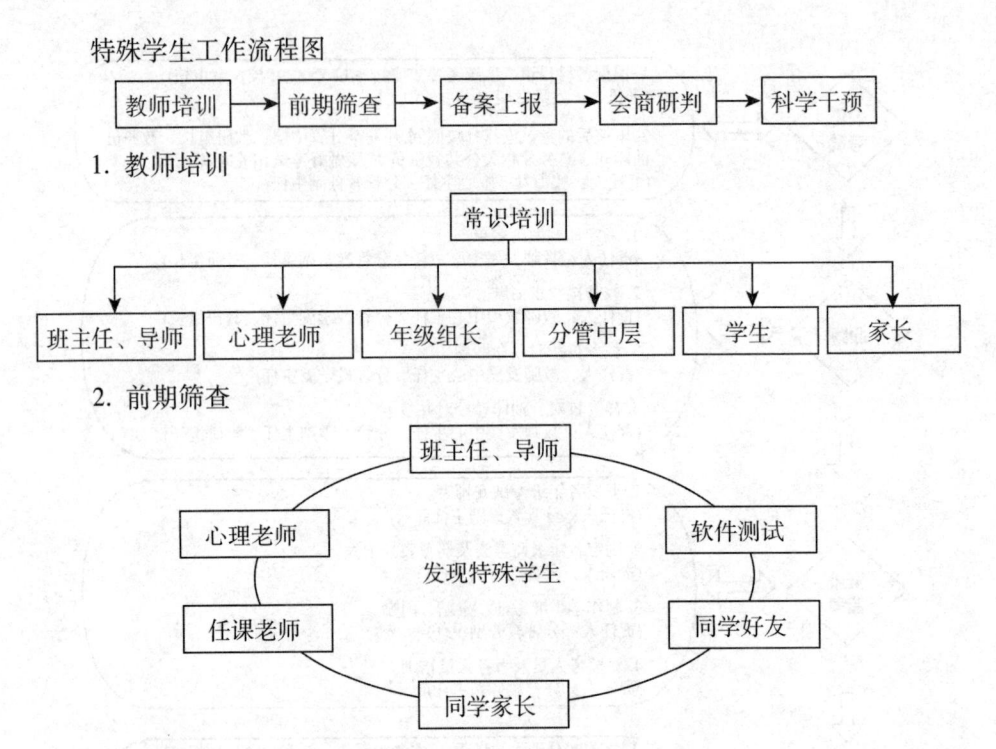

特殊学生工作流程图

教师培训 → 前期筛查 → 备案上报 → 会商研判 → 科学干预

1. 教师培训

常识培训 → 班主任、导师 / 心理老师 / 年级组长 / 分管中层 / 学生 / 家长

2. 前期筛查

发现特殊学生：班主任、导师 / 软件测试 / 同学好友 / 同学家长 / 任课老师 / 心理老师

3. 备案上报

作为学校第一线的教育工作者，班主任是特殊学生的主要发现人和上报人。在日常工作中，班主任需要有敏锐的观察。特殊学生通常表现的比较明显，如：心理上表现为自卑、脆弱、敏感、封闭；日常行为上表现为不合群、易激动或易消沉、爱感情用事、不能专心地完成某一任务、服装上有些另类、常常违反校纪校规等。班主任可以通过多种渠道了解特殊学生的各种情况，如平时观察、家访座谈、个别谈心等。

上报人需要及时将已了解信息上报，第一时间的上报可以通过电话、晤谈、网络通信软件等方式，之后需要填写《特殊学生情况登记表》，以做好特殊学生干预的备案工作。

徐汇中学特殊学生工作流程图

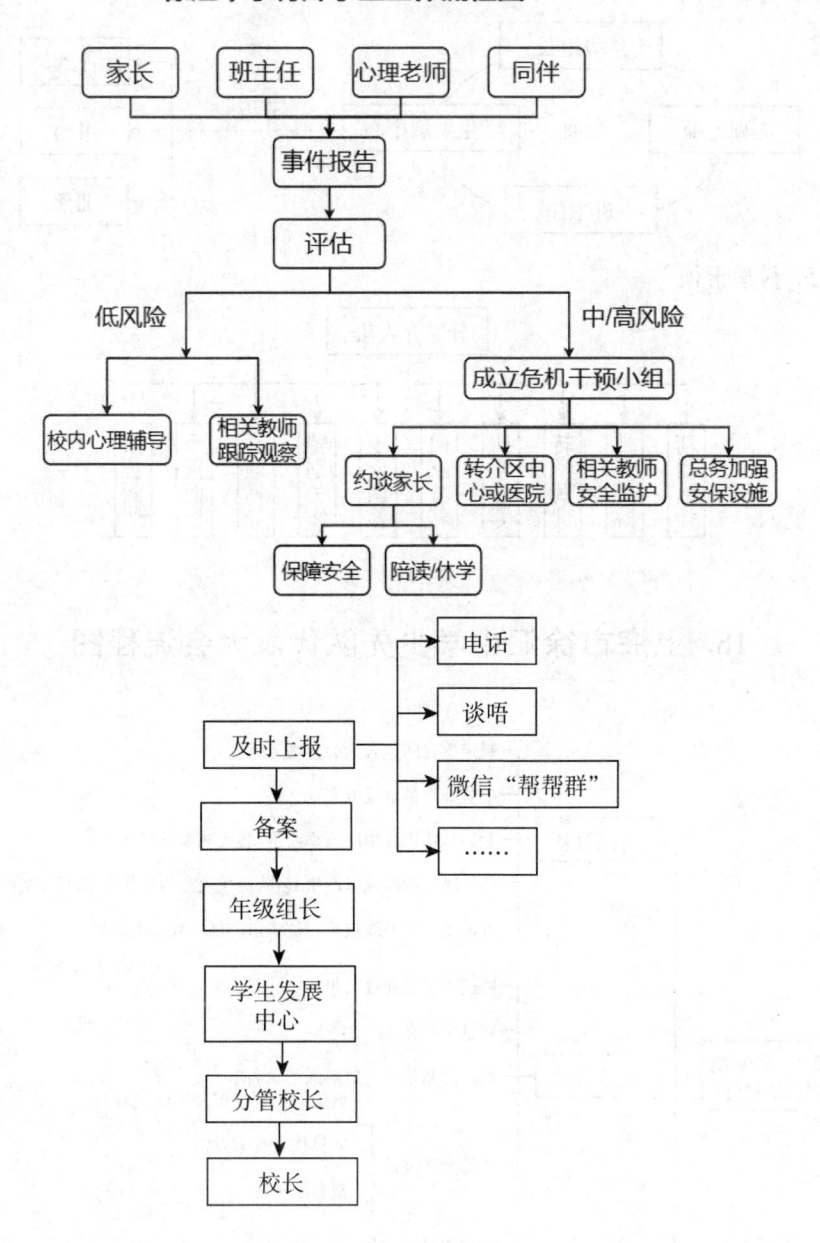

家长 — 班主任 — 心理老师 — 同伴
↓
事件报告
↓
评估
├─ 低风险
│   ├─ 校内心理辅导
│   └─ 相关教师跟踪观察
└─ 中/高风险
    └─ 成立危机干预小组
        ├─ 约谈家长
        │   ├─ 保障安全
        │   └─ 陪读/休学
        ├─ 转介区中心或医院
        ├─ 相关教师安全监护
        └─ 总务加强安保设施

及时上报 → 电话 / 谈晤 / 微信"帮帮群" / ……
↓
备案
↓
年级组长
↓
学生发展中心
↓
分管校长
↓
校长

241

管理有一套 >>>

4. 会商研判

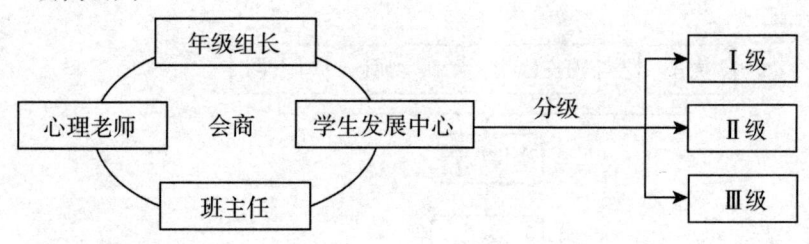

```
        年级组长
       /        \
心理老师 — 会商 — 学生发展中心 —分级→  Ⅰ级
       \        /                    Ⅱ级
        班主任                        Ⅲ级
```

5. 科学干预

分级介入法
- 药物治疗
- 转介医院
- 转学调试
- 休学静养
- 回家静养
- 走读调养
- 特别关怀
- 心理辅导
- 个别面谈
- 家长面谈

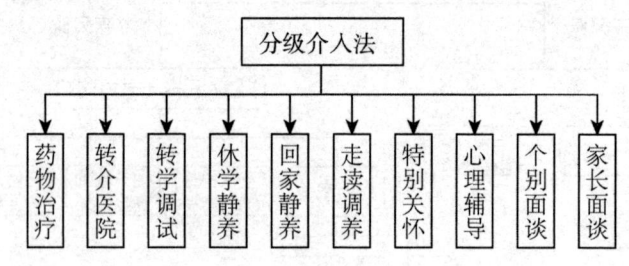

18. 上海市徐汇中学少先队代表大会流程图

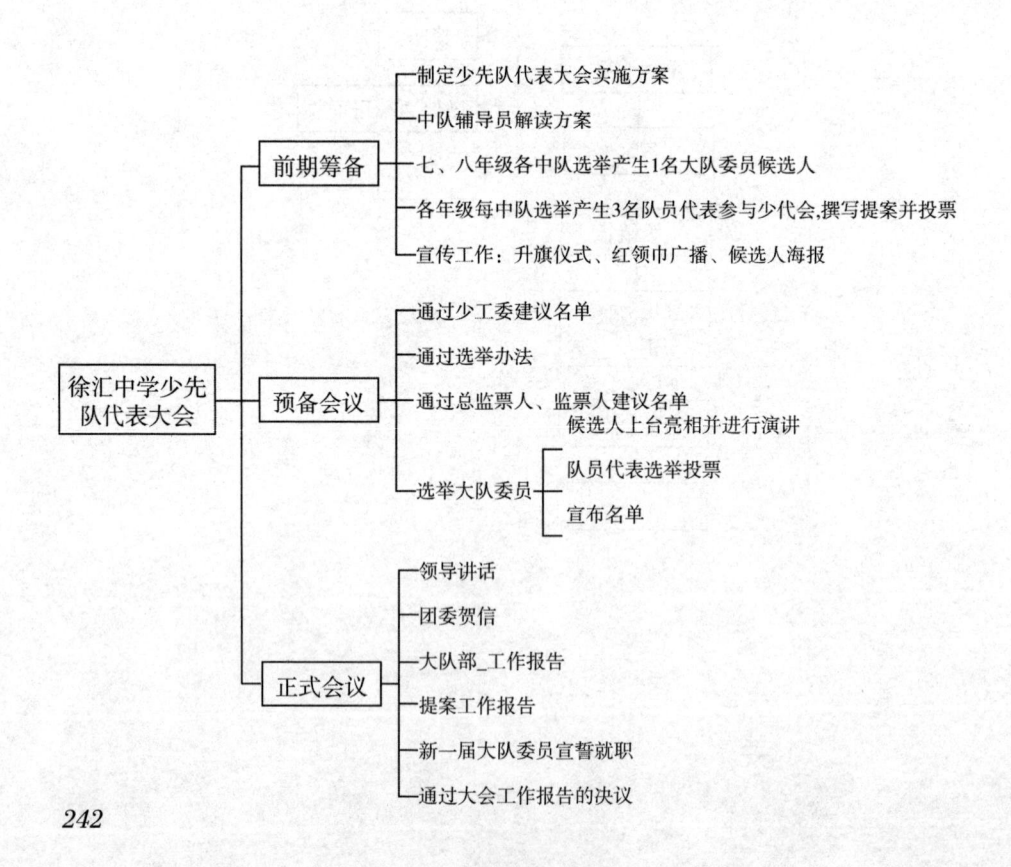

徐汇中学少先队代表大会

前期筹备
- 制定少先队代表大会实施方案
- 中队辅导员解读方案
- 七、八年级各中队选举产生1名大队委员候选人
- 各年级每中队选举产生3名队员代表参与少代会，撰写提案并投票
- 宣传工作：升旗仪式、红领巾广播、候选人海报

预备会议
- 通过少工委建议名单
- 通过选举办法
- 通过总监票人、监票人建议名单
  - 候选人上台亮相并进行演讲
- 选举大队委员
  - 队员代表选举投票
  - 宣布名单

正式会议
- 领导讲话
- 团委贺信
- 大队部工作报告
- 提案工作报告
- 新一届大队委员宣誓就职
- 通过大会工作报告的决议

242

19. 上海市徐汇中学大队委员选举流程

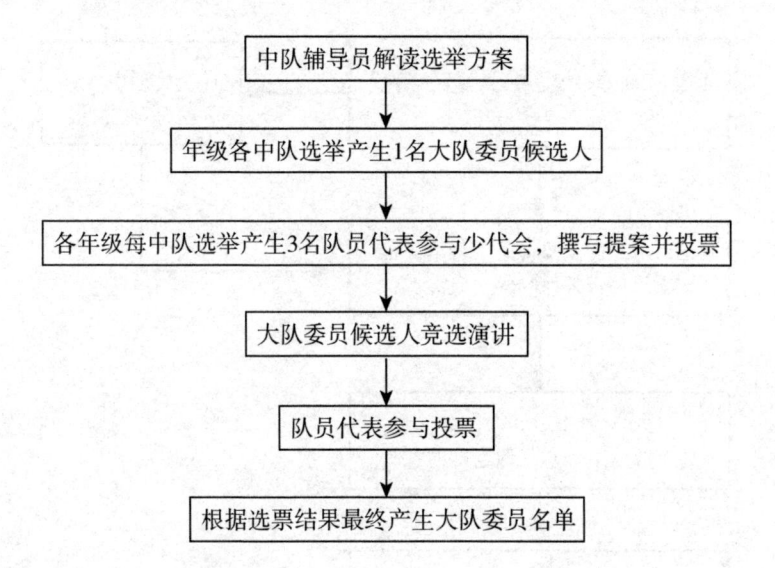

```
中队辅导员解读选举方案
        ↓
年级各中队选举产生1名大队委员候选人
        ↓
各年级每中队选举产生3名队员代表参与少代会，撰写提案并投票
        ↓
大队委员候选人竞选演讲
        ↓
队员代表参与投票
        ↓
根据选票结果最终产生大队委员名单
```

20. 上海市徐汇中学学生评优工作流程图

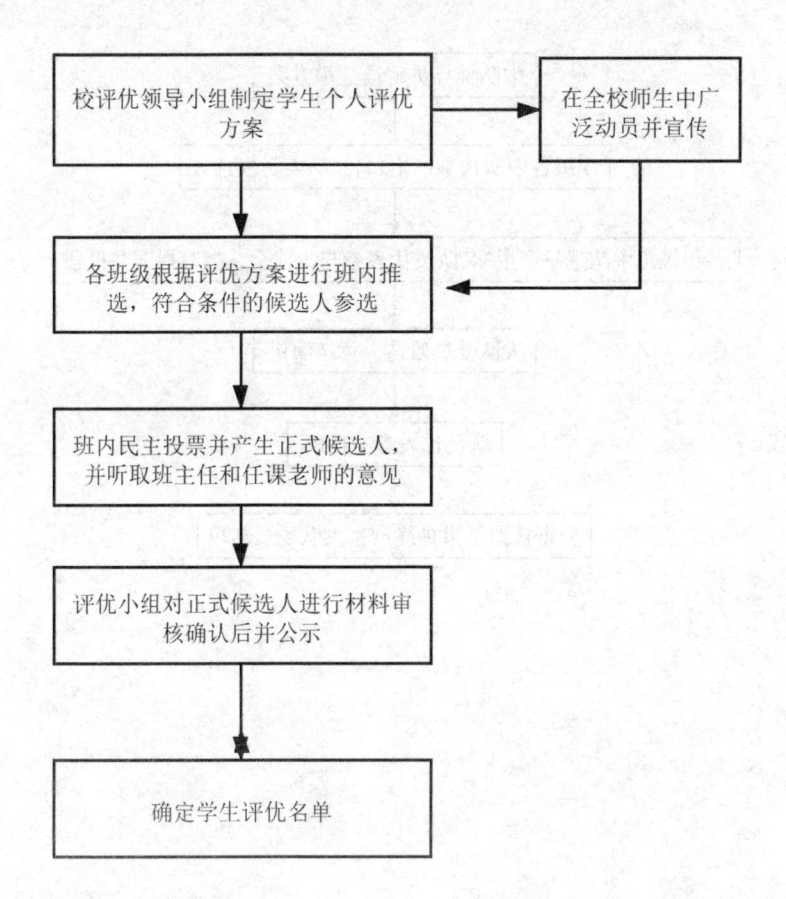

```
校评优领导小组制定学生个人评优方案  →  在全校师生中广泛动员并宣传
            ↓                              ↓
各班级根据评优方案进行班内推选，符合条件的候选人参选  ←
            ↓
班内民主投票并产生正式候选人，并听取班主任和任课老师的意见
            ↓
评优小组对正式候选人进行材料审核确认后并公示
            ↓
确定学生评优名单
```

21. 上海市徐汇中学学生资助流程图

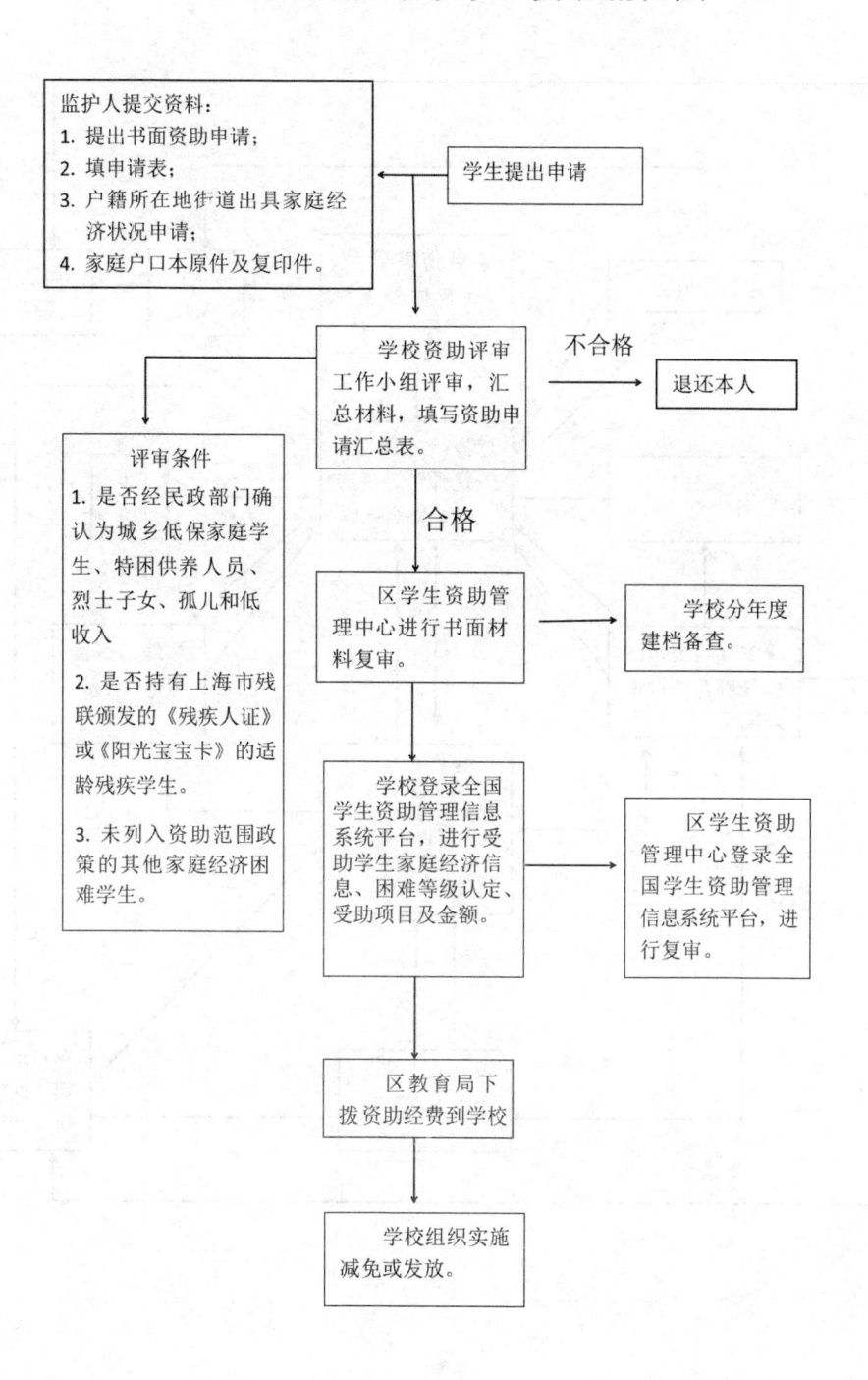

监护人提交资料：
1. 提出书面资助申请；
2. 填申请表；
3. 户籍所在地街道出具家庭经济状况申请；
4. 家庭户口本原件及复印件。

↓

学生提出申请

↓

学校资助评审工作小组评审，汇总材料，填写资助申请汇总表。 —— 不合格 → 退还本人

合格 ↓

评审条件
1. 是否经民政部门确认为城乡低保家庭学生、特困供养人员、烈士子女、孤儿和低收入
2. 是否持有上海市残联颁发的《残疾人证》或《阳光宝宝卡》的适龄残疾学生。
3. 未列入资助范围政策的其他家庭经济困难学生。

区学生资助管理中心进行书面材料复审。 → 学校分年度建档备查。

↓

学校登录全国学生资助管理信息系统平台，进行受助学生家庭经济信息、困难等级认定、受助项目及金额。 → 区学生资助管理中心登录全国学生资助管理信息系统平台，进行复审。

↓

区教育局下拨资助经费到学校

↓

学校组织实施减免或发放。

22. 学生伤害事故处理的流程与环节构成图

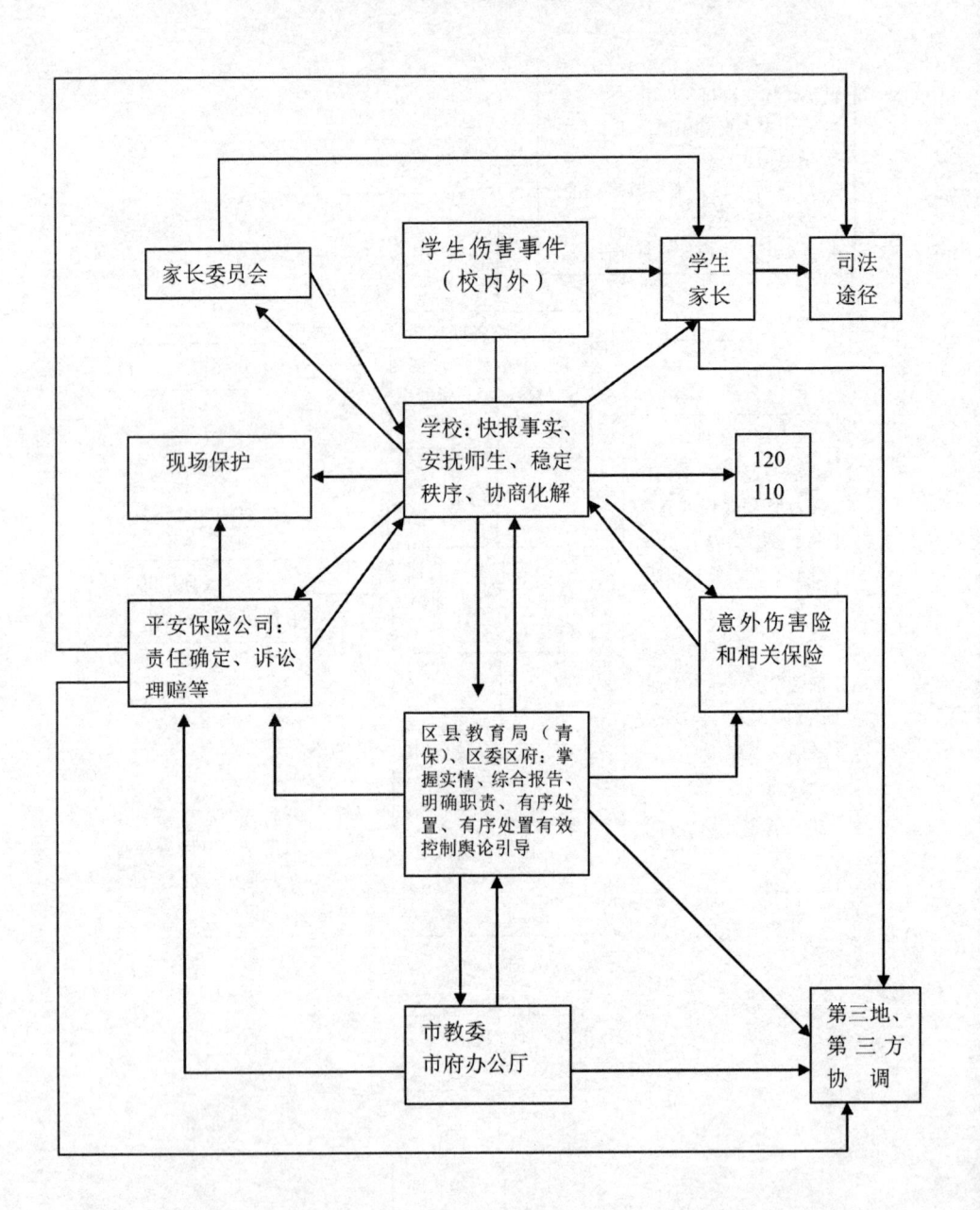

- 家长委员会
- 学生伤害事件（校内外）
- 学生家长
- 司法途径
- 现场保护
- 学校：快报事实、安抚师生、稳定秩序、协商化解
- 120
- 110
- 平安保险公司：责任确定、诉讼理赔等
- 意外伤害险和相关保险
- 区县教育局（青保）、区委区府：掌握实情、综合报告、明确职责、有序处置、有序处置有效控制舆论引导
- 市教委 市府办公厅
- 第三地、第三方协调

23. 手机管理流程图

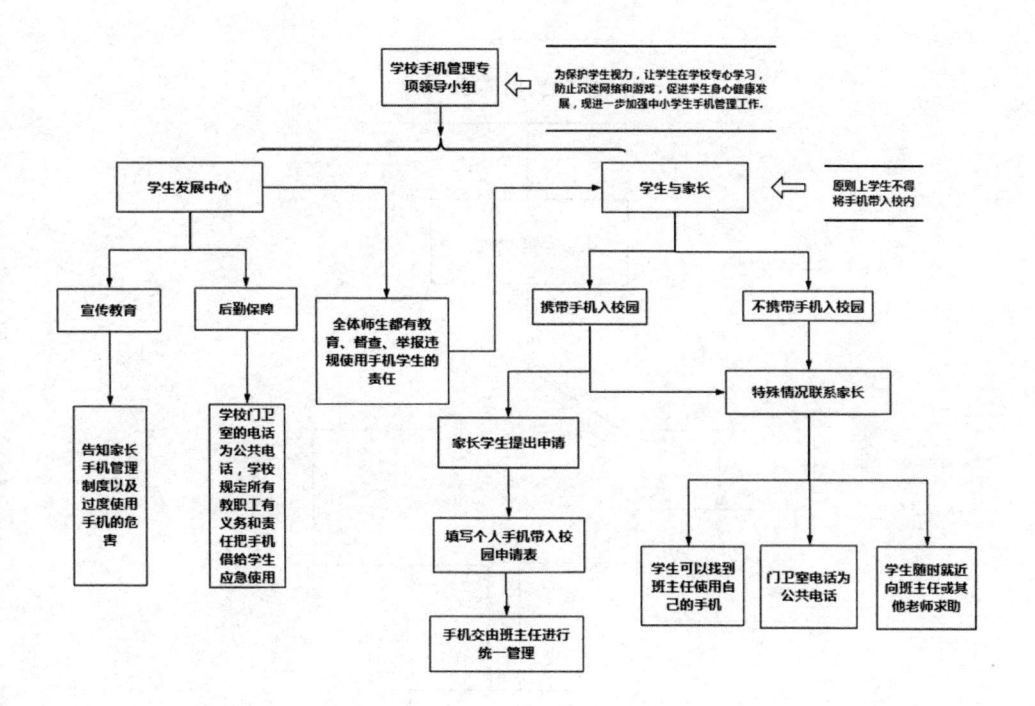

24. VR/MR 眼镜借用流程

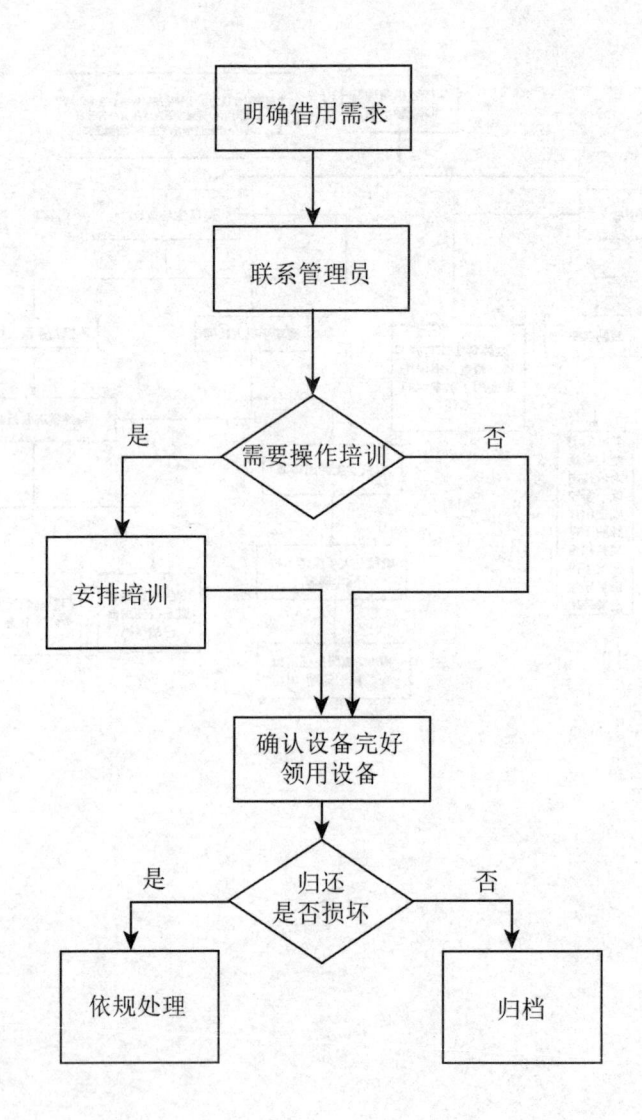

```
         ┌──────────┐
         │ 明确借用需求 │
         └──────────┘
              │
              ▼
         ┌──────────┐
         │  联系管理员 │
         └──────────┘
              │
              ▼
         ╱╲
      是 ╱  ╲ 否
   ◄────╱需要 ╲────►
        ╲操作培训╱
         ╲    ╱
          ╲ ╱
   │                │
   ▼                │
┌──────┐            │
│ 安排培训 │           │
└──────┘            │
   │                │
   └────────┬───────┘
            ▼
       ┌──────────┐
       │ 确认设备完好 │
       │  领用设备  │
       └──────────┘
            │
            ▼
          ╱╲
       是╱  ╲否
    ◄───╱归还 ╲───►
        ╲是否损坏╱
         ╲    ╱
   │                │
   ▼                ▼
┌──────┐        ┌──────┐
│ 依规处理 │       │  归档  │
└──────┘        └──────┘
```

25. 学籍变更流程图

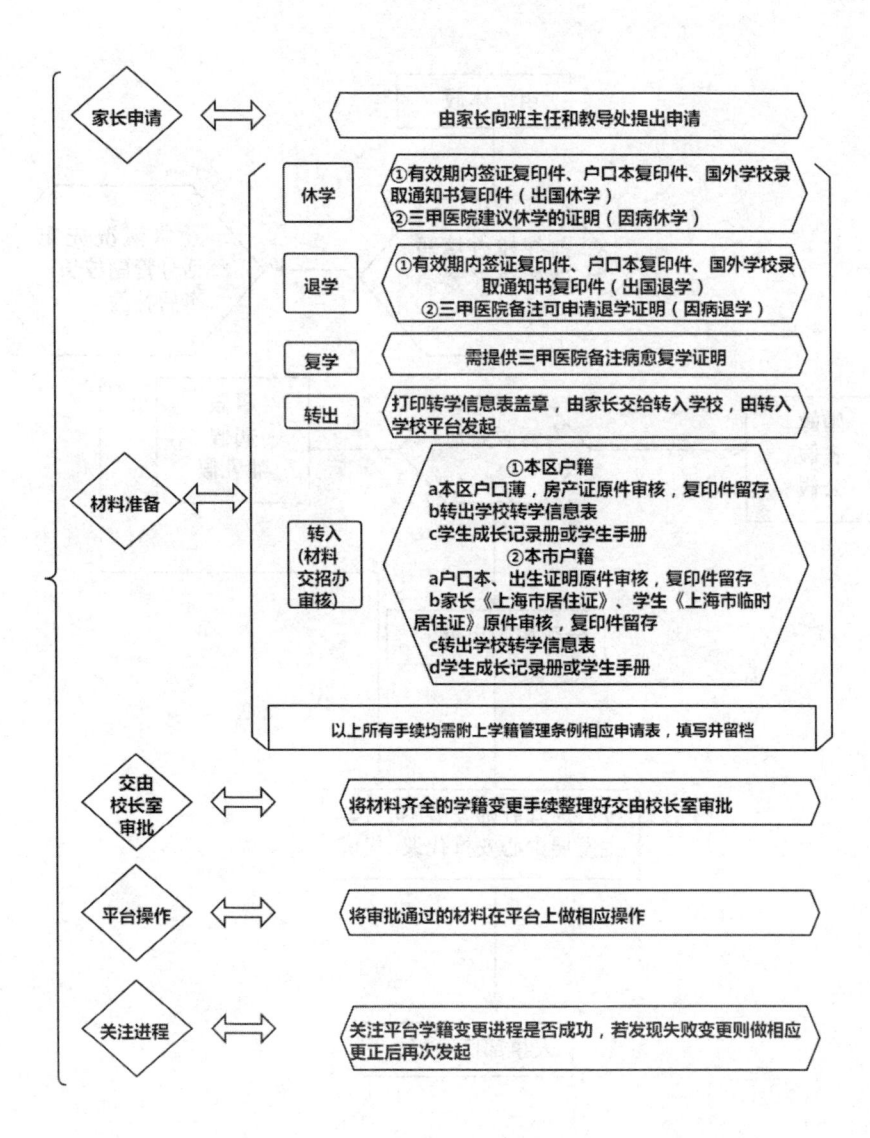

家长申请 ⇄ 由家长向班主任和教导处提出申请

材料准备 ⇄
- **休学**：①有效期内签证复印件、户口本复印件、国外学校录取通知书复印件（出国休学）②三甲医院建议休学的证明（因病休学）
- **退学**：①有效期内签证复印件、户口本复印件、国外学校录取通知书复印件（出国退学）②三甲医院备注可申请退学证明（因病退学）
- **复学**：需提供三甲医院备注病愈复学证明
- **转出**：打印转学信息表盖章，由家长交给转入学校，由转入学校平台发起
- **转入（材料交招办审核）**：
  ①本区户籍
  a 本区户口薄，房产证原件审核，复印件留存
  b 转出学校转学信息表
  c 学生成长记录册或学生手册
  ②本市户籍
  a 户口本、出生证明原件审核，复印件留存
  b 家长《上海市居住证》、学生《上海市临时居住证》原件审核，复印件留存
  c 转出学校转学信息表
  d 学生成长记录册或学生手册

以上所有手续均需附上学籍管理条例相应申请表，填写并留档

交由校长室审批 ⇄ 将材料齐全的学籍变更手续整理好交由校长室审批

平台操作 ⇄ 将审批通过的材料在平台上做相应操作

关注进程 ⇄ 关注平台学籍变更进程是否成功，若发现失败变更则做相应更正后再次发起

26. 上海市徐汇中学教工请假流程

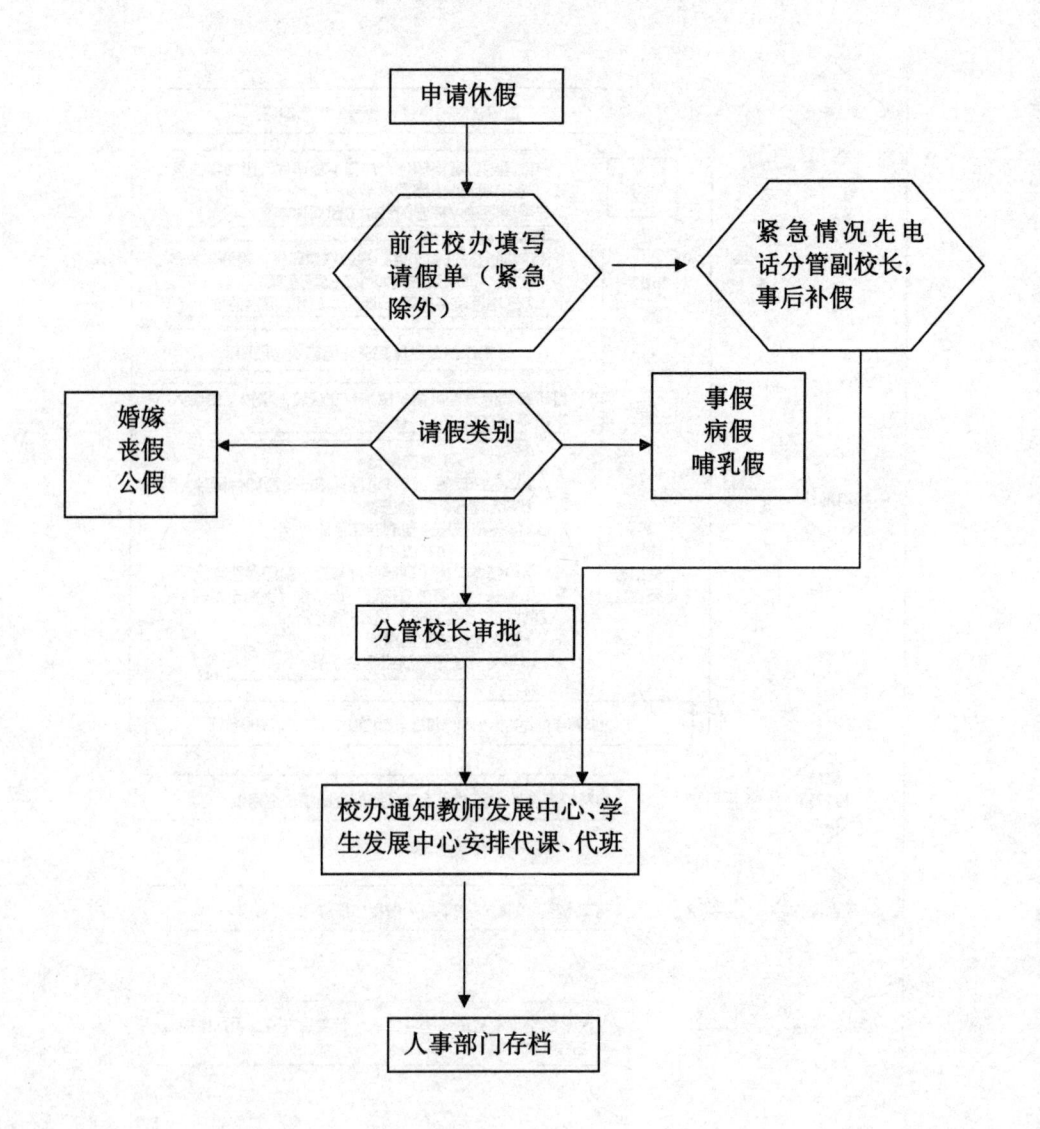

```
申请休假
   ↓
前往校办填写请假单（紧急除外） → 紧急情况先电话分管副校长，事后补假
   ↓
请假类别
   ├── 婚嫁、丧假、公假
   └── 事假、病假、哺乳假
   ↓
分管校长审批
   ↓
校办通知教师发展中心、学生发展中心安排代课、代班
   ↓
人事部门存档
```

27. 上海市徐汇中学教工子女幼儿托费报销流程图

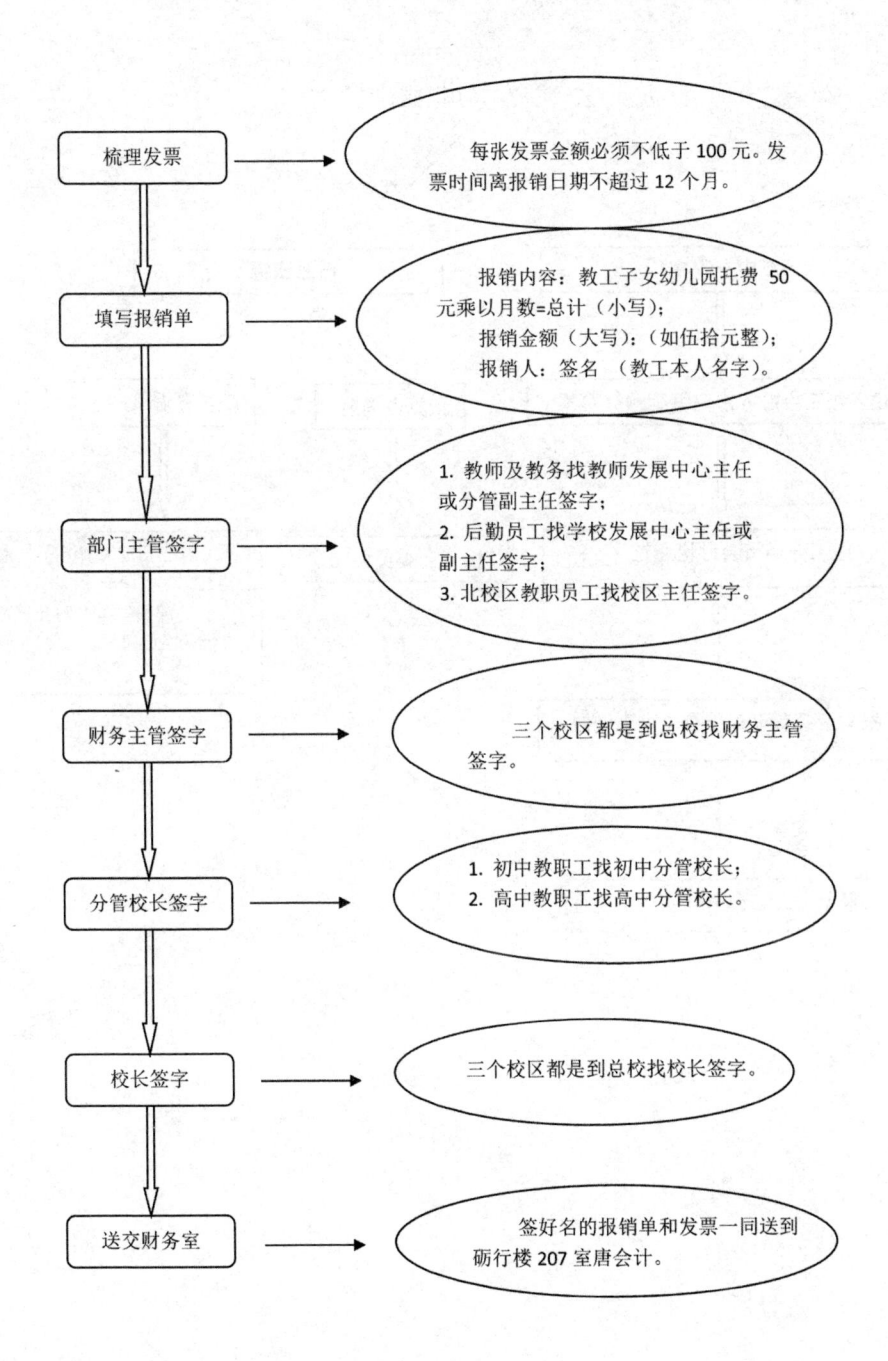

```
┌──────────┐      ╭─────────────────────────────────╮
│ 梳理发票 │ ───► │ 每张发票金额必须不低于100元。发 │
└────┬─────┘      │ 票时间离报销日期不超过12个月。  │
     │            ╰─────────────────────────────────╯
     ▼
┌──────────┐      ╭─────────────────────────────────╮
│填写报销单│ ───► │ 报销内容：教工子女幼儿园托费 50 │
└────┬─────┘      │ 元乘以月数=总计（小写）；       │
     │            │ 报销金额（大写）；（如伍拾元整）；│
     │            │ 报销人：签名（教工本人名字）。  │
     ▼            ╰─────────────────────────────────╯
┌──────────┐      ╭─────────────────────────────────╮
│部门主管  │ ───► │ 1. 教师及教务找教师发展中心主任 │
│  签字    │      │    或分管副主任签字；           │
└────┬─────┘      │ 2. 后勤员工找学校发展中心主任或 │
     │            │    副主任签字；                 │
     │            │ 3. 北校区教职员工找校区主任签字。│
     ▼            ╰─────────────────────────────────╯
┌──────────┐      ╭─────────────────────────────────╮
│财务主管  │ ───► │ 三个校区都是到总校找财务主管    │
│  签字    │      │ 签字。                          │
└────┬─────┘      ╰─────────────────────────────────╯
     │
     ▼
┌──────────┐      ╭─────────────────────────────────╮
│分管校长  │ ───► │ 1. 初中教职工找初中分管校长；   │
│  签字    │      │ 2. 高中教职工找高中分管校长。   │
└────┬─────┘      ╰─────────────────────────────────╯
     │
     ▼
┌──────────┐      ╭─────────────────────────────────╮
│ 校长签字 │ ───► │ 三个校区都是到总校找校长签字。  │
└────┬─────┘      ╰─────────────────────────────────╯
     │
     ▼
┌──────────┐      ╭─────────────────────────────────╮
│送交财务室│ ───► │ 签好名的报销单和发票一同送到    │
└──────────┘      │ 砺行楼207室唐会计。             │
                  ╰─────────────────────────────────╯
```

28. 基层工会预算审批流程图

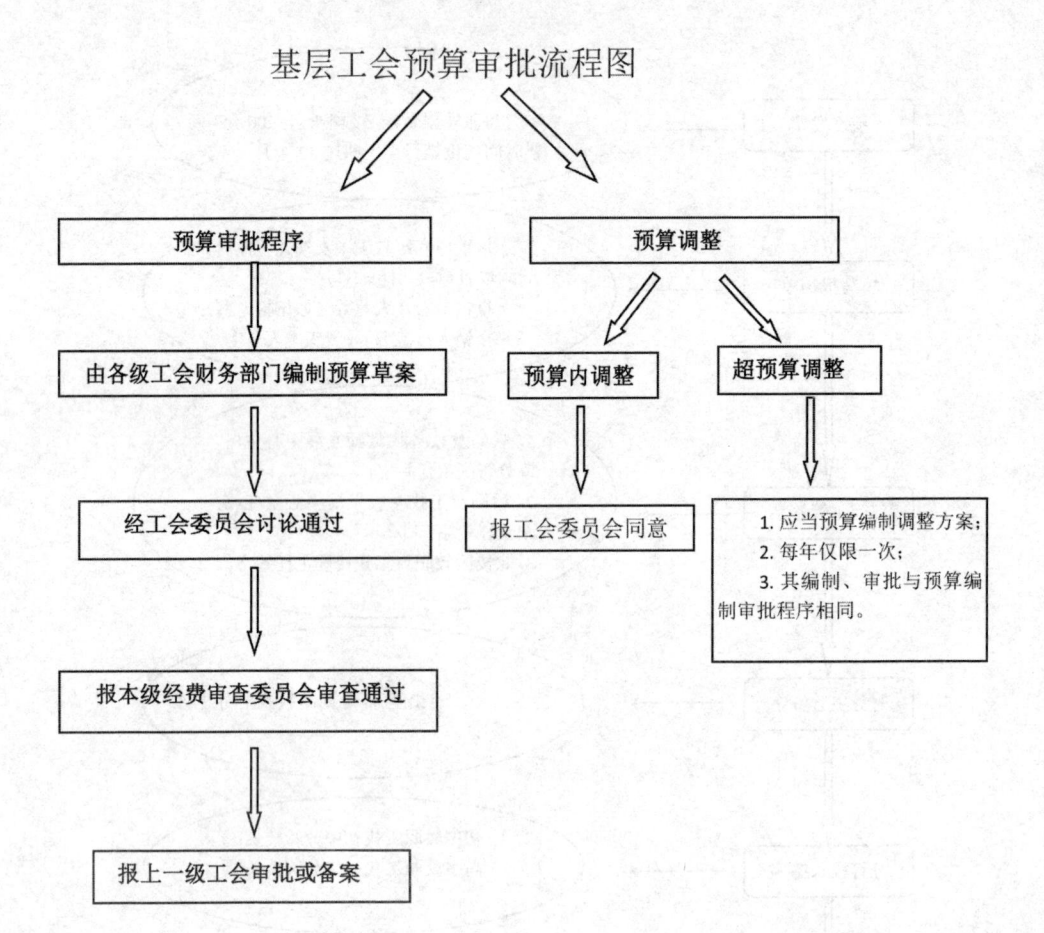

基层工会预算审批流程图

- 预算审批程序
  - 由各级工会财务部门编制预算草案
  - 经工会委员会讨论通过
  - 报本级经费审查委员会审查通过
  - 报上一级工会审批或备案

- 预算调整
  - 预算内调整
    - 报工会委员会同意
  - 超预算调整
    - 1. 应当预算编制调整方案；
    - 2. 每年仅限一次；
    - 3. 其编制、审批与预算编制审批程序相同。

29. 教代会代表选举流程图

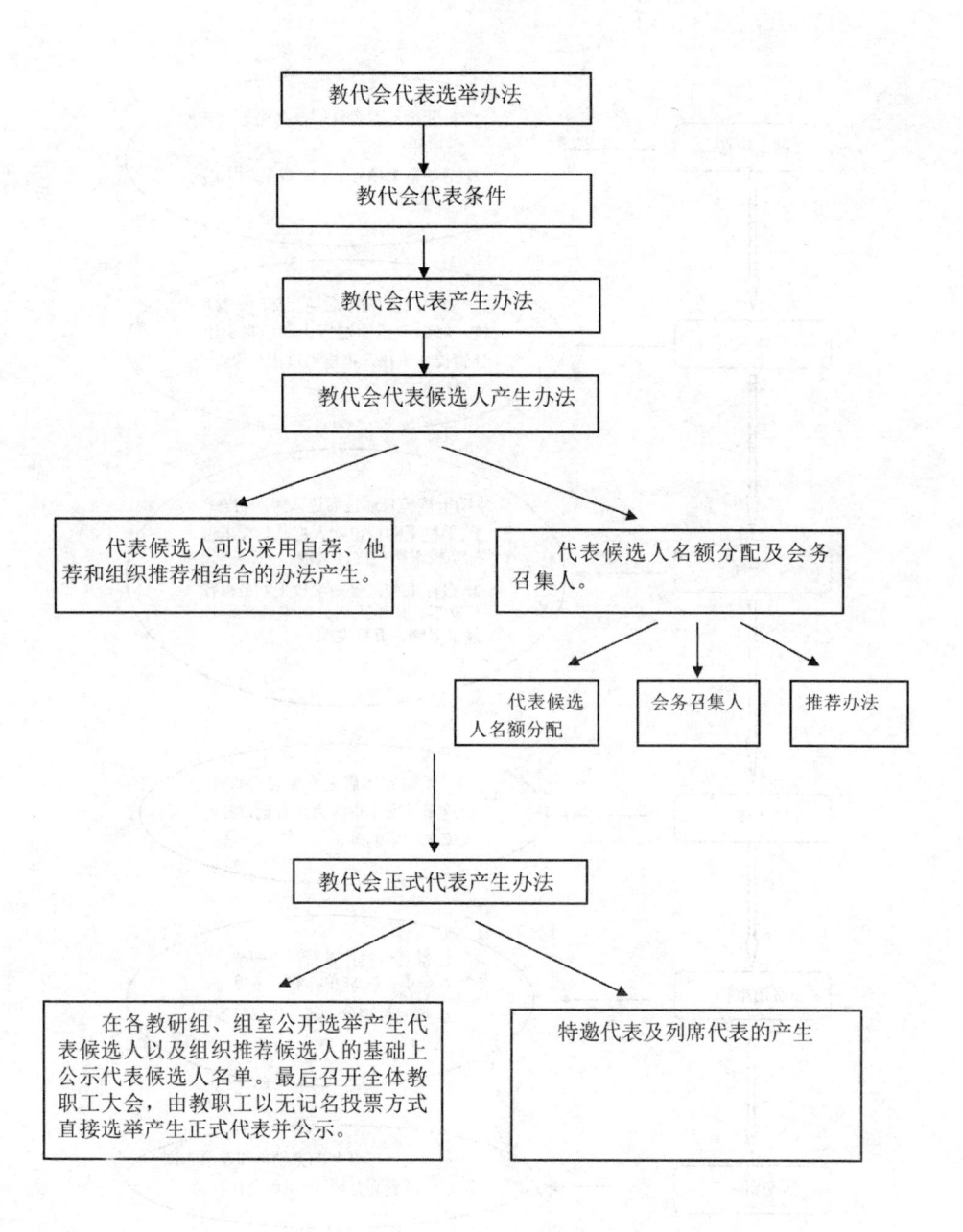

```
教代会代表选举办法
        ↓
教代会代表条件
        ↓
教代会代表产生办法
        ↓
教代会代表候选人产生办法
       ↙        ↘
代表候选人可以采用自荐、     代表候选人名额分配及会务
他荐和组织推荐相结合的        召集人。
办法产生。
                        ↓
                 ┌──────┼──────┐
              代表候选    会务召集人   推荐办法
              人名额分配
                        ↓
                教代会正式代表产生办法
                   ↙          ↘
在各教研组、组室公开选举产生代      特邀代表及列席代表的产生
表候选人以及组织推荐候选人的基础上
公示代表候选人名单。最后召开全体教
职工大会,由教职工以无记名投票方式
直接选举产生正式代表并公示。
```

30. 教工采购报销流程图

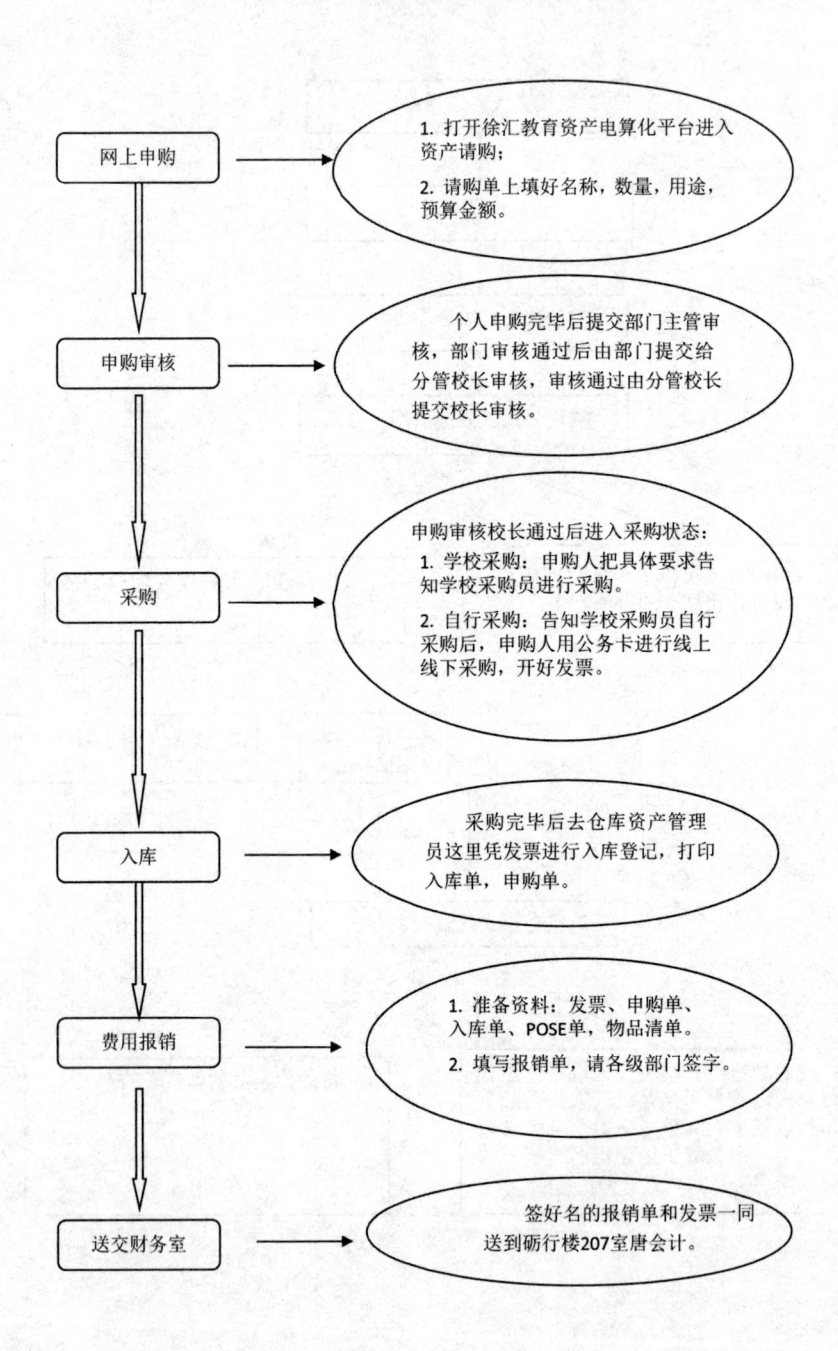

```
网上申购  →  1. 打开徐汇教育资产电算化平台进入资产请购；
              2. 请购单上填好名称，数量，用途，预算金额。
   ↓
申购审核  →  个人申购完毕后提交部门主管审核，部门审核通过后由部门提交给分管校长审核，审核通过由分管校长提交校长审核。
   ↓
采购      →  申购审核校长通过后进入采购状态：
              1. 学校采购：申购人把具体要求告知学校采购员进行采购。
              2. 自行采购：告知学校采购员自行采购后，申购人用公务卡进行线上线下采购，开好发票。
   ↓
入库      →  采购完毕后去仓库资产管理员这里凭发票进行入库登记，打印入库单，申购单。
   ↓
费用报销  →  1. 准备资料：发票、申购单、入库单、POSE单、物品清单。
              2. 填写报销单，请各级部门签字。
   ↓
送交财务室 → 签好名的报销单和发票一同送到砺行楼207室唐会计。
```

31. 二上预算申报流程图

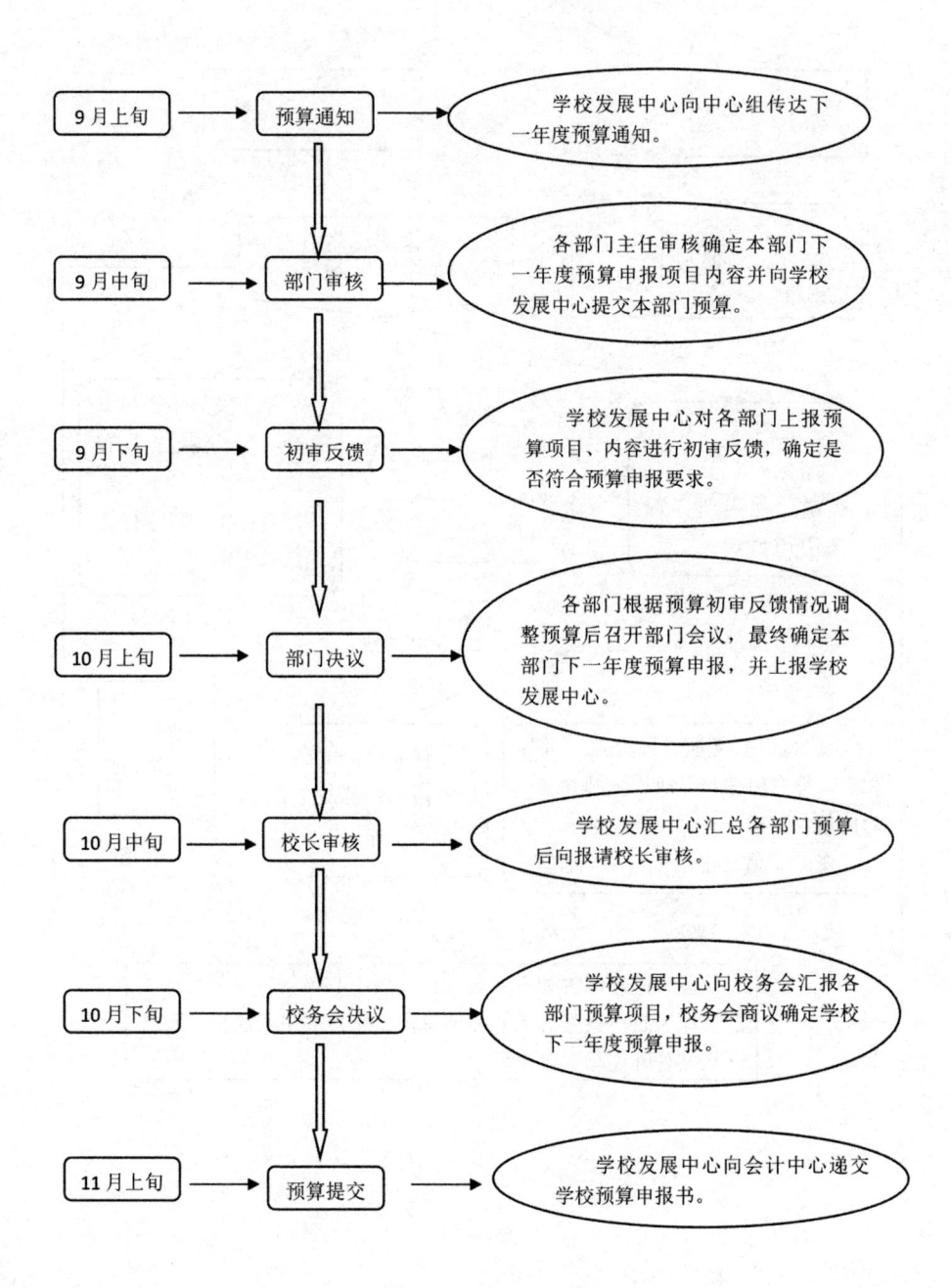

9月上旬	预算通知	学校发展中心向中心组传达下一年度预算通知。
9月中旬	部门审核	各部门主任审核确定本部门下一年度预算申报项目内容并向学校发展中心提交本部门预算。
9月下旬	初审反馈	学校发展中心对各部门上报预算项目、内容进行初审反馈，确定是否符合预算申报要求。
10月上旬	部门决议	各部门根据预算初审反馈情况调整预算后召开部门会议，最终确定本部门下一年度预算申报，并上报学校发展中心。
10月中旬	校长审核	学校发展中心汇总各部门预算后向报请校长审核。
10月下旬	校务会决议	学校发展中心向校务会汇报各部门预算项目，校务会商议确定学校下一年度预算申报。
11月上旬	预算提交	学校发展中心向会计中心递交学校预算申报书。

32. 校门口交通安全管理流程图

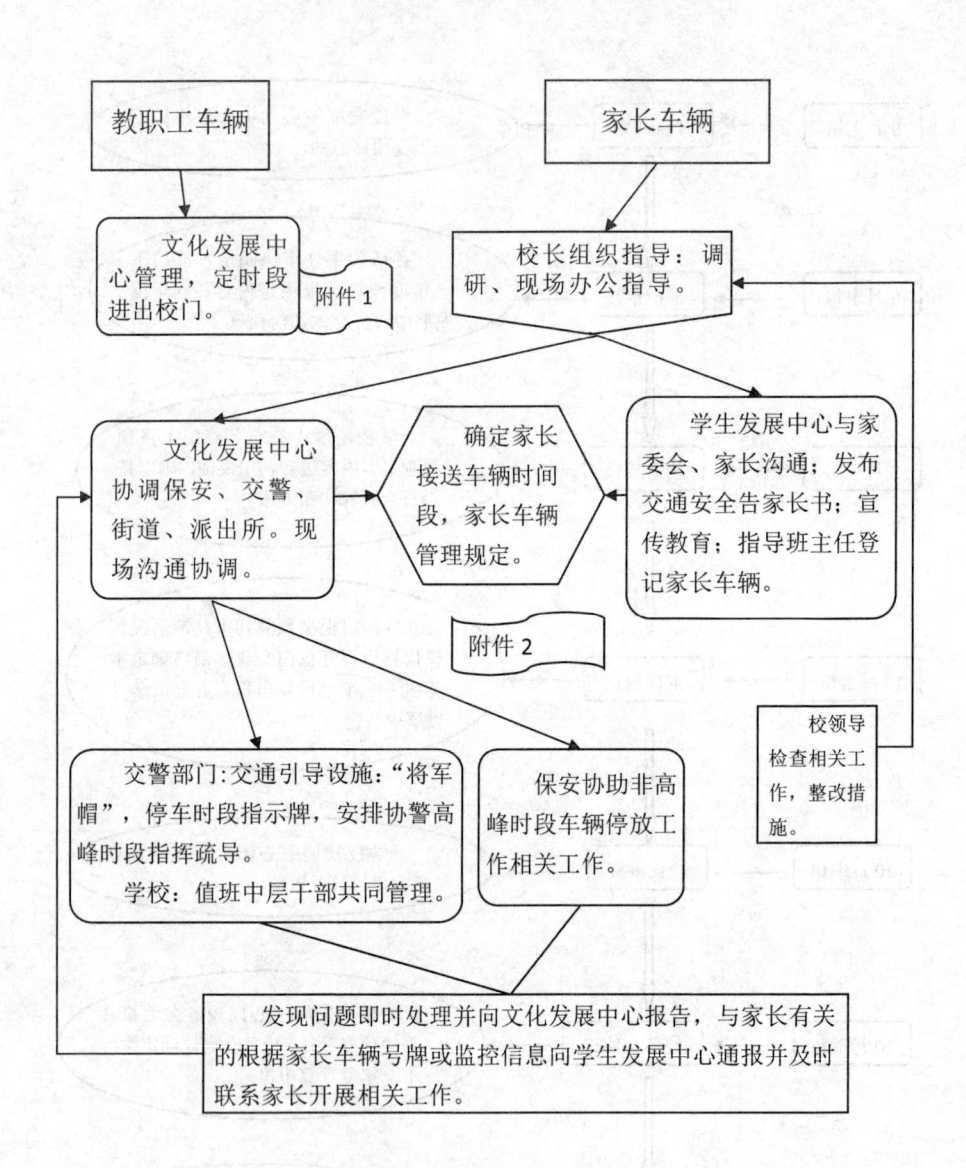

```
教职工车辆                    家长车辆
    ↓                           ↓
文化发展中心管理，          校长组织指导：调研、
定时段进出校门。           现场办公指导。
（附件1）
                              ↓
文化发展中心         确定家长      学生发展中心与家
协调保安、交警、     接送车辆时间  委会、家长沟通；发布
街道、派出所。现     段，家长车辆  交通安全告家长书；宣
场沟通协调。        管理规定。    传教育；指导班主任登
                  （附件2）     记家长车辆。
                                            ↓
                                      校领导检查相关工
                                      作，整改措施。

交警部门:交通引导设施："将军    保安协助非高
帽"，停车时段指示牌，安排协警高  峰时段车辆停放工
峰时段指挥疏导。              作相关工作。
学校：值班中层干部共同管理。

发现问题即时处理并向文化发展中心报告，与家长有关
的根据家长车辆号牌或监控信息向学生发展中心通报并及时
联系家长开展相关工作。
```

33. 参观接待流程图

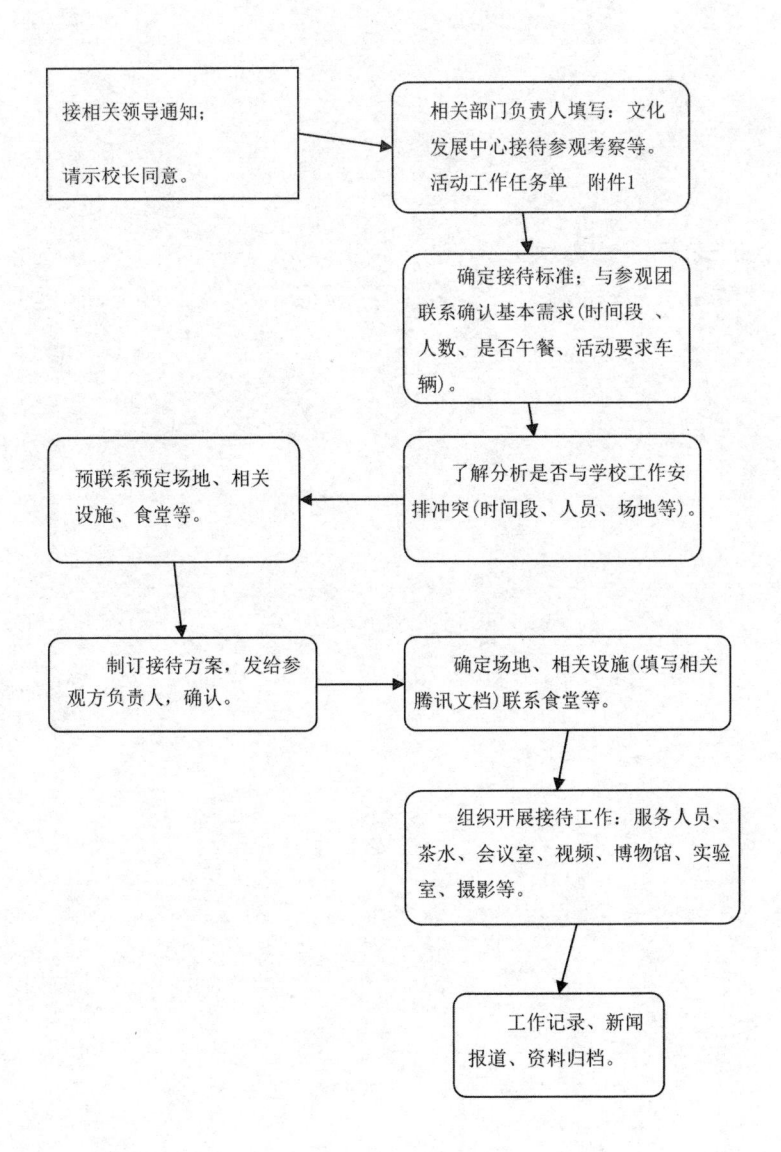

接相关领导通知；
请示校长同意。

↓

相关部门负责人填写：文化发展中心接待参观考察等。
活动工作任务单　附件1

↓

确定接待标准；与参观团联系确认基本需求（时间段、人数、是否午餐、活动要求车辆）。

↓

了解分析是否与学校工作安排冲突（时间段、人员、场地等）。

↓

预联系预定场地、相关设施、食堂等。

↓

制订接待方案，发给参观方负责人，确认。

↓

确定场地、相关设施（填写相关腾讯文档）联系食堂等。

↓

组织开展接待工作：服务人员、茶水、会议室、视频、博物馆、实验室、摄影等。

↓

工作记录、新闻报道、资料归档。